あなたの予想と馬券を変える
革命競馬

激震！
重賞改革元年の戦い方

上西大介

はじめに

今年（2025年）の重賞って、いったい、どうなってるの⁉

本書発売の直前に行なわれた重賞を見て、そう思われた方も多いのではないか。

まず、1月25日の小倉牝馬S。名前だけ見ると新設重賞なのだが、タネを明かせば例年、1月中旬の中京で行なわれていた牝馬のハンデ重賞「愛知杯」が名称・時期・コースを変更したもの。

次に26日のプロキオンS。ここは同じダート重賞でも、例年は「東海S」だったはずだが……。重賞日程を見渡すと夏の中京に、その東海Sが存在する。

これまたタネを明かせば、両レースは名称交換（トレード）をしたのだ。条件そのものは、まったく変わっていないのに、なぜ名前だけ変えたのか。——これについては本書の7月の項をご覧いただきたいが、先に挙げた重賞日程を見ていくと、こんなことにも気づくはずだ。

6月阪神のマーメイドSが消え、同時期の東京に府中牝馬Sが現れる。そして、それまで府中牝馬Sがあった秋の東京には、アイルランドトロフィーなる牝馬重賞が。

そして6月は、GⅠ宝塚記念が安田記念の翌週に前倒しになっている。天皇賞春から始まるGⅠウィークが拡大された形だ。さらにサマーマイルの初戦として、「しらさぎS」なる新設重賞が登場する。

これは月刊誌「競馬の天才！」年始号でもふれた話だが、25年は、JRAが競馬番組に大ナタを振るった「重賞改革元年」なのである。

今回の変更の大きなテーマは、次の2点。

・春秋に比べて、盛り上がりの薄い夏競馬のテコ入れ
・世界的に広がる動物愛護の観点から避けて通れない暑熱対策

これに関連して、6月の東京、阪神開催が3週に短縮される一方で、10月の東京、京都開催が4週から5週へ拡大される。また、24年夏の新潟で導入された「競走時間帯の拡大」が、同時期の中京でも実施され、期間も2週から4週に。重賞以外に、開催そのものの変更が同時になされるのだ。

まさに、昭和59（1984）年のグレード制導入や、平成19（2007）年からの日本のパートI国昇格と同レベルのインパクトとなる、令和の大改革となる。

馬主や調教師など、馬を使う側も間違えかねない状況下では、積み重ねたデータによる重賞予想はご破算、もうお手上げといってていい。

本書は、そうした新時代の重賞路線の指針になれば、という思いで書き上げた一冊である。

ここまで変えたJRAの事情を読み取らないと、馬券は買えない。

私はそう思っている。

2025年1月　上西大介

●の太字の重賞…2024 年とは名称・時期（土曜⇔日曜の変更、1週ズレの施行も含む）・開催場・条件の変更のあるレース
○の太字の重賞…2024 年6月以降、阪神競馬場工事のため代替施行していたが、競馬場の再開で従来の阪神施行に戻るレース

1月

日	曜	開催回・場			重賞
5	土	1中	1名		中山金杯（中山・GⅢ）/**●京都金杯**（中京・GⅢ）
6	日	1中	1名		
11	土	1中	1名		
12	日	1中	1名		フェアリーS（中山・GⅢ）
13	祝	1中	1名		**●シンザン記念**（中京・GⅢ）
18	土	1中	1名		
19	日	1中	1名		京成杯（中山・GⅢ）/**●日経新春杯**（中京・GⅡ）
25	土	1中	1名	1小	**●小倉牝馬S**（小倉・GⅢ）
26	日	1中	1名	1小	アメリカジョッキーCC（中山・GⅡ）/**●プロキオンS**（中京・GⅡ）

▲従来の1回京都が阪神休止に伴い1回中京に変更。フェアリーS、シンザン記念以降の重賞は年末年始の開催日割により施行が1週ズレ。

2月

日	曜	開催回・場			重賞
1	土	1東	1京	1小	
2	日	1東	1京	1小	根岸S（東京・GⅢ）/シルクロードS（京都・GⅢ）
8	土	1東	1京	1小	
9	日	1東	1京	1小	東京新聞杯（東京・GⅢ）/きさらぎ賞（京都・GⅢ）
15	土	1東	1京	1小	クイーンC（東京・GⅢ）
16	日	1東	1京	1小	共同通信杯（東京・GⅢ）/京都記念（京都・GⅡ）
22	土	1東	1京	1小	ダイヤモンドS（東京・GⅢ）/**●阪急杯**（京都・GⅢ）
23	日	1東	1京	1小	フェブラリーS（東京・GⅠ）/小倉大賞典（小倉・GⅢ）

▲1回小倉（1～3月）は6週開催。

3月

日	曜	開催回・場			重賞
1	土	2中	1阪	1小	**●オーシャンS**（中山・GⅢ）
2	日	2中	1阪	1小	中山記念（中山・GⅡ）/**●チューリップ賞**（阪神・GⅡ）
8	土	2中	1阪		**●中山牝馬S**（中山・GⅢ）/**●フィリーズレビュー**（阪神・GⅡ）
9	日	2中	1阪		弥生賞ディープインパクト記念（中山・GⅡ）
15	土	2中	1阪	2名	
16	日	2中	1阪	2名	**●スプリングS**（中山・GⅡ）/**●金鯱賞**（中京・GⅡ）
22	土	2中	1阪	2名	フラワーC（中山・GⅢ）/ファルコンS（中京・GⅢ）
23	日	2中	1阪	2名	阪神大賞典（阪神・GⅡ）/**●愛知杯**（中京・GⅢ）
29	土	3中	2阪	2名	日経賞（中山・GⅡ）/毎日杯（阪神・GⅢ）
30	日	3中	2阪	2名	マーチS（中山・GⅢ）/高松宮記念（中京・GⅠ）

▲2024年2回開催後、リフレッシュ工事で休止していた阪神競馬場が再開。チューリップ賞は日曜、フィリーズレビューは土曜に移動。

2025年の重賞はこんなに変わる！【1～6月】

（障害重賞除く）

月	日	曜	開催回・場			重賞
4月	5	土	3中	2阪		ダービー卿CT（中山・GⅢ）/**●チャーチルダウンズC**（阪神・GⅢ）
	6	日	3中	2阪		大阪杯（阪神・GⅠ）
	12	土	3中	2阪	1福	ニュージーランドT（中山・GⅡ）/阪神牝馬S（阪神・GⅡ）
	13	日	3中	2阪	1福	桜花賞（阪神・GⅠ）
	19	土	3中	2阪	1福	**●アンタレスS**（阪神・GⅢ）
	20	日	3中	2阪	1福	皐月賞（中山・GⅠ）/**●福島牝馬S**（福島・GⅢ）
	26	土	2東	2京	1福	**●青葉賞**（東京・GⅡ）
	27	日	2東	2京	1福	フローラS（東京・GⅡ）/マイラーズC（阪神・GⅡ）

▲アーリントンCはアーリントン競馬場の廃止により「チャーチルダウンズC」に名称変更。

月	日	曜	開催回・場			重賞
5月	3	土	2東	2京	1新	**●京王杯スプリングC**（東京・GⅡ）/ユニコーンS（京都・GⅢ）
	4	日	2東	2京	1新	天皇賞・春（京都・GⅠ）
	10	土	2東	2京	1新	**●エプソムC**（東京・GⅢ）/京都新聞杯（京都・GⅡ）
	11	日	2東	2京	1新	NHKマイルC（東京・GⅠ）
	17	土	2東	2京	1新	**●新潟大賞典**（新潟・GⅢ）
	18	日	2東	2京	1新	ヴィクトリアマイル（東京・GⅠ）
	24	土	2東	2京	1新	平安S（京都・GⅢ）
	25	日	2東	2京	1新	オークス（東京・GⅠ）
	31	土	2東	2京		葵S（京都・GⅢ）

▲エプソムC、新潟大賞典は6月の宝塚記念の前倒し施行に伴う時期変更。

月	日	曜	開催回・場			重賞
6月	1	日	2東	2京		日本ダービー（東京・GⅠ）/目黒記念（東京・GⅡ）
	7	土	3東	3阪		
	8	日	3東	3阪		安田記念（東京・GⅠ）
	14	土	3東	3阪	1函	**●函館スプリントS**（函館・GⅢ）
	15	日	3東	3阪	1函	**●○宝塚記念**（阪神・GⅠ）
	21	土	3東	3阪	1函	
	22	日	3東	3阪	1函	**●府中牝馬S**（東京GⅢ）/**●しらさぎS**（阪神・新設重賞）
	28	土	2福	2小	1函	
	29	日	2福	2小	1函	ラジオNIKKEI賞（福島・GⅢ）/**●函館記念**（函館・GⅢ）

▲3回東京・3回阪神を4週（8日間）→3週（6日間）に短縮。

●の太字の重賞…2024 年とは名称・時期（土曜⇔日曜の変更、1週ズレの施行も含む）・開催場・条件の変更のあるレース
○の太字の重賞…2024 年6月以降、阪神競馬場工事のため代替施行していたが、競馬場の再開で従来の阪神施行に戻るレース

	日	曜	開催回・場			重賞
7月	5	土	2福	2小	1函	
	6	日	2福	2小	1函	**●北九州記念**（小倉・GⅢ）
	12	土	2福	2小	1函	
	13	日	2福	2小	1函	**●七夕賞**（福島・GⅢ）
	19	土	2福	2小	1函	
	20	日	2福	2小	1函	**●小倉記念**（小倉・GⅢ）／**●函館2歳S**（函館・GⅢ）
	26	土	2新	3名	1札	
	27	日	2新	3名	1札	**●関屋記念**（新潟・GⅢ）／**●東海S**（中京・GⅢ）

▲2回小倉は4週（8日間）、3回中京は6週（12日間）開催。7月26日～8月17日（4週）の2回新潟・3回中京は、暑熱対策による「競走時間帯の拡大」を実施。函館2歳Sは日曜に移動。

	日	曜	開催回・場			重賞
8月	2	土	2新	3名	1札	
	3	日	2新	3名	1札	**●アイビスSD**（新潟・GⅢ）／クイーンS（札幌・GⅢ）
	9	土	2新	3名	1札	**●エルムS**（札幌・GⅢ）
	10	日	2新	3名	1札	レパードS（新潟・GⅢ）／**●CBC賞**（中京・GⅢ）
	16	土	2新	3名	1札	
	17	日	2新	3名	1札	**●中京記念**（中京・GⅢ）／札幌記念（札幌・GⅡ）
	23	土	3新	4名	2札	
	24	日	3新	4名	2札	新潟2歳S（新潟・GⅢ）／キーンランドC（札幌・GⅢ）
	30	土	3新	4名	2札	
	31	日	3新	4名	2札	**●新潟記念**（新潟・GⅢ）／**●中京2歳S**（中京・GⅢ）

	日	曜	開催回・場			重賞
9月	6	土	4中	4阪	2札	**●京成杯オータムH**（中山・GⅢ）／札幌2歳S（札幌・GⅢ）
	7	日	4中	4阪	2札	**●紫苑S**（中山・GⅡ）／**○セントウルS**（阪神・GⅡ）
	13	土	4中	4阪		**●○チャレンジC**（阪神・GⅢ）
	14	日	4中	4阪		**○ローズS**（阪神・GⅡ）
	15	祝	4中	4阪		セントライト記念（中山・GⅡ）
	20	土	4中	4阪		
	21	日	4中	4阪		オールカマー（中山・GⅡ）／**○神戸新聞杯**（阪神・GⅡ）
	27	土	4中	4阪		**○シリウスS**（阪神・GⅢ）
	28	日	4中	4阪		スプリンターズS（中山・GⅠ）

▲夏季競馬（3回東京、3回阪神）の短縮に伴い、4回中山・4回阪神の開始を1週繰り上げる。紫苑Sは日曜、京成杯オータムHは土曜に移動。

2025年の重賞はこんなに変わる！【7～12月】

（障害重賞除く）

	日	曜	開催回・場			重賞
10月	4	土	4東	3京		
	5	日	4東	3京		毎日王冠（東京・GⅡ）／京都大賞典（京都・GⅡ）
	11	土	4東	3京		**●サウジアラビアロイヤルC**（東京・GⅢ）
	12	日	4東	3京		**●アイルランドトロフィー**（東京・GⅡ）
	13	祝	4東	3京		**●スワンS**（京都・GⅡ）
	18	土	4東	3京	4新	**●富士S**（東京・GⅡ）
	19	日	4東	3京	4新	秋華賞（京都・GⅠ）
	25	土	4東	3京	4新	**●アルテミスS**（東京・GⅢ）
	26	日	4東	3京	4新	菊花賞（京都・GⅠ）

▲秋競馬開始の1週繰り上げに伴い、4回東京、3回京都を4週（8日間）→5週（11日間）に拡大。

	日	曜	開催回・場			重賞
11月	1	土	4東	3京		**●ファンタジーS**（京都・GⅢ）
	2	日	4東	3京		天皇賞秋（東京・GⅠ）
	8	土	5東	4京	3福	京王杯2歳S（東京・GⅡ）
	9	日	5東	4京	3福	アルゼンチン共和国杯（東京・GⅡ）/みやこS（京都・GⅢ）
	15	土	5東	4京	3福	武蔵野S（東京・GⅢ）/デイリー杯2歳S（京都・GⅡ）
	16	日	5東	4京	3福	エリザベス女王杯（京都・GⅠ）
	22	土		4京	3福	**●福島記念**（福島・GⅢ）
	23	祝	5東	4京		マイルチャンピオンシップ（京都・GⅠ）
	24	休	5東		3福	**●東京スポーツ杯2歳S**（東京・GⅡ）
	29	土	5東	4京		京都2歳S（京都・GⅢ）
	30	日	5東	4京		ジャパンC（東京・GⅠ）/京阪杯（京都・GⅢ）

▲22～24日は、9、10月に続く3日間開催（ただし1日2場で入れ替える変則開催）。東京スポーツ杯2歳Sは月曜（休日）に移動。

	日	曜	開催回・場			重賞
12月	6	土	5中	5阪	5名	ステイヤーズS（中山・GⅡ）/**●○鳴尾記念**（阪神・GⅢ）
	7	日	5中	5阪	5名	チャンピオンズC（中京・GⅠ）
	13	土	5中	5阪	5名	中日新聞杯（中京・GⅢ）
	14	日	5中	5阪	5名	カペラS（中山・GⅢ）/**○阪神ジュベナイルフィリーズ**（阪神・GⅠ）
	20	土	5中	5阪	5名	ターコイズS（中山・GⅢ）
	21	日	5中	5阪	5名	**○朝日杯フューチュリティS**（阪神・GⅠ）
	27	土	5中	5阪		**●ホープフルS**（中山・GⅠ）/**○阪神カップ**（阪神・GⅡ）
	28	日	5中	5阪		**●有馬記念**（中山・GⅠ）

▲年末年始の開催日割により、ホープフルSが有馬記念前日の土曜に移動。有馬記念が2025年の掉尾を飾るGⅠとなる。

目次

目次

激震！重賞改革元年の戦い方

装丁●橋元浩明（sowhat.Inc.） 本文DTP●オフィスモコナ

写真●武田明彦　馬柱●優馬

※名称、所属は一部を除いて2024年12月末日時点のものです。

※成績、配当、日程は必ず主催者発行のものと照合してください。

馬券は必ず自己責任において購入お願いいたします。

CHANGES!

2025年 1月 January

●5日（土） 中山金杯（1回中山GⅢ　4歳上H/芝2000m）※H＝ハンデ戦
京都金杯（1回中京GⅢ　4歳上H/芝1600m）
●12日（日） フェアリーS（1回中山GⅢ　3歳牝/芝1600m）※牝＝牝馬限定戦
●13日（祝） シンザン記念（1回中京GⅢ　3歳/芝1600m）
●19日（日） 京成杯（1回中山GⅢ　3歳/芝2000m）
日経新春杯（1回中京GⅡ　4歳上H/芝2200m）
●25日（土） 小倉牝馬S（1回小倉GⅢ　4歳上牝H/芝2000m）
※旧・愛知杯
●26日（日） AJCC（1回中山GⅡ　4歳上/芝2200m）
プロキオンS（1回中京GⅡ　4歳上/ダ1800m）
※旧・東海S

CHANGES!

2025年2月 February

●2日（日）　根岸S（1回東京GⅢ　4歳上/ダ1400m）
シルクロードS（1回京都GⅢ　4歳上H/芝1200m）
●9日（日）　東京新聞杯（1回東京GⅢ　4歳上/芝1600m）
きさらぎ賞（1回京都GⅢ　3歳/芝1800m）
●15日（土）　クイーンC（1回東京GⅢ　3歳牝/芝1600m）
●16日（日）　共同通信杯（1回東京GⅢ　3歳/芝1800m）
京都記念（1回京都GⅡ　4歳上/芝2200m）
●22日（土）　ダイヤモンドS（1回東京GⅢ　4歳上H/芝3400m）
阪急杯（1回京都GⅢ　4歳上/芝1400m）
●23日（日）　フェブラリーS（1回東京GⅠ　4歳上/ダ1600m）
小倉大賞典（1回小倉GⅢ　4歳上H/芝1800m）

1、2月の変更点のうち、愛知杯が小倉牝馬Sに、東海SがプロキオンSへ名称変更される点については、それぞれ3月の愛知杯と7月のプロキオンSのところで解説させていただく。よってここでは、次の3点について取り上げていきたい。

・第3場開催の小倉が、これまでの1月2週目もしくは3週目ではなく、1月最終週からスタート
・小倉サマージャンプが施行時期と名称を変更して「小倉ジャンプS」として開催
・阪急杯の開催が1週早まり、京都で開催

正直、大変革というテーマの中では地味だが、この3点から番組編成、特に開催場やレース配置といったJRAの日程作成の基本方針にたどり着くことができるため、その視点からも変更点を掘り下げたい。

年始の除外ラッシュと小倉開催の関係

この時期の第3場開催は、近年1月の第2週もしくは第3週にスタートしていたのだが、2025年は1月最終週からのスタートに繰り下がった。

冬の小倉と呼ばれる、この第3場開催は1月最終週からスタートしていたのが、20年ほど前から徐々に早まり、09年からは中京で2週もしくは3週開催してから小倉というスケジュールに変更。京都競馬場や阪神競馬場の休催の影響を受けた20年以降の5年間は、小倉で1月2週目もしくは3週目からのスタートとなっていた。

24年であれば、1月13日にスタートし、初日にはGⅢの愛知杯が組まれていた。

では、早まっていた1月の第3場スタートが元に戻ったのはなぜか。おそらく年末年始の開催スケジュールと小倉競馬場の立地が影響しているものと思われる。

もともと、この時期は出走希望馬が多く、下級条件を中心に除外となる馬が少なくなかった。とはいえ、年間の開催日数288日は競馬法施行規則で定められており、JRAが勝手に増やすことはできない。そこで暮れの第3場開催の日数を調整するなどして、1月の第3場開催スタートを下旬から半ばまであたりまで早めていたのだ。


一方で、17年からホープフルSがGⅠ格上げとなり、基本的に12月28日に施行されるようになった。しかも中山と阪神（24年は京都）の東西主場での開催とあって、年末年始に新たに24レースが組まれるとともに、以前なら有馬記念から金杯まで最大で2週間ほど開くこともあった日程が、28日の1日のみとはいえ実質、毎週開催に替わったのである。

厩舎陣営としては、年末年始に使えるレースが増え、さらに優先出走権を始めとする出走馬決定方法の適正化や受け皿となる外厩の整備などが進んだことも大きいだろう。

加えて、中京開催なら当日輸送となる関西馬が直前かつ長距離輸送となることを、関東馬なら長距離輸送かつ滞在競馬となる小倉開催を嫌ったという理由もあり、以前ほど1月の第3場開催に出走馬が集まらなくなったのだ。

結果、24年の1月小倉ではフルゲート割れのレースが多く見られるようになった。

そこで、ＪＲＡは思い切って第３場開催を１月第４週からのスタートに戻した。下の表１は中京競馬場の改装工事が終わった13年以降の１、２月の第３場開催の日程をまとめたものだが、小倉開催のみでも大丈夫と踏んで、もともとの１月中京開催分を削ってきたのである。

思い切った開催日程変更だが、これが正解なのか早合点なのかはわからない。正解なら26年以降も１月４週目スタートは続くだろうし、早合点で25年の１月２週目、３週目あたりの中山、中京開催で除外ラッシュが顕著なら、26年以降はスタート時期がまた動く可能性だってあるだろう。

またこの変更の意図は、次の変更点にも関わってくるだけに、そちらでも説明していく。

小倉開催が減らされる理由とサマージャンプの移動

２月15日に、２０２５年最初の障害重賞である小倉ジャンプＳ（Ｊ・ＧⅢ）が組まれた。馴染みのないレース名だが、新設重賞ではなく24年まで夏の小倉（昨年のみ中京）で行われていた小倉サマージャンプが施行時期と名称を変えたものである。

表1●1、2月の第3場開催日程推移(2013年以降)

2013年	(中京)1月19日〜3週	(小倉)2月9日〜4週
2014年	(中京)1月18日〜2週	(小倉)2月8日〜4週
2015年	(中京)1月17日〜2週	(小倉)2月7日〜4週
2016年	(中京)1月16日〜3週	(小倉)2月13日〜4週
2017年	(中京)1月14日〜3週	(小倉)2月12日〜4週
2018年	(中京)1月13日〜3週	(小倉)2月10日〜4週
2019年	(中京)1月19日〜3週	(小倉)2月9日〜4週
2020年	(小倉)1月18日〜6週	※3月中京4週
2021年	(小倉)1月16日〜8週	
2022年	(小倉)1月15日〜7週	
2023年	(小倉)1月14日〜7週	
2024年	(小倉)1月13日〜8週	
2025年	(小倉)1月25日〜6週	

※通常3月の中京は3週間開催

小倉サマージャンプは、JRAが障害戦にテコ入れを行なった1999年に創設。それまでの障害重賞といえば中央4場で春秋2回ずつ、すなわち斤量別定戦の中山大障害と京都大障害、ハンデ戦の東京障害特別と阪神障害Sが組まれるのみであったが、この年から障害でのグレード制が導入された。春の中山大障害がJ・GIの中山グランドジャンプにリニューアルされるなどの改革の一環として、それまで小倉障害Sという名で実施されていたオープン特別が重賞に格上げされたのである。

小倉はローカルでは唯一の障害専用の周回コースをもつ競馬場であり、そこで障害重賞を施行する意義は大きいと思われる。なおかつ25年から一部で修正が入ったとはいえ、JRAはこの10年ほどで障害戦を中央4場からローカル（北海道の2場を除く、余談だが北海道で「ジャンプ」といえば違う競技になってしまう……）中心へとシフトしてきた。

それにも関わらず、小倉での障害重賞の施行時期と名称を変更するのはなぜか。

それは夏の小倉開催に人気がないからだ。

しかも誰に人気がないかといえば、他ならぬ開催元のJRAに、である。

というのも、小倉は他場に比べてコストがかかる開催だからだ。

関西エリアだと京都、阪神、中京の3場は栗東トレセンからの当日輸送だが、小倉は開催前日までの直前輸送となり、近年は頭数こそ少なくなったものの現地滞在する馬もいる。

一方、関東馬であれば美浦トレセンから長距離輸送を余儀なくされ、なおかつ現地滞在する馬が多い。ちなみに栗東トレセンからの馬運車での所要時間だと、関東ローカルの新潟競馬場のほうが関西ローカルの小倉競馬場より短いようだ。

当日輸送と異なり直前輸送や滞在競馬では、馬や人が現地競馬場に滞在するため余分にコストがかかる。それでいて、東西から有力馬が集結するＧＩのように大きな売上が見込めるならまだしも、ただの小倉開催ではそうもいかない。

そこでＪＲＡは、以前は４カ月弱だった北海道開催を３カ月ほどに短縮されたのと同様に、小倉開催も年間の開催日数を減少させる方向で開催日程作成を進めてきたのである。

とはいえ、減らすにしても限度がある。年間の開催日数をこれ以上減らせないとなれば、次に行なうのは中身の見直し。**当日輸送となる京都、阪神、中京での主場開催を増やし、小倉は夏の主場開催を減らして第3場開催の日数を増やした**のである。

下の表２は、小倉競馬場の年間開催日数の推移である。なお、同じ関西ローカルの中京競馬場の改装工事の影響を受けた09～12年は省いてある。

１開催が８日間に固定されていた頃は、春の第３場開催が８日、夏の関西主場開催が16日に設定されており、年により前後するものの主場開催は７月半ばから９月頭まで組まれていた。

13年からは夏の主場開催のスタートが２週間繰り下がり、12日間の開催となっている。そして20年からは暑熱対策による開催休止という名目で、夏の主場開催は８日間にまで短縮されている。

20年からの京都競馬場の改装工事、そして24年は阪神競馬場の改

表2●小倉競馬場・年間開催日数の推移

年	春	夏	合計
	第3場	関西主場	
2000～2008年	8日	16日(※)	24日
2013～2019年	8日	12日	20日
2020年	12日	8日	20日
2021年	16日	14日	30日
2022年	14日	16日	30日
2023年	14日	8日	22日
2024年	16日	8日	24日
2025年	12日	8日	20日

※2007年夏は馬インフルエンザの影響のため2日間中止となり14日開催

装工事の影響で関西エリア全体の開催日程が変則的なものになったために気づきにくかったが、ＪＲＡは見事に夏の小倉主場開催の開催日数を減少させていたのだ。

加えて「ＪＲＡに人気がない」とされていた夏の小倉開催に組まれていた小倉サマージャンプを、小倉ジャンプＳに名称変更して２月の第３場開催で施行させたのには別の理由もある。

それは、夏の小倉サマージャンプそのものが厩舎関係者に不人気だったからだ。

夏の障害重賞としては、24年までの小倉サマージャンプ（25年からの小倉ジャンプＳ）と新潟ジャンプＳの２レースが組まれていたのだが、出走頭数を比較してみると、小倉サマージャンプの不人気さが浮かび上がってくる。

下の表３は、過去10年の小倉サマージャンプと新潟ジャンプＳの出走頭数を比較したものである。

新潟ジャンプＳは毎年11～14頭を集めているのだが、小倉は10頭に満たない年が三度あり、中京開催だった24年はわずか６頭（次ページに馬柱）。しかも１頭が出走取消で５頭立て、完走が４頭、さらにいうと３着、４着の２頭は上位２頭から６秒以上離された大差でのゴールだったのである。

もちろん、出走頭数が少なくなった理由は他にもあるだろう。ただ、新潟ジャンプＳとの間で目標が分散しやすい夏に組むよりは、２月に開催したほうが出走頭数を確保しやすそうなだけに、この変更はいいほうに出るのではないだろうか。

表3●小倉サマージャンプと新潟ジャンプSの出走頭数比較

年	小倉SJ	新潟JS
2015年	8頭	14頭
2016年	11頭	14頭
2017年	14頭	12頭
2018年	11頭	13頭
2019年	12頭	11頭
2020年	14頭	14頭
2021年	8頭	13頭
2022年	13頭	14頭
2023年	10頭	11頭
2024年	6頭	13頭
平均	10.7頭	12.9頭

●2024年8月24日・中京4R小倉サマージャンプ（J・GⅢ、3300m）

1着⑤ロスコフ
（1番人気）
2着⑥ニューツーリズム
（4番人気）
3着④メイショウハチク
（5番人気）
4着①ヴィジュネル
（2番人気）

……………………………

③トゥルボー（3番人気）
※競走中止
②ホッコーメヴィウス
※出走取消

単⑤ 180 円
複⑤ 110 円
⑥ 190 円
馬連⑤ー⑥ 530 円
馬単⑤→⑥ 650 円
3連複④⑤⑥ 2140 円
3連単⑤→⑥→④ 7940 円

中京 4R　発馬 11.20　第26回 小倉サマージャンプ　㊗障害三才上オープン・別定　J・GⅢ

	緑6	黄5	青4	赤3	黒2	白1
父	ドリームジャーニー㊥	オルフェーヴル㊗	マンハッタンカフェ㊤	オルフェーヴル㊗	ダイワメジャー㊗	マクフィ㊗
馬名	ニューツーリズム	ロスコフ	㊞メイショウハチク	トゥルボー	ホッコーメヴィウス	ヴィジュネル
母・母実績	インディストラーダ1勝㊥	ベルプラージュ3勝㊥	エガオヨシ未勝㊗	フェアエレン2勝㊗	ホッコーメモリー1勝㊗	コードネーム3勝㊗
毛色・斤量	青鹿 60 騸8	鹿 60 牡6	鹿 60 騸10	栗 60 牡8	鹿 60 騸8	青鹿 60 牡6
騎手	伴	草野	替森一	替石神深	小牧加	中村
厩舎	㊡黒岩	㊡久保田	㊞安達	㊡小笠	㊞清水久	㊞渡辺
賞金	1600	1000	400	3900	11,000	1000
総賞金	9152	8101	4977	10,795	25,300	13,905
馬主名	吉田晴哉	吉田晴哉	松本好雄	ノースヒルズ	北幸商事	キャロットF
牧場名	安追分F	安追分F	浦大北牧場	新ノースヒルズ	浦高昭牧場	白白老F
持木	△	○		注	◎	▲
広田		◎		注	◎	▲
加茂	▲	注			◎	○
市場		○		注	◎	▲
田崎	注	▲			◎	○
本紙須藤	注	○		△	◎	▲
付記	B 東	東	B	東		
着順	2	1	3		消	4
3000	[illegible] ⑦	[illegible] ①	[illegible] ⑦	3217①	[illegible]	[illegible] ②
3300	[illegible] ①	[illegible] ②	[illegible] ⑫	3383■1	[illegible]	[illegible] ③
芝3330	[illegible] ④	[illegible] ②	[illegible] ⑤	3290①	[illegible]	[illegible]
3900	[illegible] ⑤	[illegible] ④	[illegible] ⑧	4012⑦	[illegible]	[illegible] ②
上り最高	37.0②	36.7①	37.7⑤	37.6①	37.2①	36.8②
騎乗成績	0 1 2 4	1 2 0 1	0 0 1 3	3 0 0 3	1 0 0 0	2 3 2 0
クラス実績	1 3 3 11	0 3 0 1	0 1 2 16	3 0 0 4	5 7 2 9	1 3 0 0
当該条件	初コース	初コース	初コース	1 0 0 0	1 0 0 0	初コース
前走3	2阪 3月30日 ③ 三木JS 5 障害オープン 3ゲト11頭 3334 62 伴 ⑧⑧⑧⑦ 518 B 人気6 後方差詰 13¾ 13.59-386 オールザワール 3311 2.3	2中 3月16日 ⑦ ペガサス 4 障害オープン 10ゲト12頭 3438 60 草野 ⑧⑦④4 506 人気2 着地躓く 7½ 13.36-389 ビレッジイーグ 3426 1.2	1福 4月6日 ① 四才上 12 障害オープン 14ゲト14頭 3022 60 井上 ④④⑧⑪ 478 B 人気13 好位一杯 大差 13.25-396 ヴェイルネビュ 2572Ⓡ5.0	4中 10月1日 ⑨ 三才上 15 2勝 9ゲト16頭 天ダ 1584 58 石神深 S ⑩⑧⑫ 522 人気13 中位一杯 大差 388中415 カランセ 1539 4.5	4東 10月15日 ❺ 東京HJ 2 障害GⅡ 5ゲト12頭 3324 60 平沢 ①①①① 474 人気4 逃粘る 2½ 13.66-401 マイネルグロン 3320 0.4	1福 4月6日 ① 四才上 2 障害オープン 10ゲト14頭 2574 60 中村 ②②①② 486 人気3 先行粘る 1¼ 12.90-368 ヴェイルネビュ 2572Ⓡ0.2
前走2	1新 5月18日 ⑦ 四才上 3 障害オープン 6ゲト14頭 3382 62 伴 ②②②② 520 B 人気3 先行粘る 6身 13.26-396 サベラヴィ 3372 1.0	1新 5月4日 ③ 四才上 2 障害オープン 14ゲト14頭 3088 60 石神深 ④④②2 504 人気1 直線躓く ½身 13.07-384 ヴァレッタカズ 3087 0.1	3京 5月11日 ⑦ 京都HJ 8 障害GⅡ 9ゲト10頭 4341 60 中村 ⑤⑤⑤⑤ 482 B 人気10 中位一杯 大差 13.95-405 サンデイビス 4310 3.1	5中 12月2日 ① イルミネ 7 障害オープン 3ゲト14頭 4012 60 石神深 ②②②③ 522 人気4 外よれ 大差 13.51-426 ロックユー 3579Ⓡ3.3	3東 6月22日 7 東京JS 障害GⅢ 2ゲト14頭 落馬 60 井上 468 人気4 1周6号 いけ垣 ジューンベロシ 3265	1新 4月27日 ① 四才上 2 障害オープン 4ゲト11頭 3080 60 中村 ③③③2 486 人気1 着地躓く 2½ 13.01-387 パトリック 3076 0.4
前走	2新 7月27日 ① 新潟JS 5 障害GⅢ 8ゲト13頭 3328 60 伴 ②②2② 518 B 人気5 向正躓く 2¾ 13.10-375 ホッコーメヴィ 3323 0.5	3東 6月22日 7 東京JS 2 障害GⅢ 9ゲト14頭 3266 60 草野 ⑥⑥④3 502 人気6 不利有 クビ 13.29-382 ジューンベロシ 3265 0.1	3ヵ月余 放牧 乗込み3週間 仕上り○ 連対体重 458～476 3ヵ月以上休 ①②③外 0 1 1 6	3東 6月22日 7 東京JS 6 障害GⅢ 12ゲト14頭 3283 60 中村 ②③③③ 514 人気12 好位一杯 10身 13.40-401 ジューンベロシ 3265 1.8	2新 7月27日 ① 新潟JS 1 障害GⅢ 5ゲト13頭 3323 60 小牧加 ①①①① 472 人気2 逃切る ½身 13.06-374 サクセッション 3324 0.1	2福 6月29日 ① 三才上 1 障害オープン 4ゲト14頭 2583 60 中村 ②②②② 486 人気1 先行抜出 クビ 12.97-373 ゴールドルパン 2583 0.0
逃先差追連対数	0 2 3 0	0 2 2 0	0 1 1 0	0 1 3 0	10 2 1 0	2 3 0 0
コース別	平 全ダ 全芝 中京	平 全ダ 全芝 中京	平 全ダ 全芝 中京	平 全ダ 全芝 中京	平 全ダ 全芝 中京	平 全ダ 全芝 中京
1着	1 0 2 0	3 0 1 0	0 0 1 0	2 1 3 2	1 0 6 2	4 0 2 0
2着	0 0 3 0	4 0 3 0	5 0 1 0	2 0 0 0	1 1 6 0	5 0 3 0
3着	3 0 3 0	2 0 0 0	2 2 0 0	4 0 0 0	1 0 2 0	0 1 1 0
4着	4 0 2 0	2 0 1 0	3 1 2 0	3 0 0 0	1 0 1 0	2 0 0 0
5着	1 0 4 0	1 0 0 0	0 1 2 1	2 0 0 0	2 1 1 0	2 0 0 0
着外	10 1 5 0	8 0 0 0	15 2 12 1	11 1 3 0	13 0 8 0	10 0 0 0
最終情報	☆特注	○有力	入着級	△連下	○有力	▲単穴

馬連	オッズ
2-3	8.8
2-4	26.4
2-5	2.5
2-6	6.8
3-4	☆
3-5	20.0
3-6	54.9
4-5	59.2
4-6	☆
5-6	15.5

枠番連勝はありません

軸馬 2
単穴 6
連 5 1

軸不動

表4●春麗ジャンプS(OP)2月小倉で開催の過去4年

着順	馬番	馬名	騎手	性年	厩舎	人気	前走
2021年2月27日　春麗ジャンプS(小倉障害3390m)　11頭							
1着	8	ボナパルト	白浜雄造	牡7	栗・庄野靖志	7	1.30小倉　牛若丸JS⑤
2着	4	マイネルレオーネ	小坂忠士	牡9	美・清水久詞	4	2.6小倉　障害OP①
3着	10	ケイティクレバー	平沢健治	牡6	栗・杉山晴紀	2	1.9中山　中山新春JS③
6着	11	フォイヤーヴェルク	森一馬	牡8	栗・池江泰寿	1	9.19中京　阪神JS⑦
2022年2月26日　春麗ジャンプS(小倉障害3390m)　12頭							
1着	7	マイネルヴァッサー	小野寺祐太	牡9	美・土田稔	2	2.12小倉　障害OP②
2着	6	グランドレグルス	上野翔	牡4	美・伊藤伸一	9	1.30小倉　障害未勝利①
3着	5	エコロドリーム	五十嵐雄祐	牡6	美・岩戸孝樹	6	1.22小倉　障害OP中止
7着	4	ホッコーメヴィウス	黒岩悠	セ6	栗・清水久詞	1	1.30小倉　平地1勝クラス⑨
2023年2月25日　春麗ジャンプS(小倉障害3390m)　14頭							
1着	7	テーオーソクラテス	小坂忠士	牡6	栗・奥村豊	2	1.28小倉　牛若丸JS①
2着	1	ジューンベロシティ	西谷誠	牡5	栗・武英智	4	1.21小倉　障害OP①
3着	9	キャプテンペリー	草野太郎	セ10	美・岩戸孝樹	8	1.28小倉　牛若丸JS②
5着	11	スマッシャー	平沢健治	牡5	栗・吉岡辰弥	1	2.4小倉　障害未勝利①
2024年2月24日　春麗ジャンプS(小倉障害3390m)　10頭							
1着	1	ブラックボイス	石神深一	牡5	美・宮田啓介	2	1.20小倉　障害OP①
2着	8	ジューンベロシティ	高田潤	牡6	栗・武英智	1	12.23中山　中山大障害⑤
3着	3	ニューツーリズム	伴啓太	セ8	美・黒岩陽一	6	12.2中山　イルミネJS⑤

ちなみに中京で開催された24年夏は、レース史上初となる関東馬によるワン・ツーとなった。25年の小倉ジャンプSは冬の小倉4週目の施行で、それまでに未勝利戦7鞍、オープン2鞍が組まれていることから現地滞在の関東馬が参戦しやすくなると思われる。

馬券的には、24年まで2月の小倉で開催されていた春麗ジャンプSが事実上の前身レースとなるので、その傾向を参考にしたい（上の表4）。

JRAが重賞を含めた開催日程を編成する際には、いろいろと意図をもって作業していることがわかる変更である。

阪神→京都になった「阪急杯」の先行きと攻略

高松宮記念の前哨戦である阪急杯が、2025年から1週開催が早くなり、2月22日の京都で開催される。

24年秋、JRAは25年の競馬番組編成において、「GⅠ競走の前哨戦について、近年の馬の出走動向の変化

を踏まえ、当該GⅠ競走との間隔を広げるため、実施時期等を変更する」
と表明していたのだが、その第1弾が阪急杯の1週前倒しである。

この前哨戦の実施時期等の変更に関しては、3月のところで解説させていただくので、ここでは阪急杯の1週前倒しに限っての話をしたい。

おそらくJRAは、この阪急杯の1週間前倒しを実施するのを相当悩んだものと思われる。なぜなら1週前倒しによって、施行場が阪神から京都へ移動になってしまうからだ。

JRAホームページの特別レース名解説によると、阪急杯は宝塚杯という前身レースを改称して60年から施行されている伝統重賞で、その名の通り、**阪急電鉄から寄贈賞**を受けている。

阪急電鉄は、JR大阪駅に近い大阪梅田駅を起点に京都、神戸、宝塚を結ぶ路線などを運営している大手私鉄。なぜ、このレースに寄贈賞を出しているかといえば、阪神競馬場の最寄り駅が阪急今津線の仁川駅だからである。

一方、京都競馬場の最寄り駅は京阪電鉄の淀駅。京阪電鉄は京都と大阪を結ぶ鉄道会社で、秋の京都では持株会社である京阪ホールディングスから寄贈賞を受けて京阪杯が施行されている。

つまり阪急杯は、阪急沿線の阪神競馬場から、京都と大阪を結ぶという意味では阪急のライバルとなる京阪沿線の京都競馬場に開催場が変更されるのだ。

一応、京都競馬場の公式アクセスとしては、京阪電鉄の淀駅とともに阪急京都線の西山天王山駅からのバスも示されている。とはいえ、このバスを運行しているのは阪急ではなく京阪バスであり、阪急と京都競馬場との関係は薄いといっていい。

首都圏の方にイメージしてもらうなら、大井競馬場の重賞を参考にするとわかりやすいのかもしれない。

大井競馬場の最寄り駅には京急立会川駅と東京モノレールの大井競馬場前があり、この2つの鉄道会社から重賞の優勝杯が提供されている。

JpnⅡの京浜盃には京急電鉄賞が、2歳重賞のゴールドジュニアには東京モノレール賞が寄贈されており、これが京都競馬場における京阪杯の立ち位置となる。

一方、京都競馬場での阪急杯は、大井競馬場からバスで結ばれている品川駅、目黒駅、大井町駅（特定日のみ）に路線があるJR東日本や東急が、大井のレースに寄贈賞を提供するようなものだ。

……これでは、どこかしっくりこない。

もっとも、かつてのJRAでは、鉄道会社が他社沿線となる競馬場のレースに寄贈賞を出しているケースがあった。

京成電鉄沿線の中山競馬場での京王杯オータムハンデ（現・京成杯オータムハンデ）と、京王電鉄沿線にある東京競馬場での京成杯3歳S（現・京王杯2歳S）である。

なぜ、このようなねじれが発生していたかというと、もともと東京競馬場で施行され京王電鉄が寄贈賞を出していたオータムハンデが中山競馬場で行なわれるようになり、中山競馬場で施行され京成電鉄が寄贈賞を出していた京成杯3歳Sが東京競馬場で行われるようになったからである。

このねじれは1980年から97年まで続き、98年になって両レースの寄贈賞を入れ替える形で、京成杯オータムハンデと京王杯３歳Ｓ（01年より京王杯２歳Ｓ）として実施されている。

ここで、ＪＲＡ競馬場の最寄り駅とその鉄道会社による寄贈賞の関係を表にまとめてみた（上の表５）。

かつての国鉄を前身とするＪＲや公共自治体が運営する路線を除くと、最寄り駅の鉄道会社が寄贈賞を出しているが、やはり京都競馬場での阪急杯だけがおかしい。

表5●JRA競馬場最寄り駅と鉄道会社寄贈賞の関係

札幌競馬場　最寄り駅　JR桑園駅
※JR北海道の寄贈賞なし
函館競馬場　最寄り駅　函館市電競馬場前電停
※函館市電（函館市企業局）の寄贈賞なし
福島競馬場　徒歩圏内の最寄り駅なし
新潟競馬場　徒歩圏内の最寄り駅なし
東京競馬場　最寄り駅　京王府中競馬正門前駅ほか
京王杯スプリングC（GⅡ）
京王杯2歳S（GⅡ）
※JR府中本町のJR東日本からの寄贈賞はなし
中山競馬場　最寄り駅　京成東中山駅ほか
京成杯（GⅢ）
京成杯オータムハンデキャップ（GⅢ）
※JR船橋法典駅のJR東日本からの寄贈賞はなし
中京競馬場　最寄り駅　名鉄中京競馬場前駅
名鉄杯（オープン特別）
京都競馬場　最寄り駅　京阪淀駅
京阪杯（GⅢ）
＜25年より＞阪急杯（GⅢ）
阪神競馬場　最寄り駅　阪急仁川駅
＜24年まで＞阪急杯（GⅢ）
小倉競馬場　最寄り駅　北九州モノレール競馬場前駅
※北九州モノレールからの寄贈賞はなし

では、これまでの阪急沿線の阪神競馬場ではなく、25年から京阪沿線の京都競馬場で施行されることになった阪急杯はこの先どうなるのか。次の３ケースを予想してみた。

①しばらく京都での阪急杯が継続

ＪＲＡにしても、変則日程ならともかく通常の京都開催に阪急杯を組むことには違和感しかないだろう。おそらく番組編成を担当するＪＲＡ番組企画室でも、その違和感解消のために水面下で動いたはずだ。

ところが、阪急杯はどうしてもここに組むしかなかった。あるいは阪急から京都競馬場での施行でも構わないとの回答を得たのかもしれない。

となれば、京都での阪急杯は26年以降も継続することになる。

②別の重賞と名称を交換、今の阪急杯は新名称でのレースとなる

普通に考えると、こうなるのが自然である。何なら交換でなくても「阪急杯チャレンジC」や「阪急杯阪神C」など、既存の阪神での重賞の前に阪急電鉄からの寄贈賞レースである旨を示す形でもいい。

それにも関わらず25年は京都競馬場での「阪急杯」施行となった。ここからは想像だが、25年はまだ別レースと名称を交換することが不都合だったのかもしれない。

その交換先は、6月阪神の新設重賞・しらさぎSではないだろうか。

このしらさぎSは24年までのリステッド競走・米子Sが重賞昇格に際しレース名を変更したもの。詳細は6月のところで解説するとして、阪急杯を6月の阪神で施行することには合理性もある。

なぜなら、阪急杯は71年から96年まで6月の阪神で施行されていたからだ。その後は短距離路線の重賞整備で春の阪神開催で行なわれるようになったものの、京都での開催に替わるとなればリセットにちょうどいい。

とはいえ、いきなり名称変更ではイメージが悪い。阪急が米子の名前を奪ったとも捉えられかねないからだ。

そこで、しらさぎSという名をワンクッションで挟み、数年後にしらさぎSを阪急杯、もしくは阪急杯しらさぎSとして阪急の寄贈賞レースを阪神競馬場に復活させるというプランがあるのかもしれない。

京都 11 発馬 15.35 第59回 京都牝馬S (GIII)

サラ系四才上 オープン 別定

枠番	1 白	2 白	3 黒	4 黒	5 赤	6 赤
馬番	1	2	3	4	5	6
父	モーリス	ジャスタウェイ	トーセンラー	エピファネイア	スクリーンヒーロー	ドゥラメンテ
馬名	ムーンプローブ	アルーリングウェイ	ドロップオブライト	テンハッピーローズ	ウインシャーロット	シングザットソング
母	スマイリングムーン 4勝	アルーリングライフ 4勝	プレシャスドロップ 1勝	フェータルローズ 3勝	マリアヴェロニカ 2勝	ザガールインザットソング 米
毛色・斤量・性齢	鹿 55 牝4	黒鹿 55 牝5	黒鹿 55 牝5	栗 55 牝6	鹿 55 牝6	黒鹿 57 牝4
騎手	ルメートル	Mデムーロ	小沢	津村	石川	鮫島駿
厩舎	上村	藤岡健	松永昌	高柳大	和田郎	高野
賞金	1950	2500	2400	3800	5300	3000
総賞金	3720	5945	7754	13,400	13,900	7603
馬主	吉田晴哉	サンデーR	岡田牧雄	天白泰司	ウイン	社台RH
生産者	追分F	白老F	岡田S	社台F	コスモヴューF	白老F
持木秀康	…	…	…	…	△	◎
広田晶彦	…	△	…	…	△	注
加茂聡	…	…	…	△	△	△
市場丈也	…	…	…	…	△	△
田崎泰	…	…	△	△	注	•
本紙須藤	…	…	…	△	△ 東	△
芝持ち時計	京1087⑥ 阪1208② 阪1339⑰	阪1095① 新1198③ 阪1331⑧ 東1475⑬	京1076① 京1202② 京1373❸ 芝ダ1159⑬	小1084① 京1196④ 東1337②	福1122④ 東1204① 東1328②	京1081⑨ 阪1207① 阪1329⑦
上り最高 / 騎乗成績	芝33.9⑧ 初騎乗	33.9⑨ 初騎乗	芝32.8③ 2215	32.3④ 1011	33.3① 5722	芝33.1⑨ 0101
クラス実績 / 当該条件	0106 初コース	1014 初コース	0000 0100	1127 0001	1201 初コース	1114 初コース
前走4	1函 6月11日 ② 函館SS 9 GIII 12ト16頭 芝1089 52北村友 H④⑧⑧ 486 人気9 中位まま 3¾ 336中353 キミワクイーン 1082 0.7	3新 8月27日 ⑥ 新潟日報 7 L 12ト17頭 芝外1212 55内田博 S⑥⑤⑦ 478 人気9 好位一息 2¼ 350中341 テンハッピーロ 1208 0.4	1札 7月22日 ① TVh賞 5 3勝 5ト15頭 芝1078 56小沢 M⑤⑤⑤ 436 人気3 脚余す 2身 337中341 エクセトラ 1075 0.3	1京 5月28日 ⑫ 安土城 4 L 13ト18頭 芝外1196 54藤岡康 S⑯⑯⑯ 458 人気6 後方追上 3½ 366外323 ママコチャ 1190 0.6	5中 22年12月 ⑤ ターコイ 2 牝ハGIII 15ト16頭 芝外1335 55石川 S②②② 510 人気4 先行粘る クビ 354中348 ミスニューヨー 1335 0.0	2東 5月7日 6 NHKマイル 11 GI 5ト17頭 芝1347 55吉田隼 M④⑤④ 432 人気11 好位一杯 5¾ 348内359 シャンパンカラ 1338 0.9
前走3	2京 10月8日 ② オパール 8 L 11ト18頭 芝内1087 52吉田隼 M⑬⑭⑭ 474 人気8 脚余す 3¼ 348中339 メイショウゲン 1081 0.6	4新 10月15日 2 信越 3 L 10ト15頭 芝内1209 53北村友 S⑥⑧⑧ 480 人気4 中位伸 2¼ 350中344 サーマルウイン 1206 0.3	4阪 9月24日 ⑦ 道頓堀 3 3勝 4ト16頭 芝内1081 55小沢 S⑥⑥⑦ 444 人気6 中位伸 1½ 353中328 グレイトゲイナ 1079 0.2	3東 6月25日 ⑧ パラダイ 3 L 14ト15頭 芝1207 54津村 S⑨⑦⑧ 454 人気3 中位伸 クビ 363外327 ビューティフル 1206 0.1	1阪 2月18日 ③ 京都牝馬 2 牝ハGIII 13ト18頭 芝内1204 55石川 S①①① 514 人気1 逃惜敗 ハナ 351内339 ララクリスティ 1204 0.0	3新 8月27日 ⑥ 新潟日報 11 L 15ト17頭 芝内1214 53吉田隼 S⑥⑤⑤ 448 人気2 好位一杯 3¼ 349中344 テンハッピーロ 1208 0.6
前走2	5東 11月12日 ④ オーロC 13 L 1ト18頭 芝1213 52横山武 S⑦⑤⑨ 470 人気3 好位一杯 4¼ 357中340 グランデマーレ 1206 0.7	5東 11月12日 ④ オーロC 9 L 7ト18頭 芝1211 53野中 S④⑤⑤ 478 人気8 G前不利 3身 353中342 グランデマーレ 1206 0.5	2京 10月7日 ① 長岡京S 2 3勝 15ト15頭 芝外1202 55小沢 M④⑤⑤ 446 人気5 一旦先頭 クビ 345外344 メイショウソラ 1202 0.0	3新 8月27日 ⑥ 新潟日報 1 L 14ト17頭 芝内1208 55津村 S⑨⑧⑦ 454 人気3 中位一気 クビ 354中335 サーマルウイン 1209 0.1	2阪 4月8日 5 阪神牝馬 4 牝ハGII 3ト12頭 芝外1342 55石川 S①①① 512 人気2 逃一息 1¾ 361内345 サウンドビバー 1339 0.3	2京 10月8日 ② オパール 2 L 6ト18頭 芝内1082 54鮫島駿 M⑩⑫⑪ 448 人気5 内つき伸 クビ 346内336 メイショウゲン 1081 0.1
前走	5阪 12月16日 5 タンザナ 14 オープン 11ト16頭 芝内1095 52酒井 M⑧⑪⑫ 470 人気6 中位一杯 5¾ 347中348 カルネアサーダ 1085 1.0	3ヵ月余 放牧 乗込み4週間 仕上り○ 連対体重 454〜478 3ヵ月以上休 ①②③外 1001	4中京 12月10日 ④ 知立 1 3勝 7ト9頭 芝1076 56小沢 M③③③ 438 人気1 好位抜出 2身 347内329 メイショウエニ 1079 0.3	5ヵ月半 放牧 乗込み4週間 仕上り○ 連対体重 420〜454 3ヵ月以上休 ①②③外 1202	10ヵ月余 脚部不安放牧 乗込み6週間 仕上り○ 連対体重 488〜514 3ヵ月以上休 ①②③外 1111	3京 11月26日 ⑧ 京阪杯 9 GIII 3ト18頭 芝内1081 55鮫島駿 S⑨⑪⑪ 446 人気5 中位まま 4身 350中331 トウシンマカオ 1074 0.7
成績	0210	0220	0430	0073	5610	0120
コース 全左ダ右京 1着	20020	32010	41030	53020	55000	20020
2着	10010	10010	31021	53020	72050	10011
3着	00000	22000	21010	22000	21010	11000
4着	00000	00000	10010	31021	20020	00000
5着	11000	00000	10010	00000	00000	10010
着外	61051	95040	40131	63030	00000	42021
評価	入着級	連なら	連なら	△連下	△連下	△連下

枠番	4 青	4 青	5 黄	5 黄	6 緑	6 緑
馬番	7	8	9	10	11	12
父	ミッキーアイル	キズナ	シルバーステート	ハービンジャー	オプティマイザー	ミッキーアイル
馬名	スリーパーダ	スマートリアン	コムストックロード	プレサージュリフト	(外)モズゴールドバレル	ナムラクレア
母	シンハリーズ 英	スマートオーシャン 1勝	ニシノムーンライト 6勝	シュプリームギフト 5勝	スウィータースティル 愛	サンクイーンII 米
毛色・斤量・性齢	栗 55 牝5	鹿 55 牝7	鹿 55 牝5	黒鹿 55 牝5	黒鹿 55 牝5	青鹿 56 牝5
騎手	岩田望	角田河	ムルザバエフ	キングスコー	団野	浜中
厩舎	斉藤崇	石橋	中野栄	木村	藤岡健	長谷川
賞金	2500	3600	1700	2250	2400	13,500
総賞金	6430	14,575	6170	9550	7315	38,430
馬主	キャロットF	大川徹	ビッグレッドF	サンデーR	キャピタルS	奈村睦弘
生産者	ノーザンF	三嶋牧場	ビッグレッドF	ノーザンF	アメリカ	谷川牧場
持木秀康	…	…	…	▲	△	○
広田晶彦	…	…	…	…	◎	▲
加茂聡	…	…	…	注	▲	◎
市場丈也	…	…	…	▲	△	注
田崎泰	○	…	…	…	…	◎
本紙須藤	…	…	東	注 東	△	○
芝持ち時計	阪1075① 阪1214⑩	小1067④ 京1198⑤ 中1321④ 阪1460①	3 [illegible]⑬ [illegible]⑤ 京[illegible] 中[illegible]③	1592⑨ 2245⑤ 東1319③ 東1464⑤	2030⑭ 東1220⑨ 東1316① 小1470①	2 小[illegible]③ 阪(1[illegible])② 東[illegible]⑧
上り最高 / 騎乗成績	芝33.5⑫ 0011	天32.3① 初騎乗	芝33.6⑦ 初騎乗	天33.0⑤ 初騎乗	天32.5① 初騎乗	芝32.9① 4333
クラス実績 / 当該条件	0114 初コース	13315 0001	03015 0001	1124 初コース	0002 初コース	5333 初コース
前走4	3阪 6月10日 ③ 水無月 1 3勝 8ト16頭 芝内1075 56坂井 M④⑦⑦ 418 人気8 中位一気 2身 338中337 メイショウゲン 1078 0.3	2福 7月16日 ⑥ 福島TV 1 オープン 13ト16頭 芝1094 55柴田善 M⑨⑦⑥ 474 人気5 中位差切 ½身 350中344 コムストックロ 1094 0.0	2札 8月13日 ② UHB賞 7 オープン 8ト15頭 芝1089 55石川 S⑬⑩⑪ 432 人気5 前塞る 4¼ 353中336 シナモンスティ 1082 0.7	1中京 23年1月 ① 京都金杯 3 GIII 2ト16頭 芝1329 54イーガン M④③③ 478 人気2 好位粘る 1¼ 353中350 イルーシヴパン 1327 0.2	3新 8月26日 ⑤ 両津湾 8 3勝 7ト17頭 芝外1328 56津村 S⑥⑧⑧ 464 人気2 中位まま 3¼ 359中339 オヌール 1323 0.5	2東 5月14日 ⑧ ヴィクト 8 牝GI 12ト16頭 芝1329 56浜中 S⑪⑤⑥ 468 人気5 向正不利 4¾ 350中339 ソングライン 1322 0.7
前走3	2福 7月16日 ⑥ 福島TV 9 オープン 7ト16頭 芝1099 55菅原明 M③③④ 422 人気1 向正不利 3身 346中353 スマートリアン 1094 0.5	3小 8月20日 ④ 北九州記念 4 GIII 16ト18頭 芝1075 55柴田善 M⑫⑫⑫ 476 人気8 後方追上 1¼ 339外336 ジャスパークロ 1073 0.2	3福 11月5日 ② みちのく 7 オープン 8ト16頭 芝1101 55丸山 M⑦⑦⑤ 448 人気2 中位まま 2¾ 342外359 グレイトゲイナ 1096 0.5	1東 23年2月 ④ 東京新聞 3 GIII 16ト16頭 芝1319 55ルメール S⑧⑧⑧ 484 人気6 中位伸 ¾身 356中337 ウインカーネリ 1318 0.1	4阪 9月17日 ④ 仲秋 3 3勝 6ト15頭 芝外1320 56松山 S⑦⑦⑧ 460 人気5 中位伸 ½身 351外338 セッション 1319 0.1	2札 8月27日 ⑥ キーンラ 1 GIII 14ト16頭 芝1099 55浜中 M⑨⑦④ 468 人気1 中位差切 1身 347外352 シナモンスティ 1101 0.2
前走2	2京 10月8日 ② オパール 7 L 5ト18頭 芝内1085 53坂井 M⑥⑥⑥ 434 人気4 中位まま 2身 341中344 メイショウゲン 1081 0.4	2京 10月28日 ⑧ スワンS 15 GII 6ト18頭 芝外1209 55柴田善 S⑦⑭⑯ 482 人気13 引掛る 5½ 355中343 ウイングレイテ 1199 1.0	5中 12月3日 ② ラピスラ 11 L 9ト11頭 芝外1088 55丹内 S⑤③③ 454 人気9 中位一杯 6身 340中348 オタルエバー 1078 1.0	4東 10月14日 ④ 府中牝馬 5 牝ハGII 6ト13頭 天1464 55ルメール S⑨⑪⑧ 484 人気2 脚余す 1½ 371中330 ディヴィーナ 1461 0.3	2京 10月22日 ⑦ 三年坂 2 3勝 8ト13頭 芝外1337 56川田 S③③③ 462 人気4 好位伸 ½身 364内331 ソーダズリング 1337 0.0	4中 10月1日 ⑨ スプリンター 3 GI 1ト16頭 芝外1082 56浜中 M⑤⑦⑦ 468 人気1 出遅る 1身 338中344 ママコチャ 1080 0.2
前走	5阪 12月16日 5 タンザナ 3 オープン 1ト16頭 芝内1086 53岩田望 M④③③ 434 人気2 好位伸 クビ 342内344 カルネアサーダ 1085 0.1	3京 11月26日 ⑧ 京阪杯 10 GIII 4ト18頭 芝内1081 55柴田善 S⑫⑫⑫ 480 人気14 中位一杯 4身 353中328 トウシンマカオ 1074 0.7	1中 1月8日 ③ カーバン 13 オープン 13ト16頭 芝外1082 55丹内 M⑫⑩⑩ 460 人気16 前塞る 2¼ 340中342 シュバルツカイ 1078 0.4	5東 11月25日 ⑦ キャピタ 2 L 3ト10頭 天1335 55ビュイック S②②② 484 人気1 先行粘る 1½ 362中332 ドーブネ 1333 0.2	5東 11月19日 ⑥ 奥多摩 1 3勝 7ト9頭 天1344 56藤岡佑 S②②② 458 人気2 先行競勝 クビ 377中325 リアグラシア 1345 0.1	4ヵ月半 放牧 乗込み3週間 仕上り○ 連対体重 454〜472 3ヵ月以上休 ①②③外 2110
成績	0320	1260	1220	0102	1411	0350
コース 全左ダ右京 1着	30030	50053	22000	22000	43010	51040
2着	20020	42021	32010	11000	31022	31020
3着	10010	30031	11000	22000	10010	41030
4着	00000	50050	43010	00000	00000	00000
5着	00000	21010	00000	22000	21010	20020
着外	70072	91083	1330102	20020	64110	11000
評価	連なら	入着級	入着級	☆特注	△連下	○有力

芝 1200 / 1400 / 1600 / 1800

レコード 1.19.0 15年5月 ウリウリ 55浜中

京都11R

1-1	☆	2-2	☆	3-3	49.3	5-5	☆
1-2	☆	2-3	43.9	3-4	56.5	5-6	13.5
1-3	72.6	2-4	☆	3-5	33.6	5-7	17.3
1-4	☆	2-5	62.5	3-6	9.5	5-8	35.3
1-5	☆	2-6	17.7	3-7	12.1	6-6	15.9
1-6	29.4	2-7	22.6	3-8	24.8	6-7	4.9
1-7	37.4	2-8	46.1	4-4	☆	6-8	10.0
1-8	76.2			4-5	80.4	7-7	50.6
				4-6	22.8	7-8	12.7
				4-7	29.1	8-8	☆
				4-8	59.4		

軸馬 15 単穴 10 連 1318 5

軸二分

●2024年2月17日・京都11R京都牝馬S(GⅢ、芝1400m)

1着⑮ソーダズリング
　(2番人気)
2着⑫ナムラクレア
　(1番人気)
3着⑨コムストックロード
　(16番人気)
※上位3頭はいずれも差し追い込み。
逃げた⑯モズメイメイは12着。
2番手⑭ジューンオレンジも16着。

単⑮ 380円
複⑮ 150円
　⑫ 130円
　⑨ 2900円
馬連⑫－⑮ 650円
馬単⑮→⑫ 1240円
3連複⑨⑫⑮ 55140円
3連単⑮→⑫→⑨ 179650円

18 桃8	17 桃8	16	15 橙7	14 橙7	13
ポイントオブエントリー 外 ロータスランド リトルミスマフェット米	ロードカナロア ボンボヤージ ディープインアスク 未勝	リアルインパクト モズメイメイ インラグジュアリー 未出	ハーツクライ ソーダズリング ソーマジック 4勝	ジャスタウェイ ジューンオレンジ アドマイヤサブリナ 3勝	ミッキーアイル メイケイエール シロインジャー 未勝
鹿 55 牝7	鹿 55 牝7	鹿 57 牝4	黒鹿 55 牝4	芦 55 牝4	鹿 56 牝6
松山	川須	田口	武豊	和田竜	池添
辻野	梅田智	音無	音無	長谷川	武英
10,150	4450	5500	2350	2400	14,150
24,140	10,853	11,230	5280	6464	33,700
小林英一HD	廣崎利洋	キャピタルS	社台RH	吉川潤	名古屋競馬
アメリカ	ASK STUD	社台F	社台F	ヒダカF	ノーザンF
△ △ … ◎ … ▲	…	…	注 ○ ○ ○ ▲ ◎	… … … △ … …	△ … △ … △ △
京1083② 阪1195⑥ 新1327① 小1466⑤	小1069① 東1211⑩ 阪1353⑩	京1071① 京1209③ 阪1332⑬ ダ1150⑪	[illegible]② [illegible]⑧ 中1[illegible]④ 阪[illegible]	小1085❶ 阪1208③ 阪1334⑯	京1062① 阪1201① 東1327⑮
32.8③ 初騎乗	33.1⑤ 4 1 0 10	33.1① 初騎乗	32.8① 2 1 0 3	33.5① 初騎乗	32.9① 3 0 0 7
3 2 2 12 0 1 1 0	1 0 0 15 0 0 0 1	2 0 0 5 初コース	0 1 0 3 初コース	0 0 1 2 初コース	6 0 0 11 初コース
2東 5月14日 ⑧ヴィクト 6 牝GⅠ 1ｹ16頭 芝1600 1328 56 横山典 S ①①① 482 人気12 逃一息 4¼ 342内343 ソングライン 1322 0.6	3小 8月20日 ④北九記念 5 GⅢ 2ｹ18頭 芝1200 1076 54 川須 M ⑧⑧⑧ 448 人気11 中位差詰 2¾ 337中339 ジャスパークロ 1073 0.3	3小 8月20日 ④北九記念 10 GⅢ 18ｹ18頭 芝1200 1080 54 松若 M ②③② 458 人気2 先行一杯 4¾ 332中348 ジャスパークロ 1073 0.7	2東 5月21日 ⑩オークス 8 牝GⅠ 10ｹ18頭 芝2400 2250 55 武豊 S ⑩⑫⑫ 470 人気5 後方差詰 11½ 369外353 リバティアイラ 2231 1.9	1函 6月25日 ⑥HTB杯 5 牝2勝 11ｹ13頭 芝1200 1093 53 富田 M ⑨⑧⑧ 462 人気1 中位差詰 2身 343外350 エイシ・メイシ 1090 0.3	3東 6月4日 ②安田 15 GⅠ 2ｹ18頭 芝1600 1327 56 池添 S ⑮⑨⑨ 480 人気12 出遅る 7¼ 351内344 ソングライン 1314 1.3
3新 8月13日 ②関屋記 12 GⅢ 14ｹ17頭 芝外1600 1329 55 内田博 S ③③③ 472 人気3 好位一杯 5身 349中340 アヴェラーレ 1321 0.8	4阪 9月10日 ②セントウ 4 GⅡ 9ｹ15頭 芝内1200 1075 55 川須 S ⑦⑦⑦ 448 人気13 中位伸も 2身 343中332 テイエムスパー 1072 0.3	4中 10月1日 ⑨スプリンター 16 GⅠ 16ｹ16頭 芝外1200 1095 54 武豊 M ③③④ 460 人気12 好位一杯 8¼ 335中360 ママコチャ 1080 1.5	4阪 9月17日 ④ローズS 8 牝GⅡ 2ｹ17頭 芝外1800 1441 54 武豊 M ②⑤④ 474 人気3 好位一杯 6¼ 348内346 マスクトディー 1430R 1.1	4阪 9月30日 ⑧三上オ 1 2勝 9ｹ17頭 芝内1400 1209 54 富田 S ⑤⑤④ 456 人気3 好位抜出 1¼ 353中339 ウインバグース 1211 0.2	4中 10月1日 ⑨スプリンター 5 GⅠ 8ｹ16頭 芝外1200 1084 56 池添 M ⑦⑤④ 486 人気5 S後不利 2身 336中348 ママコチャ 1080 0.4
2京 10月28日 ⑧スワンS 3 GⅡ 18ｹ18頭 芝外1400 1201 55 岩田康 S ⑱⑰⑬ 488 人気11 後方伸 1身 357中335 ウイングレイテ 1199 0.2	2京 10月8日 ②オパール 16 L 14ｹ18頭 芝内1200 1093 55 川須 M ⑦⑥⑨ 454 人気6 中位一杯 7¼ 342外351 メイショウゲン 1081 1.2	大井 11月3日 ⑥JBCスプリ 11 交流GⅠ 9ｹ15頭 ダ1200 1150 54 松山 H ②③⑦ 451 人気6 先行一杯 16¼ 347中403 イグナイター 1120 3.0	2京 10月22日 ⑦三年 1 3勝 13ｹ13頭 芝外1800 1337 54 武豊 S ⑥⑥⑥ 474 人気2 中位差切 ½身 369中328 モズゴールドバ 1337 0.0	4東 10月14日 ④白秋 1 3勝 9ｹ12頭 芝1400 1208 54 横山和 S ④④③ 452 人気2 好位抜出 1¾ 355中335 ヴェルトハイム 1211 0.3	11月4日 BCF&Mスプリ 9 牝GⅠ 良 9頭 芝ダ1400 1255 56 池添 ⑤⑥⑨ サンタアニタ アメリカ 中位バテ 13¾ グッドナイトオ 1229 2.6
5阪 12月23日 ⑦阪神カップ 6 GⅡ 15ｹ17頭 芝内1400 1195 56 岩田康 M ⑩⑪⑫ 498 人気10 後方差詰 1¼ 346中340 ウインマーベル 1193 0.2	1京 1月13日 ④淀短距 17 L 3ｹ17頭 芝内1200 1105 57 岩田康 M ⑰⑰⑰ 450 人気7 後方まま 11½ 361中344 ビッグシーザー 1086 1.9	3京 11月26日 ⑧京阪 12 GⅢ 12ｹ18頭 芝内1200 1083 55 永島 S ⑤⑤⑤ 456 人気9 好位一杯 5¼ 345中338 トウシンマカオ 1074 0.9	5中 12月16日 ⑤ターコイ 4 牝GⅢ 12ｹ16頭 芝外1600 1330 53 武豊 S ⑧⑧⑥ 468 人気4 中位伸も 1½ 360中340 フィアスプライ 1327 0.3	2京 1月28日 ②シルクロ 12 GⅢ 7ｹ18頭 芝内1200 1089 54 横山和 M ④③③ 468 人気6 好位一杯 7½ 339中350 ルガル 1077 1.2	3ヵ月余 放牧 乗込み3週間 仕上り○ 連対体重 458～484 3ヵ月以上休 ①②③外 3 0 0 3
0 6 4 0	0 3 2 1	3 1 0 0	0 1 3 0	0 3 2 0	0 2 5 0
全左ダ右京 6 1 0 5 0 4 2 0 2 1 2 0 0 2 1	全左ダ右京 5 0 0 5 2 1 0 0 1 0 0 0 0 0 0	全左ダ右京 4 1 0 3 1 0 0 0 0 0 1 1 0 0 0	全左ダ右京 2 0 0 2 1 2 1 0 1 0 0 0 0 0 0	全左ダ右京 4 1 0 3 0 1 0 0 1 0 1 0 0 1 0	全左ダ右京 7 3 0 4 0 0 0 0 0 0 0 0 0 0 0
0 0 0 0 0 1 0 0 1 0 11 5 0 6 0	2 0 0 2 0 2 0 0 2 1 17 5 0 12 2	0 0 0 0 0 0 0 0 0 0 5 0 1 4 1	1 0 0 1 0 0 0 0 0 0 2 1 0 1 0	0 0 0 0 0 3 0 0 3 0 3 0 0 3 1	2 0 0 2 0 3 1 0 2 0 6 2 1 3 0
▲単穴	入着級	入着級	○有力	連なら	★伏兵

③26年以降に開催日程変更の可能性

正直、可能性は低いと思われるが、26年以降、第2回京都開催が現在の4週から3週に短縮され、2月第4週が阪神開催となれば、25年から1週前倒しされた阪急杯は来年から再度阪神競馬場での施行に戻る。

25年から6月の阪神開催が3週間に短縮され、10月の京都開催が5週間に拡大されたのだから、その調整をここで取る可能性もゼロではない。

重賞スケジュールを編成する際には、寄贈賞を出してもらう大手私鉄やマスコミとの関係にも配慮する。JRAもただ、日程を組んでいるわけではないのだ。

では最後に馬券的なヒントを。同じ芝1400m戦でも、阪神内回りと京都外回りでは求められる適性がまったく異なる。

しかも、24年までの阪神開幕週の阪急杯と25年か

表6●京都牝馬S　京都芝1400mで開催の近5回

着順	馬番	馬名	騎手	性年	通過順	厩舎	人気	前走
2017年2月18日　京都牝馬S（京都芝1400m）　18頭								
1着	10	レッツゴードンキ	岩田康誠	牝5	-12-7	栗・梅田智之	1	ターコイズS②
2着	15	ワンスインナムーン	石橋脩	牝5	- 5- 4	美・斎藤誠	7	サンライズS①
3着	6	スナッチマインド	浜中俊	牝6	-13-10	栗・岡田稲男	4	六甲アイランド①
2018年2月17日　京都牝馬S（京都芝1400m）　12頭								
1着	8	ミスパンテール	横山典弘	牝4	- 6- 6	栗・昆貢	1	ターコイズS①
2着	10	デアレガーロ	池添謙一	牝4	-10-10	美・大竹正博	4	市川S①
3着	12	エスティタート	武豊	牝5	- 8- 9	栗・松永幹夫	5	石清水S②
2019年2月16日　京都牝馬S（京都芝1400m）　18頭								
1着	10	デアレガーロ	池添謙一	牝5	- 7- 6	美・大竹正博	9	スワンS⑥
2着	15	リナーテ	武豊	牝5	-11-11	栗・須貝尚介	7	ターコイズS⑦
3着	13	アマルフィコースト	坂井瑠星	牝4	- 2- 2	栗・牧田和弥	13	石清水S⑧
5着	14	ミスパンテール	横山典弘	牝5	- 6- 6	栗・昆貢	1	ターコイズS①
2020年2月22日　京都牝馬S（京都芝1400m）　17頭								
1着	17	サウンドキアラ	松山弘平	牝5	- 4- 7	栗・安達昭夫	1	京都金杯①
2着	9	プールヴィル	岩田康誠	牝4	- 4- 2	栗・庄野靖志	6	オーロC②
3着	6	メイショウグロッケ	大野拓弥	牝6	- 6- 5	栗・荒川義之	13	ターコイズS⑤
2024年2月17日　京都牝馬S（京都芝1400m）　18頭								
1着	15	ソーダズリング	武豊	牝4	- 9- 7	栗・音無秀孝	2	ターコイズS④
2着	12	ナムラクレア	浜中俊	牝5	-14-10	栗・長谷川浩大	1	スプリンターズ③
3着	9	コムストックロード	ﾑﾙｻﾞﾊﾞｴﾌ	牝5	-16-14	美・中野栄治	16	カーバンクルS⑬

らの京都最終週の阪急杯では馬場も違う。

そのため予想には苦労するだろうが、京都での阪急杯は大きなヒントがある。それは24年まで同じ2月3週目に京都芝１４００mで組まれていた京都牝馬Ｓである（24年の同レースの馬柱はＰ26～27）。

京都競馬場の改装工事の影響で21～23年は阪神で開催されたが、京都で開催された際の傾向は牝馬限定戦とはいえ参考になるだろう（右ページの表６）。

阪神開幕週でレシステンシア、アグリ、アサカラキングなど前へ行く馬を買っていれば的中した、これまでの阪急杯とは別物になるはずだ。

KOKURA RACECOURSE
JRA
JRA
KOKUR
2
1
2
3
4
5
6
7
8
9
10
11
12
13
14
15

CHANGES!

2025年3月 March

●1日（土）　オーシャンS（2回中山GⅢ　4歳上/芝1200m）
●2日（日）　中山記念（2回中山GⅡ　4歳上/芝1800m）
チューリップ賞（1回阪神GⅡ　3歳牝/芝1600m）
●8日（土）　中山牝馬S（2回中山GⅢ　4歳上牝H/芝1800m）
フィリーズレビュー（1回阪神GⅡ　3歳牝/芝1400m）
●9日（日）　弥生賞ディープインパクト記念（2回中山GⅡ　3歳/芝2000m）
●16日（日）　スプリングS（2回中山GⅡ　3歳/芝1800m）
金鯱賞（2回中京GⅡ　4歳上/芝2000m）
●22日（土）　フラワーC（2回中山GⅢ　3歳牝/芝1800m）
ファルコンS（2回中京GⅢ　3歳/芝1400m）
●23日（日）　阪神大賞典（1回阪神GⅡ　4歳上/芝3000m）
愛知杯（2回中京GⅢ　4歳上牝/芝1400m）
※旧・京都牝馬S
●29日（土）　日経賞（3回中山GⅡ　4歳上/芝2500m）
毎日杯（2回阪神GⅢ　3歳/芝1800m）
●30日（日）　マーチS（3回中山GⅢ　4歳上H/ダ1800m）
高松宮記念（2回中京GⅠ　4歳上/芝1200m）

3月の変更点は、大枠だと次の2点である。

・実施時期が前倒しとなるGI競走前哨戦が5レース（オーシャンS、チューリップ賞、中山牝馬S、フィリーズレビュー、スプリングS）

・2024年までの「京都牝馬S」が「愛知杯」に名称を変更して、この時期の中京で開催

有力馬は前哨戦・トライアルレースをちゃんと使って、GIに出てください！

個別レースの前に、まずはGI前哨戦の実施時期前倒しについて考察していきたい。

2025年の番組作成にあたり、JRAは**「近年の馬の出走動向の変化を踏まえ、当該GI競走との間隔を広げる」**との方針を示している。

近年の出走動向の変化を簡単にいえば、外厩を利用した厩舎の馬房回転により目標がハッキリしている馬に関しては出走間隔を広く取る傾向といえ、前哨戦を使わずGIへ直行する馬も増えてきた。

左ページの表1は春のGI3レース（高松宮記念、桜花賞、皐月賞）出走馬の平均出走間隔の推移、表2は20年前の05年と近4年のGI3レース上位馬の前走レースを表したものだ。

出走間隔はその年の出走馬の平均であるため、07年の桜花賞のように前年の函館2歳S以来の出走（中34週）となったニシノチャーミーとホッカイドウ競馬からの転入初戦だったベリーベリナイス（中24週）の2頭が値を押し上げたケースもある。

とはいえ、点ではなく線で見てみると、平均出走間隔は中4週前後から中6、7週ほどに広がっていることが明らかだ。

表1●GⅠ3レース出走馬の平均出走間隔の推移（過去20年）

	高松宮記念	桜花賞	皐月賞
2005年	中4.1週	中4.8週	中3.3週
2006年	中4.7週	中3.4週	中4.7週
2007年	中4.2週	中6.9週	中4.1週
2008年	中4.3週	中3.5週	中3.7週
2009年	中4.3週	中3.5週	中5.3週
2010年	中4.6週	中4.0週	中5.6週
2011年	中5.3週	中4.1週	中6.1週
2012年	中3.1週	中4.2週	中4.3週
2013年	中3.5週	中4.0週	中3.6週
2014年	中3.5週	中5.1週	中4.6週
2015年	中4.1週	中4.1週	中4.2週
2016年	中4.6週	中3.9週	中4.3週
2017年	中5.1週	中4.6週	中5.9週
2018年	中4.3週	中4.9週	中4.2週
2019年	中3.5週	中5.0週	中5.3週
2020年	中5.4週	中5.8週	中7.6週
2021年	中6.2週	中6.3週	中6.1週
2022年	中6.9週	中5.3週	中7.3週
2023年	中8.7週	中6.3週	中6.4週
2024年	中5.7週	中7.3週	中6.7週

表2●GⅠ3レース上位馬の前走レース（2005年と近4年の比較）

2005年	高松宮記念	桜花賞	皐月賞
1着	阪急杯④	フィリーズR①	弥生賞①
2着	阪急杯①	フラワーC①	若葉S④
3着	シルクロードS①	フィリーズR②	弥生賞②
2021年	高松宮記念	桜花賞	皐月賞
1着	香港スプリント①	阪神JF①	共同通信杯①
2着	阪急杯①	阪神JF②	弥生賞①
3着	阪急杯④	フェアリーS①	共同通信杯⑤
2022年	高松宮記念	桜花賞	皐月賞
1着	オーシャンS②	クイーンC②	共同通信杯②
2着	京都牝馬S①	チューリップ賞⑤	東スポ2歳S①
3着	オーシャンS⑥	フィリーズR②	弥生賞②
2023年	高松宮記念	桜花賞	皐月賞
1着	シルクロードS②	阪神JF①	京成杯①
2着	シルクロードS①	チューリップ賞②	弥生賞①
3着	阪神C⑧	チューリップ賞③	共同通信杯①
2024年	高松宮記念	桜花賞	皐月賞
1着	香港スプリント⑧	阪神JF②	共同通信杯①
2着	京都牝馬S②	阪神JF①	弥生賞①
3着	香・センテナリーSS①	エルフィンS①	共同通信杯②

丸数字はそのレースでの着順

桜花賞でいえば、阪神ＪＦからの直行馬２頭でのワン・ツーとなった24年は、07年の中６・９週を上回る中７・３週となっている。

なお中８・７週となった23年の高松宮記念は、２年前の香港スプリント以来、中66週での出走となったピクシーナイトが値をつり上げたもので、同馬以外の出走17頭の平均は中５・３週であった。

外厩と呼ばれる育成牧場は昭和の頃から存在していたが、調教施設が充実し始めたのがこの20年ほど。そこからスタッフを育てるとともに調整法を試行錯誤し、レース間の調整放牧だけでなく、ブッツケでＧＩへ出走させることすら珍しくないレベルまでノウハウを蓄積したのである。

ＧＩ上位馬で比較してみると、05年の皐月賞１着馬（名前は出ていないが）ディープインパクトの前走は弥生賞で中５週での参戦。

また桜花賞馬でＮＨＫマイルＣも制したラインクラフトは、前走フィリーズレビューから中３週。フラワーＣから中２週で出走していた２着馬は、日米オークスを制し繁殖牝馬としてエピファネイアやサートゥルナーリアを輩出したシーザリオである。なお高松宮記念の１、２着馬も阪急杯から中３週での出走であった。

これが近年になると、どうなるか。

高松宮記念であれば、中３週の阪急杯や中２週のオーシャンＳをステップにしている馬もいるものの、前年暮れの香港スプリント以来という馬や、京都競馬場の改装工事の影響で同コースの中京開催だったシルクロードＳをステップにした馬もいる。ひと言でいえば、ローテーションが多様化された感がある。

一方、桜花賞では近４年中３年で阪神ＪＦからの直行馬が優勝しており、21年と24年に関しては優先出走権があるトライアルレース（チューリップ賞、フィリーズレビュー、アネモネＳ）出走馬が３着までに１頭も入っていなかった。

また皐月賞では、表１にはない19年サートゥルナーリア、20年コントレイルと２年連続でホープフルＳからの直行馬が制していたが、21年以降は共同通信杯から中８週のローテーションの馬が好成績である。もっとも、22年２着馬はイクイノックスであり、同馬は前年11月の東京スポーツ杯２歳Ｓから約５カ月ぶりの出走であった。

この４年で前走弥生賞出走馬が皐月賞で上位に入っているものの、毎年１頭のみであり、なおかつ弥生賞以降のトライアルであるスプリングＳや若葉Ｓからのステップの馬は苦戦している。

馬を使う厩舎陣営やオーナーサイドからすれば、いい状態で本番へ出走することが第一。だが、胴元のＪＲＡとしてはＧⅠの前哨戦に有力馬が出走したほうが盛り上がって売上にもつながる。

このギャップが埋まることは難しいだろうが、ＪＲＡ側がその可能性に賭けたと考えるべきか。

実は、中２週と中３週では前哨戦からＧⅠ本番までの調整法に差が出る。

ＪＲＡのルールではレースの10日前までにトレセンに入厩していなければならず、そのため中２週の間隔だと、ほとんどの馬が在厩調整となる。仮に外厩に出す場合も10日ほどで帰厩しなければならない。

これが中３週の間隔となれば、外厩での滞在がもう１週間延びるので、そこでの微調整も可能になる。

また在厩で調整するにしても、中２週と中３週では調教の選択肢がかなり違ってくる。中２週と中３週でこれだけ異なるのだから、中３週が中４週、あるいは中４週が中５週となればかなりの差となってくると思われる。

では、開催時期が前倒しになった前哨戦５レースについて個別に見ていこう。

高松宮記念の前哨戦・オーシャンSの場合

実はオーシャンSの変更事項は2点ある。

ひとつは開催時期からこれまでより1週間前倒しされ、高松宮記念まで中3週となり、２０２５年は3月1日に開催されること。

もうひとつは06年の重賞昇格時から寄贈賞を提供していた夕刊フジが休刊となったため、24年までの正式レース名の「夕刊フジ賞オーシャンS」から夕刊フジ賞の部分が取れて「オーシャンS」の名で施行されることである。

正直、夕刊フジ賞云々の部分は、馬券を買う側にとってどうでもいい話だが、寄贈賞を提供する3大業種である鉄道会社、新聞社、放送局のうち、新聞社の経営が厳しくなってきているのは事実。

この先、毎日王冠がただの〝王冠〟というレース名になる未来だってあるかもしれない。寄贈賞とはいえ、慣れ親しんだものがなくなるのは寂しいものだ。

話を開催時期の前戻しのほうに戻そう。

オーシャンSが1週間早くなって、何か変化があるか。私の予想では、それほど大きな影響はないと思われる。

唯一影響があるとすれば、騎手起用で、24年までは阪神の桜花賞トライアルであるチューリップ賞と同一日開催で騎手が分散していたのが、25年から裏で被る重賞がなくなるため騎手起用は豪華になる可能性がある。

だが、本番まで間隔が中３週となっても、オーシャンSのレースの性質はそう変わらないと思われる。なぜなら、オーシャンSはそういう立ち位置のレースだと考えられるからだ。ここからは秋のスプリントGⅠ前哨戦であるセントウルSと比較して話を進めたい。

スプリンターズSの前哨戦セントウルSは、24年までのオーシャンSと同様、本番まで中２週の間隔であり、前哨戦の前倒しがテーマとなった25年も中２週のままでの開催となっている。というのも、本番まで中２週でもセントウルSには有力馬がエントリーしてくるからだ。

実際、24年までの10年間でセントウルSから中２週でスプリンターズSへ向かった馬は４勝・２着４回・３着１回。24年もセントウルSで重賞通算４勝目を挙げたトウシンマカオが、本番でも２着に入っている。

一方、オーシャンSはどうかといえば、過去10年で高松宮記念へ向かった馬は１勝・２着１回・３着４回。22年にナランフレグがオーシャンS２着から本番で見事に勝利していたが、24年は１着トウシンマカオが本番では６着、２着ビッグシーザーが本番で７着と苦戦していた（24年オーシャンSの馬柱はP38～39）。

同じ中２週での本番にも関わらず、春と秋でなぜこうも成績に差が出るのか。それは施行条件の差があるからと推測される。

セントウルSはGⅡ格付けで１着賞金も５９００万円、対してオーシャンSはGⅢで１着賞金も４３００万円に過ぎない。

ちなみに、セントウルSは１２００ｍ戦で唯一のGⅡであり、スプリンターズSの前哨戦でありながら、このレースも目標にされる立ち位置にある。加えてサマースプリント王者が決まる最終戦でもある。

また、本番の中山芝１２００ｍとセントウルSの阪神芝内回り１２００ｍはわりと似通ったコースといえる。

中山 11R

発馬 15.45

第19回 オーシャンステークス (GIII)

(指) 四才上オープン・別定

芝1200

	1	2	3	4	5	6	7	8	9	10
枠	白1	白1	黒2	黒2	赤3	赤3	青4	青4	黄5	黄5
父	ハーツクライ	ルーラーシップ	フランケル(79)	キンシャサノキセキ	ダイワメジャー(79)	ロードカナロア	ロードカナロア	モーリス(79)	ダークエンジェル	ビッグアーサー
馬名	バースクライ	ヨシノイースター	(外)ショウナンハクラク	グレイトゲイナー	マテンロウオリオン	ボンボヤージ	ジュビリーヘッド	バルサムノート	(外)シュバルツカイザー	ビッグシーザー
母・実績	ティップトップ 3勝	アースプレイ 2勝	ショウナンアデラ 3勝	キャニオンリリー 3勝	パルテノン 未勝	ディープインアスク 未勝	ローズノーブル 4勝	エピセアローム 4勝	ファッショナブル 英	アンナペレンナ 3勝
毛色・斤量	鹿 55 牝4	黒鹿 57 牡6	黒鹿 57 牡5	青鹿 57 牡7	黒鹿 57 牡5	鹿 55 牝7	鹿 57 牡7	黒鹿 57 牡4	芦 57 騸6	芦 57 牡4
騎手	岩田望	丸山	(替)戸崎圭	(替)三浦	(替)津村	川須	(替)横山和	(替)キング	大野	坂井
厩舎	栗千田	栗中尾秀	栗松下	栗森秀	栗昆	栗梅田智	栗安田隆	栗高野	(美)大竹	栗西園正
賞金	2400	3600	2400	3600	6200	4450	5200	2500	4800	4200
総賞金	6010	9937	5898	11,366	14,490	10,853	15,400	6357	12,140	10,220
馬主名	ゴドルフィン	清水義徳	国本哲秀	田中慶治	寺田千代乃	廣崎利洋	キャロットF	吉田勝己	ゴドルフィン	幅田昌伸
牧場名	(日)ダーレージャパンF	(浦)ガーベラPS	イギリス	(浦)谷川牧場	(新)ムラカミF	(平)ASK STUD	(安)ノーザンF	(安)ノーザンF	アイルランド	(浦)バンブー牧場
佐藤直		△		△	B		B		△	○
小野智	△	△	△				△		○	▲
久光		△						△	△	△
西田				△	△		△		▲	◎
中田	△				△		注	△		△
本紙武井	△ 西	△ 西	西	西	▲ 西	西	西	西	△	注 西
芝 1000〜1600	中[illegible]① 東[illegible]④ 阪[illegible]③	千二ダ1136⑥ 小1071② 京1205⑥ 千四ダ1264③	千六1569⑬ 京1073① 京1215⑥ 京1356③	新54.9⑤ 小1079④ 京1234⑧ 京1348⑪	二二2259⑰ 阪1203⑦ 京1317⑤	小1069① 東1211⑩ 阪1353⑩	函1076② 京1205③ 阪1350③	千六1460① 小1082④ 京1200① 東1323⑤	千二1278① 札1074① 千六1501⑮ 中1345⑤	[illegible]③
上り最高 / 騎乗成績	千六33.1① 2 0 0 1	千二33.2① 1 0 0 0	千二32.[illegible]⑥ 初騎乗	千32.5⑤ 初騎乗	千六33.2④ 初騎乗	千四33.1⑤ 4 1 0 11	千二33.5⑩ 3 3 1 5	千六33.6① 初騎乗	千二33.2⑥ 4 2 0 1	千二33.0③ 1 0 0 1
クラス実績 / 当該条件	0 1 0 2 1 0 0 0	1 0 0 3 1 0 0 0	0 0 0 4 初コース	1 1 0 3 0 1 0 1	1 2 0 11 初コース	1 0 0 16 0 0 0 2	1 3 0 7 2 1 1 3	1 0 0 2 初コース	2 0 0 4 1 1 0 0	4 0 1 3 初コース
4走前	3小 9月2日 ⑦ 三才上 1 牝1勝 14ト18頭 千二1084 54岩田望 M⑦④③ 482 人気1 直線競勝 ½身 339中345 マメコ 1085 0.1	1京 5月7日 ⑥ 鞍馬 4 オープン 8ト18頭 千二内1103 57富田 M⑭⑬⑬ 488 人気1 出遅る 2½ 356外347 エイシンスポッ 1099 0.4	3京 11月5日 ② 1 3勝 1ト18頭 千二内1073 58松若 M⑨⑦⑦ 478 人気2 中位抜出 1½ 339中334 ブッシュガーデ 1075 0.2	4阪 9月24日 ⑦ 1 3勝 6ト16頭 千二内1079 56池添 S②②② 476 人気15 先行競勝 クビ 347内332 メイショウエニ 1079 0.0	3東 6月4日 ② 安田 11 GI 15ト18頭 千六1323 58横山典 S⑱⑰⑱ 488 人気15 後直だけ 5¼ 361中333 ソングライン 1314 0.9	4阪 9月10日 ② セントウ 4 GII 9ト15頭 千二内1075 55川須 S⑦⑦⑦ 448 人気13 中位伸も 2身 343中332 テイエムスパー 1072 0.3	2札 8月27日 ⑥ キーンラ 6 GIII 9ト16頭 千二1105 57西村淳 M③⑤④ 472B 人気9 好位一息 3¾ 346中359 ナムラクレア 1099 0.6	4中 9月17日 ④ レインボ 13 3勝 8ト15頭 千六内1473 55松岡 S⑩⑦⑦ 492 人気1 S後接触 4¾ 368中347 スパイラルノヴ 1465 0.8	2札 8月27日 ⑥ キーンラ 4 GIII 16ト16頭 千二1101 57モレイラ M⑤③② 500 人気6 好位伸も 1¼ 345中356 ナムラクレア 1099 0.2	4阪 9月10日 ② セントウ 10 GII 6ト15頭 千二内1079 55幸 S⑤⑤⑤ 512 人気1 好位一杯 4¼ 341中338 テイエムスパー 1072 0.7
3走前	4阪 9月23日 ⑥ 1 2勝 6ト16頭 千二内1081 54岩田望 S⑤⑤⑤ 486 人気2 好位差切 ½身 347中334 グランテスト 1082 0.1	3中京 7月2日 ② CBC賞 10 GIII 1ト12頭 千二1082 56富田 S⑪⑪⑪ 480 人気3 出遅る 6½ 348中334 ジャスパークロ 1072 1.0	3京 11月26日 ⑧ 京阪 8 GIII 7ト18頭 千二内1080 57松若 S⑩⑨⑦ 476 人気7 中位まま 3¾ 347中333 トウシンマカオ 1074 0.6	3福 11月5日 ② みちのく 1 オープン 11ト16頭 千二1096 57松本 M②②① 478 人気10 先行抜出 ½身 339中357 サンライズオネ 1097 0.1	4東 10月21日 ⑥ 富士 5 GII 2ト12頭 千六1322 57田辺 M⑦⑥⑥ 482 人気9 中位差詰 5身 348中348 ナミュール 1314 0.8	2京 10月8日 ② オパール 16 L 14ト18頭 千二内1093 55川須 M⑦⑥⑨ 454 人気6 中位一杯 7¼ 342外351 メイショウゲン 1081 1.2	4中 10月1日 ⑨ スプリンター 15 GI 11ト16頭 千二外1094 58北村友 M⑮⑯⑯ 466B 人気15 後方まま 8身 351内343 ママコチャ 1080 1.4	4東 10月28日 ⑧ 5 3勝 8ト10頭 千六1323 56戸崎圭 M②②③ 490 人気3 出遅る 2¾ 347中348 フィールシンパ 1319 0.4	3福 11月5日 ② みちのく 5 オープン 4ト16頭 千二1099 58丹内 M④⑤⑤ 500 人気1 伸一息 1½ 341中358 グレイトゲイナ 1096 0.3	2京 10月8日 ② オパール 12 L 2ト18頭 千二内1091 56幸 M③③③ 512 人気1 前塞る 5½ 339中352 メイショウゲン 1081 1.0
2走前	5中 12月3日 ② 南総 1 3勝 5ト15頭 千二外1072 54藤岡康 M⑨⑨⑦ 482 人気3 中位差切 クビ 335内337 オードゥメール 1072 0.0	5阪 12月16日 ⑤ タンザナ 9 オープン 8ト16頭 千二内1090 56富田 M⑭⑭⑭ 488 人気1 出遅る 3身 350中340 カルネアサーダ 1085 0.5	1京 1月13日 ④ 淀短 7 L 15ト17頭 千二内1094 57松若 M⑮⑪⑥ 476 人気5 後方差詰 5身 352外342 ビッグシーザー 1086 0.8	3京 11月26日 ⑧ 京阪 6 GIII 9ト18頭 千二内1080 57松本 S④③③ 486 人気11 好位一息 3½ 342中338 トウシンマカオ 1074 0.6	3京 11月19日 ⑥ マイルCS 14 GI 10ト16頭 千六外1342 58横山典 S③③④ 480 人気13 好位一杯 9¾ 347内358 ナミュール 1325 1.7	1京 1月13日 ④ 淀短 17 L 3ト17頭 千二内1105 57岩田康 M⑰⑰⑰ 450 人気7 後方まま 11½ 361中344 ビッグシーザー 1086 1.9	3京 11月25日 ⑧ 京阪 14 GIII 8ト18頭 千二内1084 57北村友 S③③③ 480B 人気15 好位一杯 6¼ 342内342 トウシンマカオ 1074 1.0	4中京 12月2日 ① 浜松 1 3勝 6ト12頭 千四1200 57北村友 M④②② 500 人気1 先行抜出 ¾身 336中350 アネゴハダ 1201 0.1	3京 11月26日 ⑧ 京阪 18 GIII 11ト18頭 千二内1091 57池添 S⑰⑰⑰ 504 人気8 後方まま 10身 357外334 トウシンマカオ 1074 1.7	3京 11月26日 ⑧ 京阪 5 GIII 2ト18頭 千二内1079 56坂井 S①①① 514 人気3 息入らず 2¾ 337内342 トウシンマカオ 1074 0.5
前走	2京 1月28日 ② シルクロ 9 GIII 15ト18頭 千二内1086 54岩田望 M⑨⑨⑪ 490 人気4 中位まま 5¼ 345外341 ルガル 1077 0.9	2小 2月11日 ② 北九短距 1 オープン 13ト18頭 千二1080 57丸山 S②②② 486 人気5 先行抜出 ¾身 340中340 ゾンニッヒ 1082 0.2	2京 1月28日 ② シルクロ 5 GIII 18ト18頭 千二内1086 55浜中 M⑱⑰⑯ 480 人気11 出遅る 5¼ 351外335 ルガル 1077 0.9	1中 1月8日 ③ カーバン 2 オープン 1ト16頭 千二外1079 58横山和 M①①① 476 人気5 逃粘る アタマ 331内348 シュバルツカイ 1078 0.1	1京 1月6日 ① 京都金杯 16 GIII 13ト18頭 千六外1354 58太宰 H⑫⑯⑮ 488B 人気12 後方まま 9¾ 356中363 コレペティトー 1338 1.6	2京 2月17日 ⑦ 京都牝馬 14 牝GIII 17ト18頭 千四外1213 55川須 S⑫⑪⑩ 448 人気18 中位一杯 5¾ 356中347 ソーダズリング 1203 1.0	3ヵ月余 放牧 乗込み4週間 仕上り○ 連対体重 446〜480 3ヵ月以上休 ①②③外 2 1 0 1	2小 2月11日 ② 北九短距 4 オープン 17ト18頭 千二1082 57北村友 S⑨⑨⑨ 498 人気3 中位差詰 1¼ 346外336 ヨシノイースタ 1080 0.2	1中 1月8日 ③ カーバン 1 オープン 15ト16頭 千二外1078 58大野 M⑦⑥⑦ 508 人気8 好位差切 アタマ 335外343 グレイトゲイナ 1079 0.1	1京 1月13日 ④ 淀短 1 L 7ト17頭 千二内1086 58坂井 M②②② 516 人気1 先行抜出 1½ 343中343 メイショウソラ 1088 0.2
逃先差追連対数	0 0 4 1	2 6 1 1	0 1 3 0	3 4 3 0	0 2 1 2	0 3 2 1	1 7 4 0	0 3 0 1	0 5 3 0	1 4 1 0

650	カナロア
430	57岩田康

記号の説明

厩舎左側の㊫㊥は
㊫＝関東・美浦所属
栗＝関西・栗東所属
賞金左の記号は重の巧拙を表します
◎…得意△…苦手

馬場表示

1 ❶ ① ①
↓ ↓ ↓ ↓
不 重 稍 良
良 場 重 場
開催日 馬場状態

乗替り記号

(替)…ベスト10外の騎手からベスト10への乗替り
(替)…それ以外

開催場所・月日
開催日・着順
条件・枠・頭数
距離・タイム
斤量・騎手名
ペース・通過順
馬体重・人気
戦評・馬身差
前半・上り③F
①②着時計・秒

①着馬に【高松宮記念】の優先出走権

●2024年3月2日・中山11RオーシャンS(GⅢ、芝1200m)

1着⑮トウシンマカオ
（1番人気）
2着⑩ビッグシーザー
（2番人気）
3着①バースクライ
（3番人気）
※本番の高松宮記念では
トウシンマカオ
（4番人気）6着
ビッグシーザー
（9番人気）7着
バースクライは不出走

単⑮ 330円
複⑮ 150円
⑩ 160円
① 230円
馬連⑩ー⑮ 770円
馬単⑮→⑩ 1490円
3連複①⑩⑮ 2760円
3連単⑮→⑩→① 7720円

16	桃8 15	14	橙7 13	12	緑6 11
ジョーカプチーノ(マ) シナモンスティック マイネデセール2勝(短)	ビッグアーサー(短) トウシンマカオ ユキノマーメイド4勝(中)	リオンディーズ(中) オタルエバー ルージュクール未勝(マ)	キズナ(中) ダディーズビビッド ケイティーズギフト1勝(マ)	サクラオリオン(中) カイザーメランジェ サクラジュレップ未勝(マ)	ロードカナロア(マ) キミワクイーン チェリーペトルズ2勝(短)
芦 55 牝5	栗 57 牡5	鹿毛 57 牡5	鹿 57 牡6	鹿 57 牡9	鹿 55 牝5
松岡	替横山武	替石川	浜中	替吉田豊	替Mデムーロ
美宗像	美高柳瑞	栗中竹	栗千田	美中野栄	美奥村武
4450	7850	3800	4350	5750	4450
10,311	18,670	10,850	15,770	15,569	10,720
ブルースターズF	サトー	住谷幾久子	田島大史	ライフENT	浦邊輝實
新ビッグレッドF	日服部牧場	浦レイクヴィラF	日上水牧場	日谷岡S	胆追分F
…注… ……… ……… …注… ……… …△…	…◎… …◎… …○… …○… …◎… …◎…	…△… ……… …▲… ……… …△… ……西	…▲… …△… …◎… …△… …◎… …○西	……… ……… ……… ……… ……… ………	…△… …注… …注… …△… …▲… …△…
京1080⑤ 新1203⑪ 中1348③	阪 72① 京 06⑨ 東 ⑧ 1	小1076④ 東1213③ 東1340⑯	天1463⑦ 東1068④ 阪1195② 東1341①	新54.7⑥ 中1075⑥ 阪1216⑥ 中1352⑪	中1082⑫ 阪1205⑦ 新1345⑥
芝33.5⑤ 1103	芝32.7① 初騎乗	芝33.5① 初騎乗	芝33.0② 1215	千32.6⑦ 初騎乗	芝33.5⑪ 1001
1103 0001	4127 初コース	1023 1000	25311 0001	20231 2019	1107 1102
2福 7月16日 ⑥福島TV 4 オープン14ト16頭 芝1095 55松岡 M④③③ 470 人気4 好位一息 1身 346中349 スマートリアン 1094 0.1	2札 8月27日 ⑥キーンラ 3 GⅢ12ト16頭 芝1101 57鮫島駿 M⑤⑤④ 472 人気2 中位伸 1身 346中355 ナムラクレア 1099 0.2	3小 8月19日 ③佐世 4 3勝2ト11頭 芝1076 58 幸 M②③③ 494 人気2 伸一息 3¾ 330内346 メイショウゲン 1071 0.5	1阪 23年2月 ⑥阪急 2 GⅢ5ト15頭 芝内1195 57浜中 S④④④ 514 人気3 好位伸 クビ 344中338 アグリ 1195 0.0	2京 10月8日 ②オパール 17 L 16ト18頭 芝内1096 55荻野極 M⑩⑨⑪ 474 人気18 中位一杯 9身 344外352 メイショウゲン 1081 1.5	2札 8月27日 ⑥キーンラ 7 GⅢ4ト16頭 芝1106 55横山武 M⑨⑪⑧ 448 人気4 中位まま 4身 351内355 ナムラクレア 1099 0.7
2札 8月13日 ②UHB賞 1 オープン9ト15頭 芝1082 55松岡 S②②② 462 人気2 先行抜出 1¼ 345中337 カルネアサーダ 1084 0.2	2京 10月28日 ⑧スワンS 9 GⅡ4ト18頭 芝外1206 57横山和 S①①① 464 人気4 逃一杯 4身 341内352 ウイングレイテ 1199 0.7	4新 10月21日 ③北陸 1 3勝1ト18頭 芝内1094 58石橋脩 H⑦⑥⑤ 494 人気3 中位差切 ハナ 339中355 エイシンエイト 1094 0.0	2中京 3月26日 ⑥高松 11 GⅠ4ト18頭 芝1126 58秋山真 S③③② 512 人気11 好位一杯 6身 358中368 ファストフォー 1115 1.1	4新 10月29日 ⑥ルミエー 1 L 14ト18頭 千直57.3 55菊沢 H ⑦① 488 人気13 中位抜出 ¾身 233—340 ファイアダンサ 574 0.1	4中 10月1日 ⑨スプリンター 10 GⅠ15ト16頭 芝外1086 56横山武 M⑫⑭⑮ 442 人気11 後直だけ 3¼ 349中337 ママコチャ 1080 0.6
2札 8月27日 ⑥キーンラ 2 GⅢ8ト16頭 芝1101 55松岡 M①①① 474 人気8 逃粘る 1身 343中358 ナムラクレア 1099 0.2	3京 11月26日 ⑧京阪 1 GⅢ17ト18頭 芝内1074 58菅原明 S⑦⑦⑦ 468 人気4 中位差切 2身 347外327 ルガル 1077 0.3	5中 12月3日 ②ラピスラ 1 L 8ト11頭 芝外1078 57戸崎圭 S④④③ 490 人気3 中位抜出 ½身 342中336 カンティーユ 1079 0.1	2東 5月13日 ⑦京王SC 3 GⅡ15ト18頭 芝1205 57浜中 S⑤③③ 514 人気6 好位伸 ¾身 355中335 レッドモンレー 1203 0.2	5中 12月10日 ④カペラS 12 GⅢ15ト16頭 ダ1110 57江田照 M⑬⑬⑭ 480 人気16 後方まま 10¾ 351内359 テイエムトッキ 1093 1.7	3京 11月26日 ⑧京阪 11 GⅢ5ト18頭 芝内1082 56横山武 S⑦⑦⑦ 432 人気2 中位一杯 4½ 347中335 トウシンマカオ 1074 0.8
1中 1月8日 ③カーバン 12 オープン2ト16頭 芝外1082 57松岡 M②②② 482 人気1 先行一杯 2¼ 332中350 シュバルツカイ 1078 0.4	3ヵ月余 放牧 乗込み5週間 仕上り○ 連対体重 446～468 3ヵ月以上休 ①②③外 1001	2京 1月28日 ②シルクロ 16 GⅢ17ト18頭 芝内1094 57松山 M⑧⑧⑧ 494 人気5 中位一杯 10身 343外351 ルガル 1077 1.7	5阪 12月23日 ⑦阪神カップ 9 GⅡ7ト17頭 芝内1196 58浜中 M⑦⑨⑨ 510 人気9 中位一杯 1¾ 342中345 ウインマーベル 1193 0.3	2京 1月28日 ②シルクロ 18 GⅢ1ト18頭 芝内1106 56津村 M②④③ 486 人気18 好位バテ 17¼ 339内367 ルガル 1077 2.9	3ヵ月余 放牧 乗込み3週間 仕上り○ 連対体重 418～444 3ヵ月以上休 ①②③外 2001
1511	0420	3220	0270	1241	0520

だが、オーシャンSは右回りで直線も310mの中山芝1200mで行なわれるのに対し、本番の高松宮記念は左回りで直線が412mある中京芝1200m戦。直線に急坂がある点は同じでも、求められる適性が前哨戦と本番では異なる。

そもそも、前年暮れの香港スプリントからスプリンターズSまでは3カ月ほどなので直行も可能であり、高松宮記念を目指すなら本番まで中7週のシルクロードSが過去10年で5勝・2着2回と前哨戦として確立されている。

そんな環境下でオーシャンSの施行が1週間早まっても、大きくレースの性質が変わるようには思えないのである。

桜花賞トライアル・チューリップ賞の場合

チューリップ賞も開催が1週間前倒しとなり、2025年は3月2日の日曜日に開催される。

桜花賞トライアルの3レースの中で、最も格上といっていい存在であるチューリップ賞だが、24年までは土曜日開催であった。

一方で、フィリーズレビューとアネモネSが日曜日開催という、やや歪(いびつ)な状態が続いていたが、25年からはチューリップ賞が日曜日開催、フィリーズレビューとアネモネSは土曜日開催に変更される。

そのチューリップ賞が、土曜日開催だったのは歴史的な経緯によるものだ。

もともと桜花賞トライアルは、1400mで行なわれるフィリーズレビューの前身レース「報知杯4歳牝馬特別」がGⅡに格付けされ、チューリップ賞はオープン特別として施行されていた。ところが、本番と同じ阪神芝1600mでの開催とあって、チューリップ賞を使って桜花賞へ向かう有力馬が増えていったのである。

87年マックスビューティ（桜花賞、オークス二冠）、88年シヨノロマン（桜花賞2着、エリザベス女王杯2着）、90年はアグネスフローラ（桜花賞1着、オークス2着）とケリーバッグ（桜花賞2着、オークス3着）。さらに91年シスタートウショウ（桜花賞1着、オークス2着）、92年はアドラーブル（桜花賞2着、オークス1着）とニシノフラワー（桜花賞1着）と、チューリップ賞が桜花賞の主要ステップであることが誰の目にも明らかとなっていった。

そこで93年からはそれまでの日曜日の特別戦ではなく、土曜日のメインレースに昇格。この93年はチューリップ賞を制したベガが桜花賞、オークスの二冠を達成したこともあり、翌94年からGⅢに格付けされたのであった。

その後もオグリローマン（桜花賞1着）、ダンスパートナー（桜花賞2着、オークス1着）、エアグルーヴ（オークス1着）、メジロドーベル（桜花賞2着、オークス1着、秋華賞1着）、ファレノプシス（桜花賞1着、オークス3着、秋華賞1着）、プリモディーネ（桜花賞1着、オークス3着）などのチューリップ賞出走馬の活躍により、90年代後半には格付けはGⅢでも桜花賞のメイントライアルとして地位が確立されたのである。

だが、桜花賞と同じ阪神芝1600mでの施行というのは、2歳牝馬GⅠの阪神JFとも同コースでの開催となる。チューリップ賞はコース設定の阪神芝1600mにより、その地位が向上したのだが、そのコース設定がやがて裏目となっていく。

08年のトールポピーからブエナビスタ、アパパネ、レーヴディソール、ジョワドヴィーヴル、ローブティサージュまでは阪神ＪＦ勝ち馬がチューリップ賞から始動していた。

だが、阪神ＪＦ→チューリップ賞→桜花賞と３戦連続で阪神芝１６００ｍを使うことに対する疑義や外厩での調整法が進歩したなどの事情もあって、13年阪神ＪＦ優勝馬レッドリヴェールは翌春ブッツケで桜花賞へ向かいクビ差2着に入ったのである（ただし、優勝は阪神ＪＦ２着→チューリップ賞1着のハープスター）。16年にはメジャーエンブレムが2月東京のクイーンＣから桜花賞へ出走し、17年はソウルスターリングが阪神ＪＦとチューリップ賞を連勝したものの桜花賞で３着。

さらに18年ラッキーライラック、19年ダノンファンタジーも阪神ＪＦとチューリップ賞を連勝したが、それぞれ1月のシンザン記念1着から参戦のアーモンドアイと前年の朝日杯ＦＳ３着以来となったグランアレグリアに敗れている。

そして21年、ソダシが前年の阪神ＪＦから桜花賞へ直行してＧⅠ連勝を達成すると、23年はリバティアイランドも連勝。24年のステレンボッシュとアスコリピチェーノは、阪神ＪＦと桜花賞で着順が入れ替わったものの、ＪＦからの直行で桜花賞ワン・ツーを果たしている。

それまでの出走馬のレベルもあって、18年からはＧⅡに昇格したチューリップ賞だが、近年は阪神ＪＦから桜花賞への直行や、桜花賞まで間隔を取りたいという陣営の思惑もあって、トライアルとしては以前ほどの立ち位置にないのである。

では、開催前倒しによって桜花賞までの間隔が中４週から中５週へ延びることでチューリップ賞への有力馬の参戦が増えるか否か。他力本願だがカギを握るのは、阪神ＪＦ上位馬のレベルにあると思われる。

近５年の阪神ＪＦ上位馬の３歳初戦と桜花賞成績を示した左の表３をご覧いただきたい。

阪神ＪＦ３着以内馬で桜花賞へ直行した馬は７頭いて、３勝・２着２回。桜花賞で着外となった２頭は21年８番人気２着（単勝51・２倍）のラブリイユアアイズと22年12番人気２着（単勝53・９倍）のシンリョクカ。

表3●阪神JF上位馬の3歳初戦と桜花賞成績（近5年）

2019→20年	（単オッズ）	3歳初戦成績	桜花賞
1着レシステンシア	11.2倍	チューリップ賞③	2着
2着マルターズディオサ	43.7倍	チューリップ賞①	8着
3着クラヴァシュドール	4.8倍	チューリップ賞②	4着
エルフィンS1着→桜花賞のデアリングタクトが優勝。			
2020→21年	**（単オッズ）**	**3歳初戦成績**	**桜花賞**
1着ソダシ	3.2倍	桜花賞直行	1着
2着サトノレイナス	4.4倍	桜花賞直行	2着
3着ユーバーレーベン	30.0倍	フラワーC③	不出走
2021→22年	**（単オッズ）**	**3歳初戦成績**	**桜花賞**
1着サークルオブライフ	5.6倍	チューリップ賞③	4着
2着ラブリイユアアイズ	51.2倍	桜花賞直行	18着
3着ウォーターナビレラ	6.6倍	チューリップ賞⑤	2着
クイーンS2着→桜花賞のスターズオンアースが優勝。			
2022→23年	**（単オッズ）**	**3歳初戦成績**	**桜花賞**
1着リバティアイランド	2.6倍	桜花賞直行	1着
2着シンリョクカ	53.9倍	桜花賞直行	6着
3着ドゥアイズ	44.5倍	クイーンC②	5着
23年→24年	**（単オッズ）**	**3歳初戦成績**	**桜花賞**
1着アスコリピチェーノ	5.9倍	桜花賞直行	2着
2着ステレンボッシュ	8.7倍	桜花賞直行	1着
3着コラソンビート	4.8倍	フィリーズR②	16着

阪神 11R

発馬 15.35

第31回 チューリップ賞（桜花賞トライアル）GⅡ

牝 指 三才オープン・馬齢

	1 白1	2 白1	3 黒2	4 黒2	5 赤3	6 赤3	7 青4	8 青4	9 黄5	10 黄5
父	キタサンブラック	キズナ	ヴィクトワールピサ	カリフォルニアクローム	キズナ	スワーヴリチャード	オルフェーヴル	デクラレーションオブウォー	ルーラーシップ	キズナ
馬名	ブルーアイドガール	ラーンザロープス	エポックヴィーナス	ワイドラトゥール	ミラビリスマジック	スウィープフィート	フルレゾン	セキトバイースト	スティールブルー	ガルサブランカ
母・実績	カトマンブルー（米）	キャンディネバダ（亜）	ベストオブミー 2勝	ワイドサファイア 2勝	ソーマジック 4勝	ビジュートウショウ 1勝	カイカヨソウ（公）	ベアフットレディ（愛）	レディバード 2勝	シャトーブランシュ 4勝
毛色・斤量	青鹿 55 牝3	黒鹿 55 牝3	鹿 55 牝3	鹿 55 牝3	鹿 55 牝3	栗 55 牝3	栗 55 牝3	鹿 55 牝3	鹿 55 牝3	鹿 55 牝3
騎手	松山	横山典	和田竜	北村友	田辺	武豊	鮫島駿	藤岡佑	川田	ルメール
厩舎	吉岡	武幸	新谷	藤原英	国枝	庄野	池添学	四位	宗像	木村
賞金	400	400	400	1600	900	400	400	400	400	400
総賞金	720	1567	770	2720	1790	1960	730	2177	2020	1150
馬主名	ライオンRH	吉田照哉	山田有輝朗	幅田昌伸	社台RH	YGGホースC	キャロットF	TNレーシング	シルクR	シルクR
牧場名	社台F	社台F	千代田牧場	フジワラF	社台F	聖心台牧場	白老F	タイヘイ牧場	ノーザンF	ノーザンF
印（持木・広田・加茂・市場・田崎・本紙須藤）	…・…・…・△・△・…	…・△・△・…・…・△	…・…・…・…・△・…	△・△・△・◎・…・△	○・△・○・△・▲・◎ 東	△・▲・△・△・◎・△	◎・…・…・…・…・…	△・…・…・△・…・… 2	▲・注・▲・○・注・注 東	△・◎・注・注・○・○ 東
芝持ち時計	京 1357⑨	札 1308① 京 1348④	京 1351②	京 1211⑩ 新 1355①	中 1334①	小 [illegible]③ 阪 [illegible]⑦ 1	阪 1333①	京 [illegible] 東 [illegible]	東 1340③	新 1363①
上り最高・騎乗成績	34.5⑨ 1 0 0 1	34.8⑤ 1 1 0 2	34.0⑥ 1 1 0 1	33.6⑩ 1 0 0 1	34.2① 2 0 0 0	33.1② 初騎乗	33.0③ 初騎乗	34.0⑤ 初騎乗	32.9① 初騎乗	32.8① 1 1 0 0
クラス実績・当該条件	0 0 0 1 初コース	0 0 0 1 初コース	0 0 0 0 0 0 0 1	1 0 0 1 初コース	0 0 0 0 初コース	0 1 0 1 0 0 0 1	0 0 0 1 1 0 0 0	0 1 0 0 初コース	0 0 1 1 初コース	0 0 0 0 初コース
前走4	兄弟 コバルトブルー（2勝） カンティプール（現）	2札 8月19日 ③ 亍 2 新馬 11ト11頭 芝1312 55 横山典 S ③③③ 446 人気5 一旦先頭 クビ 376外350 ラヴスコール 1311 0.1	兄弟 アイルシャイン（現） プライムデイ（1勝）	兄弟 ワイドファラオ（4勝） ボナパルト（4勝）	兄弟 ソーヴァリアント（現） マジックキャッスル（2勝）	2京 10月8日 ② 亍 1 牝未勝 10ト12頭 芝内1348 52 永島 M ⑦⑨⑤ 464 人気6 中位差切 3/4身 348外355 ウインデイオー 1349 0.1	3新 8月26日 ⑤ 亍 3 牝新馬 9ト17頭 芝外1369 55 Mデムーロ S ⑮⑫⑬ 450 人気1 後方伸 3 1/4 392外330 スティールブル 1364 0.5	3中京 7月23日 ⑧ 亍 1 未勝 4ト8頭 芝1358 55 岩田望 S ③③③ 434 人気1 好位抜出 4身 365外346 サマーアゲイン 1365 0.7	初仔 近親ワンミリオンス	兄弟 イクイノックス（8勝） ヴァイスメテオール（4勝）
前走3	兄弟 シアン（1勝） カレイジャス（公）	2札 9月3日 ⑧ 亍 1 未勝 5ト11頭 芝1308 55 横山典 S ②③③ 442 人気1 好位抜出 3/4身 365内360 オーサムストロ 1309 0.1	5阪 12月10日 ④ 亍 6 牝新馬 1ト17頭 芝外1376 55 和田竜 S ⑨⑧⑧ 440 人気8 中位差詰 2 3/4 386中340 チルカーノ 1371 0.5	4新 10月15日 ② 亍 1 牝新馬 10ト18頭 芝外1355 55 吉田隼 S ⑥⑥⑥ 432 人気1 中位抜出 2 1/2 361中345 ニシノティアモ 1359 0.4	兄弟 ソーグリッタリング（7勝） ソーダズリング（現）	3京 11月26日 ⑧ 島 2 牝1勝 1ト10頭 芝内1357 55 永島 S ⑩⑨⑧ 464 人気6 後方伸 クビ 384外331 ブシブシーナ 1357 0.0	4阪 9月18日 ⑤ 亍 1 牝未勝 2ト10頭 芝外1333 55 Mデムーロ S ⑧⑧⑨ 446 人気2 後方一気 1身 356外341 エマロア 1335 0.2	2東 10月9日 ③ りんどう 2 牝1勝 3ト10頭 芝外1229 55 藤岡康 S ⑥⑥⑥ 442 人気1 G前競い ハナ 359中350 キャプテンネキ 1229 0.0	3新 8月26日 ⑤ 亍 1 牝新馬 17ト17頭 芝外1364 55 荻野極 S ⑦⑧⑧ 430 人気3 楽抜出 2 1/2 389外329 カウネウス 1368 0.4	3新 8月12日 ① 亍 1 新馬 2ト13頭 芝外1363 55 ルメール S ③③③ 454 人気1 好位差切 1 1/2 379中328 ニシノインヴィ 1365 0.2
前走2	2京 10月21日 ⑥ 亍 1 新馬 9ト14頭 芝内1364 55 松山 S ⑨⑧⑧ 430 人気2 中位一気 1 1/4 360外349 オフトレイル 1366 0.2	4中 10月1日 ⑨ サフラン 5 牝1勝 1ト7頭 芝外1361 55 横山典 M ⑦⑦⑦ 438 人気3 後直だけ 1 1/2 371中348 スプリングノヴ 1358 0.3	1京 1月13日 ④ 亍 2 牝未勝 10ト18頭 芝内1351 55 和田竜 M ⑫⑫⑩ 440 人気8 中位伸 2身 350中359 ソルトクィーン 1347 0.4	3京 11月4日 ① ファンタジー 10 牝GⅢ 16ト18頭 芝外1211 55 北村友 M ⑱⑱⑰ 432 人気2 後直だけ 4 3/4 362外336 カルチャーデイ 1204 0.7	5中 12月17日 ⑥ 亍 1 新馬 9ト16頭 芝外1360 55 田辺 S ②④④ 452 人気2 好位差切 1身 368中349 ホークレア 1361 0.1	5阪 12月10日 ④ 阪神JF 7 牝GⅠ 11ト18頭 芝外1335 55 永島 S ⑱⑰⑬ 466 人気9 アオる 5 1/2 363外342 アスコリピチェ 1326 0.9	3京 11月11日 ③ デイリー2才 10 GⅡ 8ト11頭 芝外1355 55 ムーア S ⑧⑥⑥ 442 人気4 中位一杯 6身 355中354 ジャンタルマン 1345 1.0	5東 11月19日 ⑥ 赤松 5 牝1勝 4ト9頭 芝1342 55 三浦 S ⑤④④ 446 人気2 向正不利 2 1/4 361中340 ステレンボッシ 1338 0.4	4東 10月28日 ⑧ アルテミス 3 牝GⅢ 9ト10頭 芝1340 55 荻野極 S ③③③ 432 人気4 一旦先頭 2 3/4 366外338 チェルヴィニア 1336 0.4	5東 11月26日 ⑧ ベゴニア 2 1勝 8ト8頭 芝1371 55 ルメール S ④③③ 454 人気1 好位伸 1/2身 380中332 オーサムストロ 1370 0.1
前走	2京 2月3日 ③ エルフィン 9 牝L 7ト11頭 芝外1357 55 松山 S ④⑤⑤ 430 人気4 中位一杯 3 3/4 370外345 ライトバック 1351 0.6	1京 1月8日 ③ シンザン 4 GⅢ 6ト18頭 芝外1348 55 横山典 M ②④④ 444 人気10 一瞬脚 1 3/4 346内362 ノーブルロジャ 1345 0.3	2京 1月28日 ② 亍 1 牝未勝 3ト10頭 芝内1354 55 和田竜 S ⑦⑥⑤ 438 人気2 中位差切 1身 360外351 エルプロフェッ 1356 0.2	1京 1月13日 ④ 紅梅 1 牝L 9ト9頭 芝外1234 55 北村友 S ⑦⑥⑤ 430 人気2 直線一気 1身 366外345 セキトバイース 1236 0.2	1中 1月13日 ④ 菜の花賞 1 牝1勝 6ト12頭 芝外1334 55 田辺 S ⑤⑤⑥ 452 人気2 中位差切 3/4身 358中342 ロンドンナーム 1335 0.1	2京 2月3日 ③ エルフィン 2 牝L 5ト11頭 芝外1352 55 永島 S ④③③ 462 人気3 中位伸 クビ 370内342 ライトバック 1351 0.1	2京 1月27日 ① 白梅 1勝 2ト6頭 芝内 除外 55 ルメートル 436 放馬のため スマートスピア 1343	1京 1月13日 ④ 紅梅 2 牝L 5ト9頭 芝外1236 55 岩田望 S ⑤⑦⑤ 452 人気3 中位伸 1身 367中346 ワイドラトゥー 1234 0.2	1中 1月7日 ② フェアリー 4 牝GⅢ 6ト14頭 芝外1341 55 ルメール M ⑧⑫⑪ 430 人気1 後方追上 3/4身 357中343 イフェイオン 1340 0.1	3ヵ月余 放牧 乗込み4週間 仕上り○ 連対体重 454キロ 3ヵ月以上休 ①②③外 1 1 0 0
連対数（逃・先・差・追）	0 0 1 0	0 2 0 0	0 0 2 0	0 0 1 1	0 1 1 0	0 0 2 1	0 0 0 1	0 1 3 0	0 0 1 0	0 2 0 0

780 520

55吉田隼

記号の説明

厩舎左側の㊫㊝は ㊫＝関東・美浦所属 ㊝＝関西・栗東所属 賞金左の記号は重の巧拙を表します ◎…得意△…苦手

馬場表示

開催日の馬場状態
■→不良 ●→重馬場 □→稍重 ○→良馬場

乗替り記号

㊫…ベスト10外の騎手からベスト10への乗替り ㊝…それ以外

開催場所・月日 開催日・着順 条件・枠・頭数 距離・タイム 斤量・騎手名 ペース・通過順 馬体重・人気 戦評・馬身差 前半・上り③F ①②着時計・秒

①～③着馬に【桜花賞】の優先出走権

●2024年3月2日・阪神11Rチューリップ賞（GII、芝1600m）

1着⑥スウィープフィート
（5番人気）
2着⑧セキトバイースト
（9番人気）
3着⑪ハワイアンティアレ
（15番人気）
※本番の桜花賞では
スウィープフィート
（6番人気）4着
セキトバイースト
（10番人気）7着
ハワイアンティアレ
（12番人気）10着

単⑥ 970円
複⑥ 350円
⑧ 940円
⑪ 3070円
馬連⑥－⑧ 17730円
馬単⑥→⑧ 29060円
3連複⑥⑧⑪ 381980円
3連単⑥→⑧→⑪ 1693290円

16 桃8	15	14 橙7	13	12 緑6	11
キズナ タガノエルピーダ タガノレヴェントン 未勝	ビッグアーサー イツモニコニコ オルトリンデ 3勝	シルバーステート ラヴァンダ ゴッドバイレーツ 未勝	サクソンウォリアー エラトー エライヤ 仏	ジャスタウェイ ショウナンマヌエラ ダイアゴナルクロス 1勝	ロードカナロア ハワイアンティアレ モアニケアラ 5勝
黒鹿 55 牝3	鹿 55 牝3	黒鹿 55 牝3	鹿 55 牝3	黒鹿 55 牝3	芦 55 牝3
団野	田中健	松若	ムルザバエフ	石橋脩	西村淳
斉藤崇	浜田	中村	上村	高野	松永幹
400	400	400	400	1000	400
2520	730	1270	1020	2210	550
八木良司	大田恭充	森永聡	サンデーR	国本哲秀	名古屋友豊
新冠タガノF	メイタイF	森永聡	ノーザンF	新冠フジタ牧場	社台F
注 ○ ◎ ▲ … ▲	… … … … … …	… △ … △ … …	… … △ … △ △	△ △ … … … …	… … △ … △ △
阪1340③	阪1212①	東1214③ 京1351③	中2005② 東1373④ 京1484①	新 [illegible] 3	京1349⑦
芝33.5① 1 0 1 0	芝34.5⑧ 初騎乗	芝34.3⑨ 初騎乗	芝34.9④ 初騎乗	芝34.2② 0 1 0 1	芝33.8⑦ 1 0 0 0
0 0 1 0 0 0 1 0	0 0 0 1 初コース	0 0 0 0 初コース	0 0 0 0 初コース	0 1 0 1 初コース	0 0 0 0 初コース
兄弟 タガノトネール（8勝） タガノエスプレッソ（9勝）	3新 9月3日 ⑧ 牝 3 新馬 17ト18頭 芝内 1243 55 Mデムーロ S ⑧⑧⑧ 488 人気3 中位伸 3¼ 366外355 イサチルシーサ 1237 0.6	2東 10月9日 ③ 牝 3 新馬 6ト17頭 芝内 1229 55 藤岡佑 M ④⑥⑤ 464 人気3 中位伸 1½ 352中359 バンドシェル 1227 0.2	3中京 7月2日 ② 牝 4 新馬 4ト8頭 芝 1373 55 松山 S ④③⑬ 486 人気1 前塞る 4身 370内349 ルージュスタニ 1367 0.6	3中京 7月9日 ④ 牝 1 牝馬 7ト10頭 芝 1379 55 西村淳 S ①①① 460 人気4 逃切る ¾身 379内351 ウインディオー 1380 0.1	初仔 近親 カットラッシー
兄弟 タガノディアマンテ（2勝） タガノヴェローナ（4勝）	4阪 9月17日 ④ 牝 1 未勝 1ト13頭 芝内 1212 55 Mデムーロ M ①①① 478 人気5 逃切る ½身 333内358 ディーエストッ 1213 0.1	3東 11月26日 ⑧ 牝 1 未勝 13ト18頭 芝内 1217 55 岩田望 M ⑧⑦⑥ 476 人気1 中位差切 2½ 354外348 ペプチドシュチ 1221 0.4	3京 11月19日 ⑥ 牝 3 牝馬 4ト12頭 芝外 1492 55 モレイラ S ⑤⑦⑥ 486 人気2 中位伸 1¼ 363中354 サンセットビュ 1490 0.2	3新 8月27日 ⑥ 新潟2才 2 GIII 6ト12頭 芝外 1340 55 石橋脩 S ①①① 462 人気10 逃粘る 1身 354内342 アスコリピチェ 1338 0.2	近親 ホーマンテキーラ コンティネント
2京 10月14日 ④ 牝 1 新馬 2ト13頭 芝内 1343 55 団野 S ③③② 440 人気2 好位差切 ¾身 367中335 グランフォード 1344 0.1	3京 11月4日 ① ファンタ 17 牝GIII 10ト18頭 芝外 1223 55 Mデムーロ M ⑮⑮⑱ 482 人気5 後方まま 11¾ 360中349 カルチャーデイ 1204 1.9	4中京 12月9日 ③ つわぶき 3 牝1勝 6ト14頭 芝 1214 55 小沢 S ⑥⑦⑦ 478 人気4 中位伸 3身 354中343 バウンシースチ 1209 0.5	5阪 12月9日 ③ 牝 2 未勝 2ト10頭 芝内 2005 55 松山 M ①①① 482 人気3 逃粘る クビ 350内358 ヴィレム 2004 0.1	4東 10月28日 ⑧ アルテミ 5 牝GIII 2ト10頭 芝 1345 55 石橋脩 S ①①① 474 人気6 逃一息 5½ 359内345 チェルヴィニア 1336 0.9	3東 11月5日 ② 牝 7 牝馬 15ト17頭 芝内 1349 55 松山 S ⑭⑮⑬ 418 人気7 後方差詰 3¾ 372外338 ラブディーヴァ 1343 0.6
5阪 12月17日 ⑥ 朝日FS 3 GI 5ト17頭 芝外 1340 55 団野 M ③③③ 438 人気5 好位粘る 1½ 348中352 ジャンタルマン 1338 0.2	2京 2月17日 ⑦ 牝 8 1勝 2ト10頭 芝外 1222 55 Mデムーロ S ⑩⑨⑧ 488 人気6 後直だけ 3½ 364外345 ナムラアトム 1216 0.6	2京 2月18日 ⑤ こぶし賞 3 1勝 7ト9頭 芝内 1351 55 岩田望 S ②②② 480 人気3 先行粘る 1½ 362中343 オフトレイル 1349 0.2	1東 1月6日 ① 牝 1 未勝 2ト17頭 芝外 1484 55 ルメートル M ①①① 480 人気4 逃切る ¾身 349内353 カズミクラーシ 1485 0.1	4ヵ月休 放牧 乗込み3週間 仕上り○ 連対体重 460～462 3ヵ月以上休 ①②③外 1 0 0 0	2京 2月11日 ⑥ 牝 1 未勝 10ト14頭 芝内 1362 55 西村淳 S ⑥⑤③ 422 人気3 瀬抜出 1¼ 362外350 リチャードバロ 1363 0.1
0 1 0 0	1 0 0 0	0 0 1 0	2 0 0 0	2 0 0 0	0 0 1 0

阪神ＪＦでの単勝オッズが10倍以内であった残る5頭は、全馬が桜花賞で連対していたのである。

こういっては何だが、フロックで上位に来たような馬でなければ、阪神ＪＦから桜花賞へ直行しても結果が出ている。

これを厩舎陣営やオーナー、育成牧場サイドから見れば、ある程度のレベルの馬なら阪神ＪＦから桜花賞へ直行しても問題ないというコンセンサスが得られたのだろう。

もちろん、馬の気性的な特性や厩舎、オーナーサイドの考えもあって、すべてがそうなると限らない。だが、基本的には信用できるレベルの馬が阪神ＪＦ上位なら、桜花賞直行がファーストチョイスとなる。

逆にそうでない馬が阪神ＪＦで上位に入ったり、阪神ＪＦでは上位に入れずクラシックへ向けて賞金を加算したり優先出走権を確保しなければならなくなった場合に、チューリップ賞を含めた前哨戦を使うことになるのだ。

しかも、本番まで中5週となるチューリップ賞だけでなく、中8週の京都・エルフィンＳや中7週のクイーンＣも前哨戦の選択肢となりうる。

近年は、3戦連続での阪神芝1600ｍとなるチューリップ賞よりも、先々のオークスやＮＨＫマイルＣなどを見据えて前哨戦として東京芝1600ｍのクイーンＣを使う馬が増えている。

つまり**チューリップ賞は、今や純粋な権利確保のレース**になりつつあるのだ。

22年は阪神ＪＦ4着のナミュールが勝利し、チューリップ賞を本番への叩き台とした阪神ＪＦ馬サークルオブライフが3着となったものの、2着に新馬戦を勝ったばかりの13番人気ピンハイが入って3連単25万円。

23年は唯一の前走阪神ＪＦ出走馬だったドゥーラが15着敗退で、1勝クラスのこぶし賞を勝ったモズメイメイとエルフィンＳ２着のコナコースト、さらに１戦１勝のペリファーニアが３着で３連単15万円。

そして24年は阪神ＪＦ４着で当日１番人気に推されたタガノエルピーダが４着に敗れ、前走エルフィンＳ２着のスウィープフィートと紅梅Ｓ２着のセキトバイースト、さらに未勝利戦を勝ち上がったばかりのハワイアンティアレの３頭での決着で３連単は１６９万円の大波乱となった（Ｐ44～45に馬柱）。

25年の場合、阪神ＪＦが京都での開催だったため、〝３走連続の阪神芝１６００ｍ〟を気にする馬はいないとはいえ、肝心の阪神ＪＦの結果が想定外のものに。

１着アルマヴェローチェ（５番人気＝単勝10・５倍）、２着ビップデイジー（８番人気＝同18・３倍）、３着テリオスララ（７番人気＝同16・３倍）。

これまでのセオリーからは、桜花賞にリンクする結果とはいえず、25年のチューリップ賞には有力馬の本格的な参戦が見られるかもしれない。馬券のほうも上位馬が占める堅い決着が考えられる。

桜花賞トライアル・フィリーズレビューの場合

チューリップ賞が１週前倒しとなれば、フィリーズレビューも１週前倒しとなり桜花賞まで中４週の３月８日土曜日に開催される。

本番との間隔が広がりレーティングの都合もあってＧⅡ格付けは維持されるものの、これまでの日曜日のメインから土曜日のメインへ事実上の格下げといっていいだろう。

この10年でフィリーズレビューから桜花賞へ向かい３着以内に入ったのは、２０１６年３着アットザシーサイド、17年1着レーヌミノル、そして22年3着のナムラクレアの3頭のみとなれば、これも致し方ない。しかも3頭ともにマイルの桜花賞で結果が出たものの、本質的には短距離向きの馬たちであった。

桜花賞出走を目指すという意味ではトライアルに違いないものの、言葉は悪いが**短距離志向の馬が一生に一度の牝馬クラシックに記念出走するために権利を取るレース**。あるいは純粋に1400mの距離が魅力でエントリーしてくる馬たちのレースとなっている。

後者に関しては施行が1週間早まり、中京芝1400mのファルコンSとの間隔が連闘から中1週となったことで、フィリーズレビュー→ファルコンSのローテを取る馬が今後出てくるかもしれない。そんな開催前倒しである。

おそらく前哨戦とGⅠ競走との間隔を広げるという方針で実施時期が1週間早まったものの、JRAも出走馬のレベル云々は気にしていないと思われる。

むしろレーティングの低下で、将来的にGⅡからGⅢへ降格となってもいいように土曜日開催に変更したのでは、と勘繰りたくもなる。

もっとも、馬券狙いは別物。日曜日だろうが土曜日だろうが関係ない。

19年以降の6年中5回で3連単が10万円超の配当という荒れる重賞をアピールして、興行的に生き残りを目指すのがフィリーズレビューの目指す道なのかもしれない。

良馬場で行なわれた近4年の前半3ハロンは、順に33秒7→33秒5→33秒2→33秒8。流れやすい阪神芝内回り1400mとあって、ハイペースになる。

そのハイペース経験がある1200m戦出走馬が高配当の使者で、21年11番人気3着ミニーアイルは前走が小倉のあざみ賞、23年11番人気3着ジューンオレンジの前走は小倉のかささぎ賞、24年11番人気1着エトヴプレの前走は中京2歳Sであった。

開催が1週間早まったフィリーズレビューは、格よりも高配当妙味のレースとして存在価値を高めていくのではないだろうか。

荒れる重賞は健在!?中山牝馬Sの場合

直接のGI前哨戦ではないものの、中山牝馬Sも開催が1週前倒しされ、2025年は3月8日に組まれることになった。

24年までは愛知杯から中7週、京都牝馬Sから中2週で、阪神牝馬Sへは中3週、福島牝馬Sへは中5週、そしてヴィクトリアマイルへは中8週というローテーションであったが、25年は新設の小倉牝馬Sから中5週、阪神牝馬Sへは中4週、福島牝馬Sへ中5週、ヴィクトリアマイルへは中9週という配置になる。

正直、何かが変わるという実施時期変更とは思えない。もっとも競馬番組や日程というのはそういうもので、何かを動かすと他のものまで変更せざるを得ないだけに、他のレースとの絡みで日程が動いたと考えておくほうが無難なのかもしれない。

ひとつ感心したのは、23年にストーリアが2着、24年はコンクシェルが1着となるなど、このレースと相性がいい2月東京の3勝クラス戦・初音Sとの間隔。24年までは2月開催3週目に組まれ中山牝馬Sへは中3週であったのだが、25年は初音Sも1週前倒しされて東京新聞杯当日の準メインとして施行される。

オープンや重賞ではないものの、ちゃんと重要なステップレースのひとつと判断されて中3週の間隔が維持されたのである。

あまり開催前倒しの意図を感じない中山牝馬Sだが、あえて目的を探すなら中3週から中4週へ延びた阪神牝馬Sとの間隔ではないだろうか。

春の古馬牝馬重賞路線、すなわちヴィクトリアマイルへのステップは、新設された1月の小倉牝馬S（小倉芝2000m）から3月の中山牝馬S（中山芝1800m）と愛知杯（中京芝1400m）、そして4月の阪神牝馬S（阪神芝1600m）と福島牝馬S（福島芝1800m）から本番という流れになっている。

左ページの表4は、そのうち既存の3重賞における5年の出走頭数を比較したものだが、明らかに阪神牝馬Sだけ頭数が少ない。

もちろん距離の違いやGⅡ格付けとあってGⅢとは出走馬のレベルが異なるといった理由はわかるものの、やはりJRAとしては興行的にフルゲートかフルゲート近くまで頭数を揃えたいというのが本音ではないだろうか。

中3週から中4週に間隔が広がることに果たしてどれだけの効果があるかは不明も、試しに中山牝馬Sの開

25年第1回東京競

競走番号	③ 2月8日（土）	競走番号	④ 2月9日（日）	競走番号	⑤ 2月15日（土）
11	2,400（芝） 早春ステークス 混合 ハンデ	10	1,800（芝） 初音ステークス （牝） 混合 特指 定量	10	1,400（ダ） 銀蹄ステークス 混合 特指 定量
		11	1,600（芝） 第75回 東京新聞杯 （GⅢ） 特指 別定		

催日を動かしてみた、というのが私の推測である。

さて開催が1週間前倒しになろうが、中山牝馬Sが荒れる重賞であることは今後も変わらないだろう。ハンデ戦であり、前走が3勝クラスだった馬も上位に入る。

この5年では、3勝クラスの初富士Sを勝ったばかりのスルーセブンシーズが2番人気に推された23年こそ3連単は2万円台だったものの、それ以外は35万円、14万円、173万円、10万円。ハンデ戦で過去5年では二度の不良馬場と馬場状態も影響し、なおかつ展開も読みにくいレース。

せっかくなので、25年は新設の**小倉牝馬S**（愛知杯が1月小倉に移動、改称）や、レース間隔が変わらなかった3勝クラスの**初音S**からの転戦馬を狙ってみるのはどうだろうか。

皐月賞トライアル・スプリングSの場合

開催時期が前倒しとなった3月の5重賞で、影響が一番大きいと思われるのが3月16日に施行されるスプリングSではないだろうか。

スプリングSはディープインパクト記念弥生賞（以下、弥生賞）と若葉Sとともに皐月賞トライアルに指定されているが、3競走の中では最も伝統があり格上だったレースである。

平成以降ではドクタースパート、ミホノブルボン、ナリタブライアン、ネオユニヴァース、ダイワメジャー、メイショウサムソン、アンライバルド、オルフェーヴル、ロゴタイプ、エポカドーロの10頭がスプリングSか

表4●春の「古馬牝馬限定重賞」出走頭数の比較

（近5年）

レース名	20年	21年	22年	23年	24年
中山牝馬S	16頭	16頭	16頭	14頭	16頭
阪神牝馬S	16頭	12頭	12頭	12頭	11頭
福島牝馬S	16頭	16頭	16頭	15頭	16頭

らのステップで皐月賞に優勝。

さらにタニノギムレット、ディープブリランテ、キタサンブラック、リアルスティールなどがここから皐月賞へ向かい上位に好走していた。

ところが近年は、弥生賞や共同通信杯が皐月賞への主要ステップとなっており、スプリングS出走から皐月賞馬となったのは18年のエポカドーロが最後で、本番で3着以内に入ったのも20年のガロアクリーク以降出ていない。

もっとも、ロジャーバローズやベラジオオペラなど、皐月賞以降にGⅠ勝ちを収めた馬もいるので極端に出走馬のレベルが落ちたとまではいえないが、このまま放置すれば将来的に桜花賞トライアルにおけるフィリーズレビューのような立ち位置になっているかもしれない。

このような状況下でJRAが打ち出したのが、皐月賞までの間隔を広げることであった。

かつてスプリングSから皐月賞までの間隔は中2週だったが、97年から中3週に広がった。とはいえ、弥生賞の中5週に比べれば短い。また、先々のことを考えて東京を使いたい厩舎陣営からすれば、中山でのトライアルをパスして2月東京の共同通信杯から中8週で皐月賞へ向かうのも都合がいい。

結果、有力馬を中心にスプリングSは皐月賞の前哨戦として選ばれなくなっていったのだ。

この流れを少しでも断ち切るために、JRAは今回、スプリングSの開催を1週前倒して本番まで中4週の間隔に変更したのだが、これは意外と効果があるのではないだろうか。

オーシャンSのところでも触れたが、本番までの間隔が1週長くなることで、外厩へ短期放牧に出すなど調整のバリエーションが増えるはず。その効果で、皐月賞までのローテーションに少しずつ変化が現れるかもしれない。

下の表5は、皐月賞までの牡馬クラシック路線の主要レース（芝1800m以上の重賞及びオープン特別）をまとめたものだ。

スプリングSが24年までの3月4週目から3週目に1週前倒し開催となり皐月賞との間隔が広がったことよりも、他のレースとの間隔に注目していただきたい。一番のポイントは、**これまで中1週だった弥生賞との間隔が詰まること**である。

かつてスプリングと皐月賞との間隔が短かったのは、そのほうが当時の調整法的に都合がよかったからだが、弥生賞とスプリングSとの間隔があることを利用して弥生賞とスプリングSの両トライアルに出走する馬もいた。

数は少ないものの、皐月賞への優先出走権を得た馬もいて、平成以降でも1989年にドースクダイオーが弥生賞7着から中2週でスプリングSへ向かい2着。92年ダッシュフドーは弥生賞5着後に中2週のスプリングSで3着に入り、96年キャッシュラボーラも弥生賞5着から中2週のスプリングSで3着となっている。

一生に一度しかチャンスがないクラシックへ出走するために、トライアルレースをハシゴするのは理解できるが、93年のステージチャンプは弥生賞で3着となり皐月賞への優先出走権を得たにも関わらず、中5週の皐月賞ではなく中2週のスプリングS6着を挟んで本番へ出走していた。今から30年前は、そういう使い方も珍

表5●皐月賞までの牡馬クラシック路線レース
（芝1800m以上の重賞・オープン抜粋）

開催週	関東エリア	関西エリア
1月3週目	京成杯	
1月4週目		若駒S
2月1週目		
2月2週目		きさらぎ賞
2月3週目	共同通信杯	
2月4週目		
3月1週目		すみれS
3月2週目	弥生賞	
3月3週目	スプリングS	
3月4週目		若葉S
3月5週目		毎日杯
:	（中2週）	
4月3週目	皐月賞	

※スプリングSのみ開催が1週前倒し

しくなかったのである。

スプリングSと皐月賞の間隔が中3週となり、弥生賞とスプリングSの間隔が1週詰まって中1週となった97年以降は、このようなローテーションを取る馬は減少。

そんな中、2000年には88年の桜花賞馬アラホウトクの仔オースミコンドルが弥生賞5着から中1週でスプリングSへ向かい、3着馬に4分の3馬身及ばずの4着で皐月賞への優先出走権獲得を逃している。

ちなみに同馬は、次走のプリンシパルSで1番人気に支持されクビ差2着惜敗。当時は2着馬までに与えられていたダービーへの優先出走権は確保してダービーへの出走を果たしていた。

もっとも、16年に森秀行厩舎の2頭、モウカッテルとケンホファヴァルトの2頭が弥生賞から中1週でスプリングSに出走したのを最後に、両トライアルをハシゴする馬は出ていない。

ならば、弥生賞とスプリングSの間隔を設ける必要はなく、25年からの弥生賞の翌週にスプリングSという配置に何の問題もなく、むしろ間隔を詰めるのが遅すぎたくらいなのかもしれない。

また共同通信杯を起点にすれば、弥生賞まで中2週でそこから皐月賞へは中5週。一方、スプリングS経由だと中3週と中4週。スプリングSと皐月賞との間隔が1週延びたことでレース選択の幅は広がる。

サートゥルナーリア、コントレイル、イクイノックスのようにブッツケで皐月賞に参戦しても大丈夫だったというレベルの馬以外でも、京成杯や共同通信杯から直行するのが当たり前の時代だけに、実施が1週早まっただけでは劇的に何かが変わることはないだろう。ただ、ポジションが低下していたスプリングSにとっては浮上のきっかけとなるかもしれない。

左ページの表6は、この15年間におけるスプリングSで1番人気に推された馬の一覧である。

表6●スプリングS・1番人気馬の前走及び以後の成績（近15年）

	1番人気馬	着順	前走	以後の主な戦績
2010年	ローズキングダム	3	朝日杯FS①	ジャパンC
2011年	オルフェーヴル	1	きさらぎ賞③	三冠含むＧＩ6勝
2012年	ディープブリランテ	2	共同通信杯②	ダービー
2013年	ロゴタイプ	1	朝日杯FS①	皐月賞、安田記念
2014年	アジアエクスプレス	2	朝日杯FS①	レパードS②
2015年	リアルスティール	2	共同通信杯①	ドバイターフ
2016年	ロードクエスト	3	ホープフルS②	NHKマイル②、重賞2勝
2017年	サトノアレス	4	朝日杯FS①	東京新聞杯②
2018年	ステルヴィオ	1	朝日杯FS②	マイルCS
2019年	ファンタジスト	2	朝日杯FS④	セントウルS②
2020年	ヴェルトライゼンデ	2	ホープフルS②	ダービー③、重賞2勝
2021年	ボーデン	3	未勝利①	錦S
2022年	アサヒ	11	共同通信杯⑤	奥多摩S
2023年	セブンマジシャン	6	京成杯③	2勝クラス
2024年	シックスペンス	1	ひいらぎ賞①	毎日王冠

5番人気でスプリングSを制した15年のキタサンブラックを筆頭に、2番人気以下から出世した馬もいるものの、この10年ほどでスプリングSのレベルが低下していることは明らかである。

さすがに10年代前半までのようなラインナップには戻らないだろうが、GⅡ格付けに相応しいレベルとなることを期待しつつ、馬券的にもそういう馬たちを買うレースと認識していきたい。

新・愛知杯のポイントは関東の有力牝馬の参戦にあり！

2024年まで1月の中京（24年は小倉）で開催されてきた愛知杯は、25年から施行時期と距離が変更となり、3月23日の日曜日に中京で芝1400m戦として開催される。

愛知杯は63年に創設され、一時期は父内国産馬限定戦として施行されていたが、04年から芝2000mの牝馬限定の重賞として施行。05年までは6月、06年からは12月に開催され、開催時期変更の都合で15年12月の開催を休止して16年以降は1月に行なわれており、25年で62回目の開催となっている。

だが、25年からの愛知杯はレース名こそ「愛知杯」だが、24年までの愛知杯とは別物である。

24年までの愛知杯は、1月25日土曜日に新設の小倉牝馬S（小倉芝2000m）として施行され、25年からの愛知杯は24年まで2月の京都で行なわれていた京都牝馬S（芝1400m）が、名称と施行時期、場所を変更して行なわれる。

（24年まで）
1月：愛知杯（中京芝2000m）
2月：京都牝馬S（京都芝1400m）

（25年から）
↓1月：小倉牝馬S（小倉芝2000m）
↓3月：愛知杯（中京芝1400m）

これなら、愛知杯が1月から3月に開催時期を変更して距離も1400mに短縮、京都牝馬Sが1月に前倒しされてレース名を小倉牝馬Sに変更して芝2000mで施行、というやり取りでいいような気もするのだが、そうはできない事情があるのだ。

というのも、この変更では競馬の国際的な格付けルールをクリアできないからだ。

JRAでは1984年からグレード制を導入して、GⅠ、GⅡ、GⅢという格付けを用いていたのだが、これは世界的には何の意味も持たないローカルの格付けに過ぎなかった。

逆にいうと、どんな格付けを行なうのもJRAの自由であり、95年までGⅡの芝2000m戦であった高松宮杯を、翌96年から芝1200mのGⅠにするという（98年より高松宮記念）、距離ジャンルと格付けを大きく変更するといったことも可能であった。

ところが、07年から日本が国際セリ名簿基準で「パートⅠ国」に認定されると、グレード制による格付けも国際基準に準じたやり方で行なわれるようになった。

JRAでは07年と08年の2年間の一部のレース以外、地方競馬では現在に至るまで東京大賞典以外のダートグレード競走がJpnⅠ、JpnⅡ、JpnⅢという格付けになっているのも、これが理由である。

格付けは過去3年間のレースレーティングなどが基準になっており、JRAが勝手に行なうことができない。

そこで小倉牝馬Sは24年までの愛知杯、25年の愛知杯は24年までの京都牝馬Sを引き継いだうえでレース名を変更という扱いになったのだ。

このような手法は以前にも使われている。現GⅠのホープフルSが14年にGⅡ化された際も、それまで有馬記念デーの2歳オープン特別の芝2000m戦として行なわれていたホープフルSではなく、阪神芝2000mで開催されていたGⅢのラジオNIKKEI杯2歳Sを引き継いだうえで、レース名と施行場所を変更したという処理を行なっていた。

国際的な決め事を守らなければならない以上は、こういった扱いをするしかないのである。

そのうえで、24年までの愛知杯を小倉芝2000mで施行するのに愛知杯というレース名ではおかしいのでレース名称を「小倉牝馬S」に、そして24年までの京都牝馬Sを中京芝1400mで開催するにあたり、地元の伝統レース名である「愛知杯」の名前が余っていたので転用したのである。

では、京都牝馬Sを受け継いだ愛知杯はどんなレースになるのか。

当然2000mで行なわれていた24年までの愛知杯とは別物。2月から3月へ1カ月ほど開催時期が遅くなっても、24年までの京都牝馬Sを参考にすべきなのか。

私としては、24年までの愛知杯と京都牝馬Sの傾向を参考にしつつ、3月中京の芝1400m牝馬重賞として、まったく新しい視点からレース傾向を読むことが重要だと考える。

左ページの表7を参照していただきたいが、3月4週目、3週間開催の3月中京で2週目に施行される愛知杯は、左回りの東京新聞杯から中5週、同じ1400mで25年から2月第4週に組まれた阪急杯から中3週であり、4月の阪神牝馬Sまで中2週、福島牝馬Sへは中3週、そしてGIヴィクトリアマイルへは中7週というローテーションとなる。

24年までの京都牝馬Sでは前年12月の牝馬マイル重賞ターコイズSや1400mの阪神Cなどからの転戦馬が活躍していたが、開催が1カ月後ろ倒しになったことで東京新聞杯や阪急杯を叩いて出走してくる可能性もあるし、25年に限っては中京で開催の京都金杯から転戦してくる馬も出てくるだろう。

一方、3月4週目に組まれることで、24年まで見受けられた京都牝馬Sから高松宮記念という使い方ができなくなるとともに、シルクロードSやオーシャンSなどの1200m戦からの転戦馬もほぼいないと考えてよい。

また、本番まで中7週の左回り芝1400m戦であることから、25年からは愛知杯を叩いてヴィクトリアマイルへ向かう馬も一定数出てくるのではないだろうか。

では、24年までの愛知杯の傾向から参考にできることは何か。

それは**中京開催だと関東馬も活躍しやすい**ことだろう。

関東馬は東京、新潟と普段から左回りを走る機会が多いうえに、京都や阪神などに比べると輸送時間が短い。

表7●愛知杯に関連するローテーション

開催週	1400m前後および牝馬限定重賞
前年暮れ	ターコイズS（牝・中山芝1600m） 阪神C（阪神芝1400m）　ほか
1月1週目	京都金杯（2025年のみ中京芝1600m）
:	（中4週）
2月2週目	東京新聞杯（東京芝1600m）
2月3週目	
2月4週目	阪急杯（京都芝1400m）
3月1週目	
3月2週目	中山牝馬S（牝・中山芝1800m）
3月3週目	
3月4週目	愛知杯（牝・中京芝1400m）
:	（中2週）
4月2週目	阪神牝馬S（牝・阪神芝1600m）
4月3週目	福島牝馬S（牝・福島芝1800m）
:	（中3週）
5月3週目	ヴィクトリアマイル（牝・東京芝1600m）

愛知杯も小倉で施行された20年や24年は関東馬の出走そのものが少なかったが、19年はワンブレスアウェイとノームコアのワン・ツー、21年はマジックキャッスルが勝利して3着にもウラヌスチャームが入っていた。

さらにいえば、ノームコアはのちにヴィクトリアマイルと香港Cを制すなどGⅠ2勝を含む重賞5勝の名牝。マジックキャッスルも前年の秋華賞2着馬で同年のヴィクトリアマイルで3着。中京なら、実績のある関東馬や出世が期待されるレベルの馬も遠征しやすいのである。

ひとつだけ懸念があるとすれば、24年までの愛知杯や京都牝馬Sは土曜日開催とあってある程度トップジョッキーの騎乗も可能であったが、25年からは日曜日の開催。春の天皇賞へ向けた阪神大賞典と同日開催とあって、参戦騎手のレベルが気になるところでもある。

見方を変えれば、重要なGⅡがある裏の中京での愛知杯にトップジョッキーが参戦となれば、それだけ勝負気配なのかもしれない。

冬の小倉開催では、トップジョッキーがわざわざ騎乗しに来るのは、勝負気配ではなく本場のフグを食いに行く**つい**で……という話もあるようだが、この時期の中京ならそういったこともないだろう。

実施時期、距離、さらに前身レースと、いろいろなものが変わった愛知杯は、25年から馬券の狙い方も変わってくるはずだ。

CHANGES!

2025年4月 April

●5日（土）　ダービー卿CT（3回中山GⅢ　4歳上H／芝1600m）
　　　　　　チャーチルダウンズC（2回阪神GⅢ　3歳／芝1600m）
　　　　　　※旧・アーリントンC
●6日（日）　大阪杯（2回阪神GⅠ　4歳上／芝2000m）
●12日（土）　ニュージーランドT（3回中山GⅡ　3歳／芝1600m）
　　　　　　阪神牝馬S（2回阪神GⅡ　4歳上牝／芝1600m）
●13日（日）　桜花賞（2回阪神GⅠ　3歳牝／芝1600m）
●19日（土）　アンタレスS（2回阪神GⅢ　4歳上／ダ1800m）
●20日（日）　皐月賞（3回中山GⅠ　3歳／芝2000m）
　　　　　　福島牝馬S（1回福島GⅢ　4歳上牝／芝1800m）
●26日（土）　青葉賞（2回東京GⅡ　3歳／芝2400m）
●27日（日）　フローラS（2回東京GⅡ　3歳牝／芝2000m）
　　　　　　マイラーズC（2回京都GⅡ　4歳上／芝1600m）

4月の変更点は、次のようなものである。

・アーリントンCが「チャーチルダウンズC」に名称変更され、2週前倒しで開催
・福島牝馬Sと青葉賞が1週前倒しでの開催となり、日曜日開催だったアンタレスSは2018年以来となる土曜日開催に変更

単なる名称変更では終わらない「チャーチルダウンズC」の真実

NHKマイルCトライアルのアーリントンCが、2025年からレース名を「チャーチルダウンズC」に変更して、開催時期も2週間前倒しされる（左ページの表1）。

まずはレース名の変更。これは阪神競馬場が提携していた米国アーリントンパーク競馬場が閉鎖となり、チャーチルダウンズ競馬場と新たに提携を結んだことによるものだ。

アーリントンパーク競馬場は米国イリノイ州のシカゴ近郊に所在し、アーリントンミリオンS（現在はバージニア州のコロニアルダウンズ競馬場で開催）などが行なわれていたが、21年に閉鎖。一方、チャーチルダウンズ競馬場は米国ケンタッキー州にあり、ケンタッキーダービーの開催地として知られている。

チャーチルダウンズCに名称変更されたアーリントンCだが、そのアーリントンCも1987年のレース創設時は「ペガサスS」というレース名であった。

表1●NHKマイルC路線　ローテーション参考（2025年）

開催週	NHKマイル路線	クラシック路線
1月2週目	シンザン記念	
1月3週目		京成杯
1月4週目		
2月1週目	クロッカスS	
2月2週目		きさらぎ賞
2月3週目		共同通信杯、クイーンC
2月4週目		
3月1週目		チューリップ賞
3月2週目		弥生賞、フィリーズR
3月3週目		スプリングS、アネモネS
3月4週目	ファルコンS	フラワーC、若葉S
3月5週目		毎日杯
4月1週目	チャーチルダウンズC	
4月2週目	ニュージーランドT	桜花賞
4月3週目		皐月賞
:	（中2週）	
5月2週目	NHKマイルC	

競馬歴の長い方ならおわかりだろうが、このペガサスSは88年に名馬オグリキャップが笠松競馬からJRAへの移籍初戦として選択したレース。オグリキャップは、シンザン記念に勝つなど4連勝で1番人気に推されていたラガーブラックに3馬身差をつける快勝劇で、このレースから毎日王冠まで重賞6連勝を果たしたのであった。

翌89年には、前走エルフィンSを5馬身差で快勝した牝馬のシャダイカグラが、このレースに優勝。同馬は続く桜花賞も制覇した。

鞍上の武豊騎手のスケジュールや牡馬混合戦での力試しという理由もあっただろうが、本番まで中4週の阪神芝1600m戦として、このレースをステップに選んだものと思われる。

ちなみに当時は桜花賞と同距離とはいえ、オープン特別だったチューリップ賞が中3週で、1400mのGⅡ「4歳牝馬特別」（フィリーズレビューの前身レース）が中2週であった。

また、91年勝ち馬のノーザンドライバーも、中4週で桜花賞へ向かい3着に入っていた。

レース名がアーリントンCに変更された92年には、後に重賞を3勝するエルカーサリバーが勝利。90年代半ばからはエイシンバーリン（後に重賞2勝、高松宮杯2着）、スギノハヤカゼ（後に重賞3勝、スプリンターズS2着）、ブレーブテンダー（後にNHKマイルC2着）、エイシンプレストン（香港マイルなど後にGⅠ3勝）と、外国産馬の勝利が続いた。

さらに01年からはダンツフレーム（皐月賞とダービーで2着、宝塚記念優勝）、タニノギムレット（ダービー制覇）、ウインクリューガー（NHKマイルC1着）と内国産の勝ち馬が後にGⅠを制している。

その後は、このレースの勝ち馬から大成する馬は出なかったが、12年勝ち馬ジャスタウェイはドバイデューティティフリーなどＧⅠ３勝、翌13年のコパノリチャードは高松宮記念を制し、14年のミッキーアイルもＮＨＫマイルＣとマイルＣＳを制覇。

また、16年勝ち馬レインボーラインはマイル重賞勝ち馬ながら後に菊花賞２着、春の天皇賞優勝と長距離で好走し、17年のペルシアンナイトは同年秋のマイルＣＳでＧⅠ初制覇を飾った。

勝ち馬以外では、06年２着ロジックがＮＨＫマイルＣに勝利し、６着キンシャサノキセキは古馬になって高松宮記念連覇。07年２着ローレルゲレイロは、09年にスプリントＧ１春秋制覇。

さらに08年３着のディープスカイがダービー馬となり、13年５着のラブリーデイは後にＧⅠ２勝を含む重賞６勝を挙げた。

目立たないものの、出世レース的要素があったアーリントンＣは、18年から４月中旬に開催時期が変更となり、本番まで中２週のＮＨＫマイルＣトライアルレースとなった。

その18年の勝ち馬タワーオブロンドンは、１番人気に推されたＮＨＫマイルＣでは12着に敗れたものの、古馬になってからスプリンターズＳに勝利。またこの年の４着馬インディチャンプは、４歳時に春秋マイルＧⅠ制覇、５着馬ダノンスマッシュも香港スプリントなどＧⅠを２勝している。

トライアルとしては18年３着のレッドヴェイロンが本番で３着、19年２着のカテドラルも本番で３着。20年２着のギルデッドミラーも本番で３着と、３年連続で本番での３着馬を輩出している。

21年は本番で上位に入る馬はいなかったが、22年勝ち馬ダノンスコーピオンが本番も連勝。またアーリントンＣでは11着だったカワキタレブリーが、本番では18番人気で３着となり３連単１５３万馬券を演出した（22年アーリントンＣの馬柱はＰ66～67）。

阪神 11R

発馬 15.30　第31回 アーリントンカップ（NHKマイルCトライアル）GIII

指 三才オープン・馬齢

	1	2	3	4	5	6	7	8	9	10	11
枠	白1	白1	黒2	黒2	赤3	赤3	青4	青4	黄5	黄5	6
父	ロードカナロア	イスラボニータ	フロステッド	ダイワメジャー	ハービンジャー	ミッキーアイル	プラクティカルジョーク	ドレフォン	リオンディーズ	ロードカナロア	ダイワメジャー
馬名	キングエルメス	トゥードジボン	外 ジャスパークローネ	アスクコンナモンダ	ニシノスーベニア	メイケイバートン	外 デュガ	ウナギノボリ	ディオ	ダノンスコーピオン	ドンフランキー
母	ステラリード	コッパ	ファンシーキトゥン	アンナモンダ	リップル	テイラーバートン	アントラヴェルド	ノンキ	エターナルブーケ	レキシールー	ウィーミスフランキー
毛色	鹿毛	鹿毛	栗毛	栗毛	黒鹿	黒鹿	鹿毛	黒鹿	黒鹿	鹿毛	栗毛
斤量	56 牡3	56 牡3	56 牡3	56 牡3	56 牡3	56 牡3	56 牡3	56 牡3	56 牡3	56 牡3	56 牡3
騎手	坂井	福永	岩田康	藤岡佑	松田	幸	武豊	和田竜	岩田望	川田	池添
厩舎	矢作	四位	森	中内田	上原博	中竹	森	音無	辻野	安田隆	斉藤崇
賞金	2300	900	900	400	400	400	900	400	400	1200	900
総賞金	4660	1440	2250	820	815	1075	2161	1600	1500	4200	1591
馬主名	広尾レース	青山洋一	加藤和夫	廣崎利洋HD	西山茂行	名古屋競馬	藤田晋	小田切有一	石川達絵	ダノックス	早野誠
牧場名	木村秀則	社台F	アメリカ	社台F	西山牧場	社台F	アメリカ	中原牧場	下河辺牧場	ケイアイF	ノーザンF
持木	△	△		△					注	○	
広田	△	△		注						▲	
加茂	△		△	注		△	△			○	
市場		△		▲					△	△	△
田崎	△	△		○					注	○	
本紙須藤	▲	△		◎	東				△	◎	
持時計	札1092① [illegible]	[illegible]	中1090③ [illegible]	新ダ1288⑫ 東1343①	中ダ1137⑦ 東1230④ 中1351④ 東ダ1203①	東1211① 芝2022⑦ 札1517②	小1086④ 東1216① 新ダ1266⑤	東1223① 東1352⑨ 芝2014⑨	阪1348③ 中1487⑤	阪1…7③ 阪1…5①	12… 123… 157…
上り最高	[illegible]	[illegible]	[illegible]	34.9②	34.2⑤	34.8⑤	34.8①	33.4④	32.9①	…①	[illegible]
騎乗成績	2001	1010	初騎乗	初騎乗	初騎乗	初騎乗	2013	1001	1010	2001	1000
クラス実績	1001	0001	0021	0000	0000	0000	0012	0004	0001	1011	0000
当該条件	初コース	2001	初コース	初コース	初コース	初コース	初コース	0001	1110	1010	初コース
大字	3	8	18							1	12

前走成績	1	2	3	4	5	6	7	8	9	10	11
4走前	1札 6月26日 ⑤芝1 新馬6ｹ8頭 1092 54坂井 S②②① 480 人気2 先行抜出 2身 350中342 オルネアデーア 1095 0.3	4阪 10月24日 ⑥芝12 未勝14ｹ16頭 内1231 55横山和 S⑩③⑤ 476 人気2 出遅る 12¾ 348外369 ママコチャ 1209 2.2	4中 9月25日 ⑥カンナS 3 オープン4ｹ10頭 外1090 54Mデムーロ M①①① 486 人気5 逃粘る 1¼ 340内350 コラリン 1088 0.2	兄弟 アンナミルト（5勝） リリエンタール（4勝）	1中 1月5日 ①芝7 未勝9ｹ16頭 ダ1137 56内田博 M⑤⑦⑦ 536 人気8 好位一杯 7¼ 353中384 ニシノアナ 1125 1.2	2札 9月5日 ⑧芝2 未勝8ｹ10頭 2052 54藤岡佑 H②②① 456 人気2 先行粘る 2身 366中373 ジャスティンス 2049 0.3	4阪 10月16日 ③芝1 未勝9ｹ12頭 内1093 55武豊 S①①① 482 人気1 逃楽勝 4身 345内348 キッショウ 1100 0.7	5阪 11月13日 ③デイリー杯2才 7 GII 4ｹ7頭 外1364 55和田竜 S⑦⑦⑥ 468 B 人気6 後方まま 7¾ 375中346 セリフォス 1351 1.3	5阪 11月27日 ⑦芝3 未勝14ｹ18頭 外1348 55岩田望 S⑤⑧⑦ 486 人気5 中位伸 2½ 363中352 ハンス 1344 0.4	3阪 6月20日 ②芝1 新馬7ｹ7頭 外1387 54川田 S④⑤⑤ 456 人気1 G前差す クビ 387外340 ルージュラテール 1387 0.0	3新 7月24日 ①芝5 未勝15ｹ15頭 内1211 54岩田望 M⑦⑦④ 576 人気1 伸一息 1¾ 346中351 ジャズブルース 1208 0.3
3走前	2札 8月22日 ④クローバー 5 オープン6ｹ11頭 1299 54坂井 S⑦⑦⑥ 474 人気1 出遅る 5身 370外352 ラブリイユアアイズ 1291 0.8	5阪 11月6日 ①芝1 未勝4ｹ17頭 外1343 55藤岡佑 S①①① 472 人気3 逃切る ハナ 352内349 スピリットサー 1343 0.0	4阪 10月17日 ④もみじS 3 オープン6ｹ6頭 内1240 55Mデムーロ S②②② 488 人気5 先行粘る 4身 365中362 カジュフェイス 1233 0.7	6阪 12月25日 ⑦芝12 新馬7ｹ16頭 ダ1288 55Cデムーロ M⑩⑦⑧ 436 人気1 もまれる 大差 362中402 ペプチドアケボノ 1254 3.4	1東 2月5日 ③芝1 未勝15ｹ16頭 ダ1203 56内田博 S⑬⑩⑩ 528 人気9 直線一気 1¾ 376中364 モンキンレジャ 1206 0.3	5中京 10月2日 ⑧芝7 未勝5ｹ9頭 2022 55藤岡佑 M②②② 450 人気2 先行一杯 8身 370中374 ダンテスヴュー 2009 1.3	5東 11月20日 ⑤芝1 1勝9ｹ9頭 1216 55武豊 S①①① 482 人気3 逃切る クビ 347内351 モンタナアゲート 1217 0.1	6中京 12月5日 ②こうやまき 2 1勝1ｹ9頭 1354 55吉田隼 S⑨⑧⑧ 464 人気4 後方伸 クビ 375外346 ソリタリオ 1353 0.1	6阪 12月19日 ⑥芝2 未勝8ｹ18頭 外1348 55松山 M⑤④④ 480 人気2 一旦抜出 ハナ 347中360 デルマグレムリン 1348 0.0	4阪 10月30日 ⑦萩 1 L 5ｹ6頭 外1485 55川田 S③③④ 462 人気2 好位差切 クビ 372外335 キラーアビリティ 1485 0.0	6阪 12月18日 ⑤芝1 未勝15ｹ16頭 ダ1233 55Cデムーロ M①①① 580 人気1 逃切る 3½ 344内369 メイショウキラ 1239 0.6
2走前	5東 11月6日 ①京王2才 1 GII 3ｹ14頭 1213 55坂井 S①②② 492 人気8 先行抜出 1¼ 351中341 トウシンマカオ 1215 0.2	6阪 12月19日 ⑥朝日FS 9 GI 14ｹ15頭 外1347 55藤岡佑 M③②② 476 人気13 先行一杯 6¾ 346中363 ドウデュース 1335 1.2	5東 11月6日 ①京王2才 12 GII 12ｹ14頭 1226 55Mデムーロ S⑤⑤⑤ 484 人気10 S後ヨレ 7¾ 357中348 キングエルメス 1213 1.3	1中京 1月22日 ⑦芝1 未勝12ｹ15頭 1343 56川田 M③③③ 438 人気2 好位抜出 3身 357中353 バーニングピース 1348 0.5	2中 2月27日 ②芝5 1勝8ｹ10頭 外1357 56内田博 S⑨⑩⑩ 522 人気7 最後だけ 2身 372内342 レッドモンレーヴ 1354 0.3	2中京 3月12日 ①芝1 未勝6ｹ18頭 1211 53松本 S①①① 474 人気1 逃切る 1½ 347内349 イラーレ 1213 0.2	1東 1月29日 ①クロッカス L 9ｹ9頭 取消 56武豊 感冒のため トウシンマカオ 1218	1中京 1月9日 ③シンザン 9 GIII 8ｹ15頭 1352 56吉田隼 S⑭⑮⑮ 464 人気6 出遅る 7身 370外350 マテンロウオリオン 1341 1.1	1阪 2月13日 ②芝1 未勝2ｹ13頭 外1354 56岩田望 S③③④ 486 人気1 好位抜出 2½ 372内329 メイショウツガル 1358 0.4	6阪 12月19日 ⑥朝日FS 3 GI 7ｹ15頭 外1337 55松山 M⑦⑧⑨ 458 人気4 中位伸 1身 356中346 ドウデュース 1335 0.2	1中京 1月8日 ②芝7 1勝12ｹ14頭 ダ1539 56Cデムーロ H⑥⑦⑦ 580 人気4 中位まま 5¾ 372外392 デシエルト 1529 1.0
前走	5ヵ月余 骨折放牧 乗込み4週間 仕上り○ 連対体重 480～492 3ヵ月以上休 ①②③外 1000	1阪 3月12日 ⑨芝1 1勝4ｹ9頭 外1338 56福永 S②②② 476 人気2 好位差切 クビ 360中342 ヒルノショパン 1339 0.1	3中 3月26日 ①芝1 1勝2ｹ13頭 外1091 56武豊 M⑪①① 480 人気3 逃切る 1¼ 341内350 アラクレ 1093 0.2	2中 3月21日 ⑧芝2 1勝11ｹ13頭 外1347 56川田 M⑤⑤④ 436 人気1 中位伸 クビ 357外349 サーマルウイン 1346 0.1	2中 3月21日 ⑧芝4 1勝10ｹ13頭 外1351 56内田博 M⑨⑥⑥ 522 人気4 中位差詰 3¼ 362外352 サーマルウイン 1346 0.5	2阪 3月26日 ①芝5 1勝1ｹ9頭 内1230 56福永 S③③④ 470 人気2 好位一息 4身 362内348 ケイアイオメガ 1224 0.6	2中京 3月19日 ③ファルコン 17 GIII 17ｹ18頭 1236 56武豊 H④④⑤ 492 人気9 好位一杯 16身 335中388 プルパレイ 1209 2.7	1阪 3月19日 ⑪若葉 9 L 10ｹ10頭 内2014 56藤岡康 S⑨⑩⑩ 462 人気8 後方まま 7身 383中353 デシエルト 2002 1.2	2中 3月20日 ⑦スプリング 5 GII 7ｹ13頭 内1487 56戸崎圭 S⑥④④ 478 人気7 中位差詰 2¼ 375中351 ビーアストニッシド 1484 0.3	1東 2月13日 ⑥共同通信 7 GIII 11ｹ11頭 1488 56川田 S③⑧⑦ 458 人気4 中位まま 5¾ 371中343 ダノンベルーガ 1479 0.9	1阪 3月13日 ⑩芝1 1勝5ｹ13頭 ダ1246 56池添 H①①① 576 人気1 逃切る 3身 344内382 チーオースデル 1251 0.5
逃先差追 連対数	0200	1100	2000	0110	0001	1200	2000	0011	0200	0110	2010

コース（阪神芝コース） 全左ダ右阪	1	2	3	4	5	6	7	8	9	10	11
1着	21010	20022	21010	11000	10100	11000	21011	11000	10011	20022	20200
2着	00000	00000	00000	10010	00000	20020	00000	11000	10011	00000	10011
3着	00000	11000	20021	00000	00000	00000	10010	00000	10011	10011	00000
4着	00000	00000	00000	00000	21010	00000	10010	11000	11000	00000	00000
5着	10010	00000	00000	00000	10010	10011	10100	00000	10010	00000	11000
着外	00000	20022	11000	10100	10100	11000	11000	31022	00000	11000	10100

1着賞金 600　400　55吉田隼

阪神11R 枠番連勝

組番	オッズ
1-1	55.6
1-2	27.3
1-3	80.1
1-4	77.3
1-5	11.4
1-6	14.1
1-7	21.6
1-8	28.3
2-2	☆
2-3	86.1
2-4	83.0
2-5	12.3
2-6	15.2
2-7	23.2
2-8	30.5
3-3	☆
3-4	☆
3-5	36.2
3-6	44.7
3-7	68.2
3-8	89.3
4-4	☆
4-5	34.9
4-6	43.1
4-7	65.8
4-8	86.1
5-5	30.3
5-6	6.3
5-7	9.7
5-8	12.7
6-6	65.4
6-7	12.0
6-8	15.8
7-7	64.2
7-8	24.1
8-8	☆

軸馬 10　単穴 14　連 4 12 1

★☆★①～③着馬にNHKマイルCの優先出走権★★★

混戦

●2022年4月16日・阪神11RアーリントンC（GIII、芝1600m）

1着⑩ダノンスコーピオン
（1番人気）
2着⑭タイセイディバイン
（7番人気）
3着①キングエルメス
（4番人気）

※本番のNHKマイルCでは、1着ダノンスコーピオンが優勝、11着カワキタレブリーが3着。

他にも4着ジュンブロッサムが富士S、8着トゥードジボンが関屋記念、12着ドンフランキーがプロキオンS、13着セルバーグが中京記念、18着ジャスパークローネがCBC賞、北九州記念を制している。

単⑩ 250円
複⑩ 150円
⑭ 400円
① 310円
馬連⑩－⑭ 2250円
馬単⑩→⑭ 2940円
3連複①⑩⑭ 6350円
3連単⑩→⑭→① 22540円

18 桃8	17 桃8	16	15 橙7	14 橙7	13	12 緑
ドレフォン	エピファネイア	シルバーステート	マジェスティックウォリアー	ルーラーシップ	ディスクリートキャット	ワールドエース
カワキタレブリー	セルバーグ	ストロングウィル	ムーンリットナイト	タイセイディバイン	ヒルノショパン	ジュンブロッサム
カフジビーナス	エナチャン	カワイコチャン	デザートオブムーン	ダイワスピリット	ヒルノマテーラ	エンプレスティアラ
黒鹿	鹿毛	黒鹿	鹿毛	鹿毛	栗毛	黒鹿
56 牡3	56 牡3	56 牡3	56 牡3	56 牡3	56 牡3	56 牡3
藤岡康	古川吉	鮫島駿	浜中	松若	横山典	吉田隼
杉山佳	鈴木孝	橋口慎	加用	高野	昆	友道
900	400	400	400	1200	400	400
3550	960	1190	797	2640	1010	1800
川島和範	桑畑夏美	前田晋二	グリーンファーム	田中成奉	ヒルノ	河合純二
川島牧場	前谷武志	山際牧場	社台F	下河辺牧場	辻牧場	ノーザンF
…	…	…	◎	△	…	▲
△	…	…	△	◎	…	○
…	…	…	…	▲	…	◎
…	…	◎	△	注	…	○
…	…	△	…	…	…	▲
…	…	△	△	注	B	○
11	13	芝2011⑥	阪1339③	2	小1100①	4
		阪1474②	小1513⑬		阪1225⑦	
					阪1339②	
					名ダ1248⑫	
[illegible]	[illegible]	天34.7②	天32.8④	[illegible]	天34.9②	芝34.[illegible]①
初騎乗	0010	初騎乗	初騎乗	1312	0102	0100
0023	0002	0002	0000	0101	0000	0001
0010	1000	初コース	1013	初コース	0101	初コース
4阪 10月17日	4阪 10月17日	6阪 12月4日	5阪 11月27日	5阪 11月28日	1小 2月5日	4東 10月23日
④もみじS 5	④芝 1	①芝 2	⑦芝 7	⑧芝 1	⑦かささぎ 11	⑤芝 2
オープン 3ト6頭	新馬 6ト16頭	新馬 11ト11頭	未勝 16ト18頭	未勝 13ト14頭	1勝 10ト18頭	新馬 7ト16頭
芝内1241	芝外1356	芝外1474	芝外1353	芝内2030	芝1100	芝2034
55 戸崎圭	55 和田竜	55 ルメール	52 角田和	55 松若	56 古川吉	55 武豊
S⑤⑤⑤	S③④④	S①③②	S⑩⑩⑩	S①①①	M⑧⑪⑪	S②③③
432 人気6	430 人気8	482 人気1	474 人気3	518 人気1	454 人気11	458 人気2
後方差詰 4¼	好位抜出 1¼	先行粘る ¾身	中位差詰 5¾	余力有 2½	中位まま 5¾	好位伸 1¼
371中354	365中353	362外347	364外356	381内359	344中356	372内345
カジュフェイス	サザンステート	ラリュエル	ハンス	ロマンシングブ	ゼットレヨン	デリカテス
1233 0.8	1358 0.2	1473 0.1	1344 0.9	2034 0.4	1091 0.9	2032 0.2
5阪 11月13日	5東 11月6日	6阪 12月18日	6阪 12月19日	1中 1月16日	1阪 2月20日	5東 11月20日
③デイリー杯 3	①京王杯2歳 7	⑤芝 1	⑥芝 6	⑥京成杯 10	④芝 7	⑤芝 1
GII 5ト7頭	GII 6ト14頭	未勝 9ト10頭	未勝 15ト18頭	GIII 7ト16頭	1勝 10ト13頭	未勝 12ト14頭
芝外1354	芝1220	芝内2026	芝外1355	芝内2022	芝内1225	芝1592
55 松山	55 和田竜	55 松山	55 和田竜	56 松若	56 太宰	55 武豊
S④⑤⑥	S④③③	S③②②	M⑭⑭⑮	M②②②	S⑤⑤⑥	M③④③
430 人気7	428 人気11	480 人気1	468 人気9	512 人気10	458 人気12	456 人気2
後方伸 2身	好位一息 4½	好位抜出 1½	後方差詰 4¼	先行一杯 6身	中位まま 4½	好位差切 1身
368内335	353中346	384中353	362中358	359中363	355中353	373中344
セリフォス	キングエルメス	サクセスドレー	デルマグレムリ	オニャンコポン	アネゴハダ	ローシャムパー
1351 0.3	1213 0.7	2028 0.2	1348 0.7	2013 0.9	1217 0.8	1593 0.1
1中京 1月9日	1中京 1月9日	1中京 2月6日	1阪 3月5日	2小 2月13日	1阪 3月12日	1東 2月13日
③シンザン 8	③シンザン 11	⑫きさらぎ 5	⑦芝 3	②あすなろ 6	⑨芝 2	⑥共同通信 4
GIII 6ト15頭	GIII 15ト15頭	GIII 6ト11頭	未勝 1ト18頭	1勝 1ト8頭	1勝 9ト9頭	GIII 9ト11頭
芝1350	芝1355	芝2012	芝外1339	芝2042	芝外1339	芝1485
56 松山	56 和田竜	56 松山	56 和田竜	56 松若	56 横山典	56 武豊
S⑪⑫⑬	S⑤④③	S③③③	M⑥⑥⑦	S②①①	S①①①	S②④③
432 人気7	436 人気11	480 人気1	484 人気7	512 人気1	458B 人気6	474 人気6
後方差詰 5¾	好位一杯 9身	好位一息 4¾	好位粘る 3½	先行一杯 4¾	逃粘る クビ	好位一息 3¾
365中350	358中363	367中362	352内350	371内376	353内349	365中345
マテンロウオリ	マテンロウオリ	マテンロウレオ	サンクフィーユ	シーグラス	トゥードジボン	ダノンベルーガ
1341 0.9	1341 1.4	2005 0.7	1333 0.6	2034 0.8	1338 0.1	1479 0.8
1中京 1月29日	1中京 1月29日	1阪 3月19日	2阪 3月27日	2中京 3月19日	2阪 4月3日	1阪 3月6日
⑨白梅 1	⑨白梅 3	⑪若葉 6	②芝 1	③ファルコン 2	④芝 6	⑧アルメリア 2
1勝 9ト11頭	1勝 6ト11頭	L 5ト10頭	未勝 17ト17頭	GIII 3ト18頭	1勝 6ト13頭	1勝 1ト7頭
芝1360	芝1361	芝内2011	芝外1352	芝1212	芝外1351	芝外1464
56 松山	56 古川吉	56 浜中	56 和田竜	56 松若	56 横山典	56 吉田隼
S②②②	S①①①	S②②②	S⑤⑦⑦	H⑧⑨⑨	S①①②	M③③③
432 人気5	434 人気7	482 人気5	488 人気4	514 人気13	456B 人気4	472 人気1
先行抜出 ½身	逃粘る ½身	先行一杯 5¾	中位抜出 1¼	中位伸 1¾	逃一息 1¼	好位伸 ¾身
371中344	370内347	368中360	359外348	338中361	359中349	355内347
タガノエスコー	カワキタレブリ	デシエルト	ハギノモーリス	プルパレイ	メモリーレゾン	ピースオブエイ
1361 0.1	1360 0.1	2002 0.9	1354 0.2	1209 0.3	1349 0.2	1463 0.1
0200	0100	0200	0010	1210	1101	0300
全左ダ右阪	全左ダ右阪	全左ダ右阪	全左ダ右阪	全左ダ右阪	全左ダ右阪	全左ダ右阪
21010	10011	10011	10011	10011	10100	11000
00000	00000	10011	00000	31021	20111	21011
20021	11000	00000	10011	10011	00000	00000
00000	00000	00000	10011	00000	00000	11000
20021	00000	11000	11000	00000	00000	00000
11000	22000	10011	30032	30030	60242	00000

23年1着のオオバンブルマイは本番で3着。24年はトライアルレースになって7年目で初めて本番で掲示板に載る馬がゼロであった。

もちろんNHKマイルCは、桜花賞や皐月賞から転戦してくる馬のレベルが高いだけに、アーリントンC改めチャーチルダウンズCからのステップは楽ではない。

それでも開催時期が2週間前倒しされ、同じくトライアルのニュージーランドTより本番までの間隔が1週間長い中4週に延びたことで、レースや出走馬の質が変化してくる可能性が高いのではないだろうか。

近年でもジュンライトボルト（20年6着↓5歳時にチャンピオンズC優勝）、ピクシーナイト（21年4着↓同年秋のスプリンターズS優勝）と、このレース出走馬から後のGⅠ優勝馬が出ており、出世レース的なポジションは継続されている。

新生チャーチルダウンズCは、出世レース＋NHKマイルCの有力トライアルレースのハイブリッド化が期待される。ニュージーランドTとの兼ね合いで関東馬の出走はそう多くならないだろうが、その変身具合には数年のスパンで注目すべき。またこのレース出走馬は、古馬になってからも名前を覚えておきたい。

福島牝馬S↓ヴィクトリアマイル路線に変化はあるのか

福島牝馬Sも1週間前倒しとなり、2025年は4月20日の日曜日に開催される。これによりヴィクトリアマイルへの間隔は24年までの中2週から中3週となる。

これは25年の番組編成テーマのひとつである、「前哨戦とGⅠとの間隔を広げる変更」によるものだが、影響はほぼないだろう。というのも、福島牝馬Sがヴィクトリアマイルの前哨戦といえるかは微妙だからだ。

福島牝馬Sは04年の創設で、06年にヴィクトリアマイルが新設されるとその前哨戦として捉えられるようになり、14年からは1着馬に本番の優先出走権が与えられるようになった。

09年に福島牝馬S1着から参戦のブラボーデイジーが11番人気で2着となり、13年には2着馬のマイネイサベルが本番では3着に好走した。

そして15年には、福島牝馬S5着から本番へ向かったミナレットが18番人気で3着に入り、アッと驚く3連単2070万円馬券を演出。17年にも、11番人気だったデンコウアンジュが2着に好走するなどしている（次ページの表2）。

だが、福島牝馬Sからヴィクトリアマイルへ向かい3着以内に入ったのは、この4頭のみ。延べ58頭が参戦しての成績だけに、関連度はかなり低い。

また14年以降に優先出走権を得た11頭のヴィクトリアマイルでの成績は順に、6着、12着、不出走、9着、不出走、12着、不出走、4着、不出走、9着、不出走。本番で掲示板に載ったのは21年のディアンドル1頭のみで、なんと5頭は本番不出走。

これでは、何のために勝ち馬に優先出走権を付与しているのかわからない。

福島牝馬S出走馬の前走は、3月の中山牝馬Sや1月の愛知杯（25年から小倉牝馬S）が多くを占める。ヴィクトリアマイルのステップレースでもあるが、中距離の牝馬限定重賞路線のひとつでもある。

表2●ヴィクトリアマイルでの前走福島牝馬S組の出走頭数と最先着馬

	頭数	ヴィクトリアマイル最先着馬	福島牝馬Sの着順
2006年	4	コスモマーベラス（16番人気④）	1番人気⑩
2007年	4	スプリングドリュー（14番人気⑬）	9番人気①
2008年	6	ヤマニンメルベイユ（13番人気④）	2番人気④
2009年	6	ブラボーデイジー（11番人気②）	7番人気①
2010年	5	ブラボーデイジー（9番人気⑧）	4番人気②
2011年	3	ディアアレトゥーサ（17番人気⑩）	2番人気⑧
2012年	4	マイネイサベル（10番人気⑥）	6番人気⑤
2013年	3	マイネイサベル（5番人気③）	3番人気②
2014年	3	キャトルフィーユ（13番人気⑤）	2番人気②
2015年	4	ミナレット（18番人気③）	14番人気⑤
2016年	1	シャルール（9番人気⑱）	1番人気②
2017年	4	デンコウアンジュ（11番人気②）	8番人気④
2018年	2	デンコウアンジュ（11番人気⑫）	4番人気③
2019年	1	デンコウアンジュ（10番人気⑫）	4番人気①
2020年	出走馬なし		
2021年	3	ディアンドル（14番人気④）	7番人気①
2022年	2	アブレイズ（17番人気⑦）	1番人気⑨
2023年	2	ステラリア（14番人気⑨）	8番人気①
2024年	1	フィールシンパシー（10番人気⑫）	8番人気②

丸数字が着順

福島牝馬S上位馬でヴィクトリアマイルに出走しなかった馬たちの次走は、6月のマーメイドS（25年から府中牝馬S）や夏の札幌・クイーンSが中心であり、ヴィクトリアマイルの前哨戦というよりは、1800mの牝馬限定重賞として出走してくるパターンがメインといえよう。

そういった性格のレースだけに、ヴィクトリアマイルとの間隔が1週間延びようが、大きな変化は見られないと考えるのが自然なのである。

さらにいえば、24年までの土曜日開催なら一発勝負をかけるべく、トップジョッキーを鞍上に迎えての福島牝馬S参戦もあり得ただろうが、25年からは皐月賞のウラだけにそれも期待しにくくなる。

結果として、25年以降は中山牝馬Sから中5週、府中牝馬S（6月・東京芝1800m）へ中8週の中距離の牝馬限定重賞としてのポジションをますます強めることになるだろう。

馬券的には、牝馬限定路線の基本ともいえるが、小倉大賞典（2月・小倉芝1800m）をはじめ、**牡馬混合戦からの転戦馬**に注意したい。

なお開催週は変わらないものの、皐月賞ウラの日曜日から前日の土曜日開催となるダートのアンタレスSは、逆にトップジョッキーを迎えての参戦もあり得る。そうした騎手起用の変化から、レース傾向が変わってくるかもしれない。

〝本番につながらないトライアル〟青葉賞が上昇する可能性

ダービートライアルの青葉賞も、1週間前倒しとなり4月26日に開催される。なお、このレースは土曜日に競馬中継を行なっているテレビ東京から寄贈賞があるので、土曜日開催は変わらない。

１９９４年の重賞昇格前は、ダービー指定オープンとしてダービーまで中３週かつ同距離で施行されていたが、当時は本番まで中２週となるＧⅡのＮＨＫ杯（95年まで実施）のほうがメジャーであった。

それでも、この時期の東京芝２４００ｍでのオープンレースだけに、後の活躍馬の参戦も少なくなかった。86年２着グランパズドリームはダービーで２着、88年１着のガクエンツービートは菊花賞で２着、89年１着のサーペンアップはダービーで３着に入っていた。

そして91年勝ち馬のレオダーバンはダービーでトウカイテイオーの２着となり、秋には菊花賞を制覇。93年１着のステージチャンプは菊花賞や天皇賞春で２着惜敗。

余談になるが、93年３着のロイスアンドロイスはデビューから６戦未勝利で、青葉賞３着を挟んだ６月の東京で初勝利を挙げた。その後、セントライト記念２着、古馬になってからは天皇賞秋とジャパンＣで３着に好走している。

94年に青葉賞はＧⅢとなり、１着のエアダブリンがダービーで２着。なお、後にＧⅠ２勝を挙げるサクラローレルが３着に入っていた。

２００１年からはＧⅡに格上げされ、02年には外国産馬のシンボルクリスエスが勝利し、ダービーでも２着。８年ぶりに青葉賞からダービーへ向かい連対を果たした同馬はその後、天皇賞秋連覇などＧⅠ４勝をマーク。翌03年１着のゼンノロブロイはダービーで２着となり、４歳秋には天皇賞秋→ジャパンＣ→有馬記念を３連勝している。

表3●ダービーで3着以内に入った青葉賞出走馬（2004年以降、丸数字が着順）

	馬名と青葉賞着順	ダービー	その後の主な成績
2006年	アドマイヤメイン①	4番人気②	菊花賞3着
2011年	ウインバリアシオン①	10番人気②	菊花賞2着、有馬記念2着
2012年	フェノーメノ①	5番人気②	天皇賞（春）連覇
2013年	アポロソニック②	8番人気③	※ダービー後に引退
2014年	マイネルフロスト⑥	12番人気③	福島民報杯1着、重賞2着3回
2017年	アドミラブル①	1番人気③	※ダービー後に引退
2023年	ハーツコンチェルト②	6番人気③	※3勝クラス在籍中

2023年、青葉賞2着→ダービー3着のハーツコンチェルト。近年では最も好走した部類に入るが、今も重賞未勝利のままだ。

もっとも、その後の青葉賞出走馬は苦戦している。

04年13着のデルタブルースが条件戦を勝ち上がって菊花賞馬となり、06年4着のマツリダゴッホが古馬になってから有馬記念を制覇などしているものの、ダービーで3着以内に入ったのは上の表3にある通り、7頭のみ。

12年1着のフェノーメノがダービーでハナ差2着、そして3歳秋に天皇賞で2着に入り、古馬になってから天皇賞春を連覇。それ以降は、14年4着のゴールドアクターが古馬になって有馬記念、21年4着のテーオーロイヤルが

東京11R

発馬 15.45

第31回 JRA70周年記念 青葉賞（ダービートライアル）GⅡ

指 三才オープン・馬齢

枠番・馬番	1白 1	2白 1	3黒 2	4黒 2	5赤 3	6赤 3	7青 4	8青 4	9黄 5	10黄 5	11 6
馬名	サトノシュトラーセ	グランアルティスタ	ニシノフィアンス	ロジルーラー	ジンセイ	フォスターボンド	シュガークン	パワーホール	ヘデントール	ウインマクシマム	シュバルツクーゲル
父	ジャスタウェイ	ミッキーロケット	サトノダイヤモンド	ルーラーシップ	ジャスタウェイ	キズナ	ドゥラメンテ	スワーヴリチャード	ルーラーシップ	キタサンブラック	キズナ
母	ワンダーオブリップス（独）	レイナソフィア 2勝	ニシノラヴコール 未勝	シェリール 4勝	コマノレジェンド 3勝	パールシャドウ 5勝	シュガーハート 未出	ストロベリーズ 1勝	コルコバード 5勝	コスモアクセス 4勝	ソベラニア（独）
毛色・斤量	鹿 57 牡3	鹿 57 牡3	鹿 57 牡3	黒鹿 57 牡3	鹿 57 牡3	黒鹿 57 牡3	黒鹿 57 牡3	青鹿 57 牡3	黒鹿 57 牡3	鹿 57 牡3	黒鹿 57 牡3
騎手	デムーロ	原	永野	大野	内田博	菅原明	武豊	田辺	オシェア	松岡	北村宏
厩舎	友道	寺島	竹内	稲垣	庄野	中川	清水久	昆	木村	畠山吉	鹿戸雄
賞金	900	400	400	400	400	400	900	1000	900	900	1150
総賞金	2740	863	1237	729	1550	840	1870	2920	1620	2130	2760
馬主名	里見治	ノルマンディーTR	西山茂行	久米田正明	幅田京子	多田賢司	辻子依旦	NICKS	キャロットF	ウイン	G1レーシング
牧場名	追分F	岡田S	フクオカF	ノーザンF	新井牧場	社台F	ヤナガワ牧場	平野牧場	ノーザンF	コスモヴューF	白老F
佐藤直	○						◎		▲	注	△
小野智							注	△	◎		△
久光		△					▲		○	△	
西田	△						○		◎	△	△
中田							▲	△	○		△
本紙武井	△ 西	西			西		○ 西	西	◎	△	△
芝 1600/1800/2000/2400	阪1473⑥ 京1599③	小2021④ 阪2279①	中1515① 中2008⑤ 三2154⑤	東1500⑤ 中2009⑤ 三2157⑩	三2128④ 阪1480① 阪2006③ 東2274③	東1493⑧ 東2003①	京[illegible]② 阪2[illegible]⑪ 三[illegible]	東1484③ 京2010⑫	[illegible]	東1475② 中2007① 東2269①	東1468② 中2005⑤
上り最高	芝34.6①	芝34.5①	芝34.7⑤	芝33.5⑤	芝34.1③	芝33.1⑧	芝34.5⑪	芝33.5③	芝33.5②	芝33.9①	芝35.0⑪
騎乗成績	初騎乗	初騎乗	1001	初騎乗	初騎乗	初騎乗	2100	0010	初騎乗	2101	初騎乗
クラス実績	0011	0000	0002	0001	0001	0001	0000	0111	0000	0001	0101
当該条件	初コース	初コース	初コース	初コース	0010	初コース	初コース	初コース	初コース	1000	初コース
前4走	2京 10月15日 ⑤ 芝1 未勝 2ト5頭 芝内2027 56川田 S②②② 510 人気1 先行抜出 5身 380中349 ワーキングアセ 2035 0.8	兄弟 レイエスプランドル（2勝） ジュンサロベツ（1勝）	5中 12月23日 ⑦ 芝1 新馬 12ト16頭 芝内1515 55永野 S①①① 498 人気1 逃切る クビ 382内355 ドンアレス 1515 0.0	2札 9月2日 ⑦ 札幌2才 7 GⅢ 10ト10頭 芝1525 55菅原明 S⑥⑧⑦ 502 人気7 中位まま 12¾ 376外375 セットアップ 1505 2.0	5阪 12月9日 ③ 芝3 未勝 1ト10頭 芝内2006 56川田 M④⑤⑥ 504 人気5 中位伸 1身 357内353 ヴィレム 2004 0.2	兄弟 サウスオブボーダー（3勝） シャドウレディー（現）	兄弟 キタサンブラック（12勝） ショウナンバッハ（4勝）	1札 7月30日 ④ 芝1 新馬 10ト12頭 芝1516 55横山和 S①①① 468 人気6 逃切る 4身 379内345 キャプテンシー 1523 0.7	兄弟 パンデアスカル（現）	5東 11月12日 ④ 芝2 未勝 6ト12頭 芝1475 56石川 M②②② 470 人気1 先行粘る アタマ 359内345 トラジェクトワ 1475 0.0	兄弟 シュヴァルツリーゼ（2勝） ゼーゲン（4勝）
前3走	3京 11月25日 ⑦ 京都2才 3 GⅢ 13ト14頭 芝内1599 56川田 H④②② 512 人気3 好位伸 ½身 361中357 シンエンペラー 1598 0.1	1小 1月14日 ② 芝4 新馬 11ト14頭 芝2021 57藤岡康 M③②④ 510 人気3 4角不利 3身 366内362 インテグレイト 2016 0.5	1中 1月14日 ⑤ 京成杯 5 GⅢ 1ト14頭 芝内2008 57三浦 S④④④ 498 人気12 好位一息 2身 362中347 ダノンデサイル 2005 0.3	5中 12月2日 ① 葉牡丹 5 1勝 3ト9頭 芝内2009 56松岡 S③③③ 512 人気8 好位一息 2¾ 366中346 トロヴァトーレ 2004 0.5	5阪 12月28日 ⑨ 芝1 未勝 9ト14頭 芝外1480 56川田 S②③③ 496 人気1 好位差切 2身 361中344 ウインナイジー 1483 0.3	4東 10月21日 ⑥ 芝2 新馬 6ト16頭 芝2019 56岩田望 S⑪⑪⑪ 514 人気5 中位伸 1¾ 386外333 アフィリオン 2016 0.3	2京 2月4日 ④ 芝2 新馬 14ト17頭 芝内1370 57武豊 S⑧⑥⑤ 506 人気1 中位伸 1身 362外347 ワールズエンド 1369 0.1	2札 9月2日 ⑦ 札幌2才 2 GⅢ 8ト10頭 芝1512 55横山典 S②②② 474 人気4 先行粘る 4身 372内368 セットアップ 1505 0.7	5東 11月18日 ⑤ 芝2 新馬 6ト14頭 芝2023 56ルメール S⑫⑩③ 478 人気3 後方伸 1¾ 391外335 ジャスティンミ 2020 0.3	5中 12月3日 ② 芝1 未勝 2ト18頭 芝内2007 56松岡 S①①① 474 人気1 逃切る 1¼ 357内350 サトノエピック 2009 0.2	4中 9月24日 ⑦ 芝1 新馬 7ト8頭 芝内2040 55西村淳 S②②② 476 人気2 先行抜出 1¾ 383中350 カニキュル 2043 0.3
前2走	2小 2月11日 ② あすなろ 1 1勝 4ト10頭 芝2022 57藤岡康 S②③② 506 人気1 好位抜出 アタマ 374中346 ガイアメンテ 2022 0.0	1小 2月4日 ⑧ 芝2 未勝 2ト10頭 芝2049 57藤岡康 M⑨⑦④ 506 人気4 後方伸 クビ 380外378 ペンナヴェロー 2049 0.0	2中 3月3日 ④ 弥生 10 GⅡ 11ト11頭 芝内2014 57内田博 S⑦⑨⑩ 500 人気8 中位一杯 9¾ 366中357 コスモキュランダ 1598 1.6	1中 1月14日 ⑤ 京成杯 GⅢ 5ト14頭 芝内 取消 57松岡 右後肢跛行のため ダノンデサイル 2005	1東 2月4日 ④ ゆりかもめ 3 1勝 2ト9頭 芝2274 57坂井 S③③③ 488 人気5 好位伸 3身 372内341 ウインマクシマム 2269 0.5	5東 11月11日 ③ 芝1 未勝 10ト10頭 芝2003 56横山武 S⑨⑨⑧ 514 人気1 直線一気 1¼ 379外338 コンドライト 2005 0.2	1阪 2月24日 ⑪ 芝1 未勝 9ト13頭 芝内2028 57武豊 S⑤④② 504 人気1 鋭抜出 1¼ 367外345 サラトガチップ 2030 0.2	3京 11月25日 ⑦ 京都2才 12 GⅢ 6ト14頭 芝内2010 56横山和 H⑤⑨⑦ 478 人気5 中位一杯 7身 362内365 シンエンペラー 1598 1.2	1中 1月13日 ④ 芝1 未勝 9ト17頭 芝内2002 57ルメール S⑫②② 470 人気1 鋭抜出 2½ 376中345 ショウナンラプ 2006 0.4	5中 12月28日 ⑨ ホープフル 12 GⅠ 15ト16頭 芝内2020 56松岡 M⑥⑧⑤ 472 人気6 不利有 10¾ 360外371 レガレイラ 2002 1.8	5東 11月18日 ⑤ 東スポ2才S 2 GⅡ 1ト10頭 芝1468 56西村淳 M②②② 474 人気8 先行粘る 1½ 360内356 シュトラウス 1465 0.3
前走	2阪 3月23日 ❶ 毎日 6 GⅢ 9ト10頭 芝外1473 57藤岡康 S⑦⑦⑦ 516 人気3 後直だけ 7½ 363中351 メイショウタバ 1460 1.3	2阪 3月31日 ④ 芝1 未勝 10ト10頭 芝外2279 57藤岡康 S⑤③② 516 人気2 直線競勝 ハナ 375中345 メイクユーマイ 2279 0.0	3中 3月30日 ③ 山吹 5 1勝 10ト14頭 芝外2154 57永野 S⑧⑩⑨ 496 人気11 中位詰る 1¾ 375外349 ダイシンアポロ 2151 0.3	3中 3月30日 ③ 山吹 10 1勝 11ト14頭 芝外2157 57松岡 S①①② 504 人気8 逃一杯 3¾ 365内359 ダイシンアポロ 2151 0.6	1阪 2月24日 ① すみれS 4 L 6ト10頭 芝内2128 57武豊 S③④③ 490 人気5 好位一息 4¾ 350中353 サンライズアース 2120 0.8	1東 2月11日 ⑥ 共同通信 8 GⅢ 3ト10頭 芝1493 57横山武 S⑩⑨⑨ 530 人気7 出遅る 8身 383中331 ジャスティンミ 1480 1.3	1中京 3月24日 ❻ 1 1勝 10ト10頭 芝2174 57武豊 S①①① 498 人気1 逃切る 2身 358内356 オールナット 2177 0.3	1東 2月11日 ⑥ 共同通信 3 GⅢ 7ト10頭 芝1484 57田辺 S①①① 470 人気9 逃粘る 2½ 373内335 ジャスティンミ 1480 0.4	2中 3月9日 ❺ 芝1 1勝 3ト11頭 芝内2019 57ルメール H⑪⑩⑧ 474 人気1 鋭抜出 3身 379外366 ヤマニンアドホ 2024 0.5	1東 2月4日 ④ ゆりかもめ 1 1勝 3ト9頭 芝2269 57松岡 S①①① 472 人気2 逃切る 2⅓ 368内339 クラフシファイ 2273 0.4	2中 3月3日 ④ 弥生 5 GⅡ 3ト11頭 芝内2005 57西村淳 S②②③ 492 人気5 先行一息 4½ 355内356 コスモキュランダ 1598 0.7
逃先差追 連対数	0210	0011	1000	0010	0110	0011	1200	1100	0012	2200	0200
コース	全左ダ右東	全左ダ右東	全左ダ右東	全左ダ右東	全左ダ右東	全左ダ右東	全左ダ右東	全左ダ右東	全左ダ右東	全左ダ右東	全左ダ右東
1着	20020	10010	10010	10010	10010	11001	21010	10010	20020	21011	10010
2着	10010	10010	00000	00000	10010	11001	10010	10010	11001	21011	11001
3着	10010	00000	00000	00000	21011	00000	00000	11001	00000	00000	00000
4着	00000	10010	00000	00000	10010	00000	00000	00000	00000	00000	00000
5着	00000	00000	20020	21011	00000	00000	00000	00000	00000	00000	10010
着外	10010	00000	10010	20020	00000	11001	00000	10010	00000	10010	00000

レコード 810 / 540　アイ 53ルメール

力拮抗

東京11R 枠番連勝

1-1	☆
1-2	☆
1-3	☆
1-4	36.8
1-5	20.8
1-6	☆
1-7	62.0
1-8	34.7
2-2	☆
2-3	☆
2-4	54.1
2-5	30.6
2-6	☆
2-7	91.0
2-8	51.1
3-3	☆
3-4	52.1
3-5	29.4
3-6	☆
3-7	87.6
3-8	49.1
4-4	71.7
4-5	5.4
4-6	26.7
4-7	16.1
4-8	9.0
5-5	22.9
5-6	15.1
5-7	9.1
5-8	5.1
6-6	☆
6-7	45.0
6-8	25.2
7-7	☆
7-8	15.2
8-8	27.2

軸馬 9
単穴 17
連 10 13 15

●2024年4月27日・東京11R青葉賞（GII、芝2400m）

1着⑦シュガークン
　（2番人気）
2着⑮ショウナンラプンタ
　（7番人気）
3着⑯デュアルウィルダー
　（4番人気）
※本番の日本ダービーでは
シュガークン
　（8番人気）7着
ショウナンラプンタ
　（12番人気）15着
また、この青葉賞で1番人気8着だったヘデントールは、その後、2勝、3勝クラスを連勝し、菊花賞でも2着に入っている。

単⑦ 450円
複⑦ 190円
　⑮ 320円
　⑯ 320円
馬連⑦ー⑮ 2960円
馬単⑦→⑮ 4740円
3連複⑦⑮⑯ 6630円
3連単⑦→⑮→⑯ 38360円

17 桃8	16 桃8	15	14 橙7	13	12 緑
レイデオロ **トロヴァトーレ** シャルマント未出	ヨシダ **デュアルウィルダー** ダンスウィズキトゥン米	キズナ **ショウナンラプンタ** フリアアステカ亜	ゴールドシップ **コスモブッドレア** コスモバタフライ3勝	エピファネイア **マーシャルポイント** トリプライト3勝	ワールドエース **アバンデル** クラシックリディア1勝
黒鹿57牡3	鹿57牡3	黒鹿57牡3	芦57牡3	黒鹿57牡3	鹿57牡3
横山武	モレイラ	鮫島駿	石川	津村	石橋脩
鹿戸雄	堀	高野	小野次	木村	金成
900	400	900	400	900	400
1790	690	2360	2675	1910	930
サンデーR	社台RH	国本哲秀	ビッグレッドF	サンデーR	野田努
ノーザンF	白老F	社台F	ビッグレッドF	ノーザンF	ノーザンF
△ … … 注 ◎ 注	△ △ ◎ △ △ △	△ … 注 … … △西	… △ … … △ …	△ ○ △ ▲ 注 ▲	… ▲ … … … …
中2004①	東[illegible]③ [illegible]	東[illegible] 中[illegible]⑦ [illegible]	東1348② 福1500① 中2006③	中1498② 東2003①	福1536⑩ 東2004④
芝33.8① 初騎乗	芝33.4③ 初騎乗	芝33.4① 2 0 0 2	芝34.2④ 1 1 1 2	芝34.1① 初騎乗	芝33.5④ 0 0 0 1
0 0 0 1 初コース	0 0 0 0 初コース	0 0 0 2 初コース	0 0 1 1 初コース	0 0 0 0 初コース	0 0 0 0 初コース
兄弟 ライツフォル（現）	兄弟 キトゥンズワルツ（1勝） スエトニウス（1勝）	4阪 9月24日 ⑦芝1 新馬3ト7頭 芝内2013 55鮫島駿 S ④⑥④ 520 人気4 中位差切 2½ 385外343 サトノシュトラ 2017 0.4	2福 7月2日 ②芝1 未勝3ト7頭 芝1500 55石川 S ①①① 462 人気2 逃切る 3½ 373内352 ツキボキレイア 1506 0.6	兄弟 マスグラバイト（現）	4中 9月10日 ②芝2 未勝10ト10頭 芝内2006 54佐々木 S ⑩⑩⑦ 434 人気6 G前脚い アタマ 384外339 コイヌール 2006 0.0
4中 9月18日 ⑤芝1 新馬2ト8頭 芝内2016 55ルメール S ④④④ 480 人気1 楽抜出 2½ 382外338 エリカセファイ 2020 0.4	兄弟 コレクテイニア（現）	5東 11月18日 ⑤東スポ2歳S 4 GII 5ト10頭 芝1470 56鮫島駿 M ⑩⑩⑨ 520 人気3 出脚鈍い 2¾ 377内339 シュトラウス 1465 0.5	5中 12月2日 ①葉牡 4 1勝8ト9頭 芝内2008 56石川 S ④③③ 476 人気5 好位一息 2½ 368中345 トロヴァトーレ 2004 0.4	4中 9月16日 ③芝2 新馬7ト9頭 芝内1498 55モレイラ S ⑥⑦⑥ 476 人気1 直線不利 1½ 391外342 ミアネーロ 1496 0.2	4中 9月30日 ⑧芝1 未勝12ト14頭 芝内2034 54佐々木 S ⑤⑤④ 434 人気1 好位抜出 ½身 382中349 コスモキュランダ 2035 0.1
5中 12月2日 ①葉牡 1 1勝1ト9頭 芝内2004 56ビュイック S ⑤⑤⑥ 490 人気1 中位抜出 2身 369中339 マイネルフランツ 2007 0.3	1東 2月18日 ⑧芝3 未勝16ト16頭 芝1487 57キング S ⑥⑫⑪ 522 人気4 中位伸 2身 375外334 ベストミーエヴァ 1484 0.3	5中 12月28日 ⑨ホープフ 7 GI 11ト16頭 芝内2010 56鮫島駿 M ②③② 528 人気3 引掛る 5身 353中365 レガレイラ 2002 0.8	1中 1月14日 ⑤京成 3 GIII 10ト14頭 芝内2006 57石川 S ②②② 482 人気10 先行粘る 1身 358中348 ダノンデサイル 2005 0.1	5東 11月26日 ⑧芝1 未勝1ト14頭 芝2004 56ビュイック M ⑪⑩⑩ 478 人気1 中位抜出 3身 366外342 トラストボス 2009 0.5	1中 1月8日 ③芝7 1勝8ト11頭 芝内2007 56佐々木 M ⑧⑨⑨ 448 人気6 後方直線 5½ 372内358 ファビュラスス 1598 0.9
2中 3月3日 ④弥生 6 GII 6ト11頭 芝内2007 57ルメール S ⑤⑤⑥ 496 人気1 折合欠 5¾ 360中355 コスモキュランダ 1598 0.9	2中 3月2日 ③芝1 未勝5ト18頭 芝外2165 57キング S ①①① 516 人気1 逃切る 5身 376内354 マイネルモメンタ 2173 0.8	1阪 3月9日 ⑤ゆきやな 1 1勝2ト7頭 芝外2279 57鮫島駿 S ⑤⑤⑤ 538 人気3 直線一気 クビ 390内334 ヴェローチェエ 2280 0.1	2中 3月17日 ⑧スプリン 4 GII 9ト10頭 芝内1501 57石川 S ②②② 480 人気7 先行一息 4½ 376中342 シックスペンス 1494 0.7	1東 2月17日 ⑦フリージ 1 1勝9ト10頭 芝2003 57ルメール S ②①① 482 人気1 逃切る クビ 369内341 アドマイヤベル 2003 0.0	1東 2月17日 ⑦フリージ 4 1勝10ト10頭 芝2004 57石橋脩 S ⑩⑨⑧ 446 人気9 後方追上 1身 382外335 マーシャルポイ 2003 0.1
0 0 2 0	1 0 0 0	0 0 2 0	1 1 0 0	1 0 2 0	0 1 0 1
全左ダ右東 20020 00000 00000	全左ダ右東 10010 00000 11001	全左ダ右東 20020 00000 00000	全左ダ右東 10010 11001 10010	全左ダ右東 22002 10010 00000	全左ダ右東 10010 10010 00000
00000 00000 10010	00000 00000 00000	11001 00000 10010	20020 00000 00000	00000 00000 00000	11001 00000 20020

天皇賞春に勝ったのが目立つ程度である。

皐月賞からダービーへ直行するのが当たり前となり、トライアルからダービーで好走する馬自体が減っただけではない。

仮に別路線からダービーを目指すにしても、13年キズナや19年ロジャーバローズの2頭の選択したダービーまで中2週となる京都新聞杯からのステップ、あるいは毎日杯から中8週でダービーを制した21年シャフリヤールのようなパターンが王道となっている。

こういっては何だが、現状の青葉賞は現時点で本格化していない馬が、「力試し＋あわよくばダービー優先出走権を求めて出てくるレース」となっているのだ。24年の青葉賞でも出走権を得た上位2頭は、本番のダービーで着外に敗れている（P74～75に馬柱）。

これでは、本番までの間隔が1週間延びたところで、そう大きく変わらない気がするのだが、どうなるだろうか。

CHANGES!

2025年5月 May

●3日（土）　京王杯スプリングC（2回東京GⅡ　4歳上/芝1400m）
　　　　　　ユニコーンS（2回京都GⅢ　3歳/ダ1900m）
●4日（日）　天皇賞春（2回京都GⅠ　4歳上/芝3200m）
●10日（土）　エプソムC（2回東京GⅢ　4歳上/芝1800m）
　　　　　　京都新聞杯（2回京都GⅡ　3歳/芝2200m）
●11日（日）　NHKマイルC（2回東京GⅠ　3歳/芝1600m）
●17日（土）　新潟大賞典（1回新潟GⅢ　4歳上H/芝2000m）
●18日（日）　ヴィクトリアマイル（2回東京GⅠ　4歳上牝/芝1600m）
●24日（土）　平安S（2回京都GⅢ　4歳上/ダ1900m）
●25日（日）　オークス（2回東京GⅠ　3歳牝/芝2400m）
●31日（土）　葵S（2回京都GⅢ　3歳/芝1200m）
注：6月1日（日）に日本ダービー、目黒記念

次に挙げるのが、5月の変更点である。

・京王杯スプリングCが2週前倒しでの開催
・2024年まで6月開催だったエプソムCが5月2週目に開催
・新潟大賞典が1週後倒しで土曜日開催となる

京王杯スプリングCが2週前倒し、安田記念とのリンクはどうなる？

安田記念まで中2週の前哨戦としておなじみだった京王杯スプリングCは、2025年は5月3日土曜日に開催。本番までの間隔は中4週となる。

安田記念がGⅠとなった1984年に、京王杯スプリングCは本番まで中2週の前哨戦としてGⅡに格付けされ、ハッピープログレスが両レースを連勝。

その後も85年のニホンピロウイナー、91年ダイイチルビー、93年ヤマニンゼファー、97年タイキブリザード、98年タイキシャトル、05年アサクサデンエンと計7頭が連勝している。

他にギャロップダイナ、ニッポーテイオー、ヤマニンゼファー（92年）、ハートレイク、トロットサンダー、エアジハード、ブラックホーク、ストロングリターン、サトノアラジンといった馬たちが、京王杯スプリングCからのステップで安田記念に勝利している。

だが、サトノアラジンが勝利した17年を最後に、前走京王杯スプリングC組の安田記念優勝馬は誕生していない。それどころか、安田記念で3着以内に入った馬自体が皆無となっている。

ちなみに18年以降の安田記念3着以内馬21頭の前走を確認すると、ヴィクトリアマイル（中2週）7頭、マイラーズC（中5週）4頭、ドバイターフ（中8週もしくは中9週）3頭、高松宮記念（中9週）2頭、その他5レースが各1頭となっていた。

つまり、安田記念へは別のGⅠから直行するか、前哨戦を使うにしても中2週の京王杯スプリングCではなく、中5週で1600m戦のマイラーズCを使うのが主流となっていたのである。

GⅡ格付けで1着馬には安田記念の優先出走権が付与される京王杯スプリングCが、この体たらくではJRAとしても看過できない。

そこで「GⅠ前哨戦とGⅠとの間隔を広げる」という25年の番組改革のテーマに則り、青葉賞の1週前倒しによって空いた春の東京開催2週目に、京王杯スプリングCを2週前倒しして組み込んできたというわけだ。

では、2週前倒しされ安田記念まで中4週となった京王杯スプリングCは、ステップレースとして以前のような輝きを取り戻せるのか。

答えはおそらく「NO」ではないだろうか。

そもそも、別のGⅠから安田記念へ向かうような馬は、わざわざ京王杯スプリングCには出てこない。しかも牝馬限定とはいえ、中2週のヴィクトリアマイルから安田記念へ向かう馬が多数いるのだから、間隔はあまり関係ないのである。

また前哨戦を使う馬にしても、中5週で1600mのマイラーズCと中4週で1400mの京王杯スプリン

東京 11R

発馬 15.45

第69回 京王杯スプリングカップ (GII)

(指) 四才上オープン・別定

枠・馬番	白1 ①	黒2 ②	黒2 ③	赤3 ④	赤3 ⑤	青4 ⑥	青4 ⑦	黄5 ⑧	黄5 ⑨	6 ⑩
父	ビッグアーサー	ロードカナロア	オルフェーヴル	ロードカナロア	スクリーンヒーロー	イスラボニータ	ロードカナロア	キズナ	ロードカナロア	ディープインパクト
馬名	トウシンマカオ	リュミエールノワル	ソーヴァリアント	レッドモンレーヴ	クリノガウディー	プルパレイ	グランデマーレ	アネゴハダ	ダノンスコーピオン	ロードマックス
母	ユキノマーメイド 4勝	ビキニスタイル 2勝	ソーマジック 4勝	ラストグルーヴ 1勝	クリノビリオネア 3勝	マイジェン 米	グランデアモーレ 4勝	イニシャルダブル 未勝	レキシールー 加	パーフェクトトリビュート 英
毛色・斤量	栗 57 牡5	黒鹿 57 牡5	鹿 57 牡6	鹿 58 牡5	栗 57 牡8	鹿 57 騸5	芦 57 牡7	青鹿 55 牝5	鹿 58 牡5	鹿 57 牡6
騎手	菅原明	川田	モレイラ	横山和	松岡	オシェア	津村	三浦	戸崎圭	吉田豊
厩舎	高柳瑞	上原佑	大竹	蛯名正	藤沢則	須貝尚	藤岡健	佐々木晶	福永	中村
賞金	10,000	2400	6800	6550	5200	2900	3800	2400	9700	3250
総賞金	22,970	5353	18,750	13,930	16,970	8360	10,210	10,840	22,700	7390
馬主名	サトー	GIレーシング	社台RH	東京HR	栗本博晴	Gリビエール R	キャロットF	岡浩二	ダノックス	ロードHC
牧場名	服部牧場	白老F	社台F	ノーザンF	三輪牧場	社台F	白老F	サンデーヒルズ	ケイアイF	ケイアイF
佐藤直	◎	注	△	◎			△			
小野智	▲	注	△	◎					△	
久光	○	△	△	注				△		
西田	○	△	注	▲		△				
中田	注		▲	◎		連闘	△		△	
本紙武井	▲	△	注	◎	西	西	西	西	△ 西	西
芝1200	阪1072①	2021①	1575①	[illegible]	1071①	京1070②	1589①	小1065③		札1079⑥
芝1400	京1206⑨	東1199①	2124②	[illegible]	1192①	京1202⑨	東1206①	東1201①	阪1200⑬	阪1203①
芝1600	東1331⑧	新1344③	東1320③	東[illegible]	中1312⑦	新1333①	阪1324①	阪1338⑮	東1321③	東1323⑤
芝1800		新1521⑯	中1479⑨	[illegible]	東1471⑦	ダ1284⑭	新1464⑮	ダ1261④	阪1485①	函1489⑦
上り最高	32.7①	33.9⑨	33.0①	32.6①	33.3	32.5②	33.4①	32.3⑫	33.5①	33.0⑥
騎乗成績	1000	初騎乗	初騎乗	1103	0001	初騎乗	1000	初騎乗	初騎乗	初騎乗
クラス実績	5128	0000	2127	1105	2 2 2 23	1 2 0 14	1209	0034	3028	1 1 0 15
当該条件	1100	1000	初コース	1000	初コース	0101	1000	1110	0001	0102
前走4	2京 10月28日 ⑧スワンS 9 / GII 4ト18頭 / 芝外1206 / 57横山和 / S①①① / 464 人気4 / 逃一杯 4身 / 341内352 / ウイングレイテ 1199 0.7	4新 10月22日 ④ 5 / 1勝 13ト14頭 / 芝外1365 / 58石橋脩 / S③②② / 470 人気7 / 先行一息 2身 / 369中346 / ウインエーデル 1362 0.3	4東 10月21日 ⑥富士S 3 / GII 4ト12頭 / 芝1320 / 57池添 / M⑧⑧⑧ / 504 人気6 / 中位伸 3¾ / 350外344 / ナミュール 1314 0.6	3東 6月4日 ②安田記念 6 / GI 13ト18頭 / 芝1320 / 58横山和 / S⑫⑫⑫ / 506 人気10 / 後方差詰 3½ / 356外335 / ソングライン 1314 0.6	5阪 21年11月 ⑥マイルCS 14 / GI 2ト16頭 / 芝外1339 / 57岩田望 / S②②④ / 494 人気14 / 先行一杯 7¼ / 360内344 / グランアレグリ 1326 1.3	1京 1月7日 ②すばるS 14 / L 4ト15頭 / ダ1284 / 58モリス / M⑥④④ / 490 人気9 / 好位バテ 大差 / 350中410 / テーオーステルス 1245 3.9	3新 8月27日 ⑥ 9 / L 17ト17頭 / 芝内1213 / 57富田 / S⑪⑪⑩ / 496 人気15 / 中位まま 2½ / 357外337 / テンハッピーロ 1208 0.5	4中京 12月2日 ① 2 / 3勝 3ト12頭 / 芝1201 / 56角田和 / M⑤⑦⑦ / 464 人気3 / 中位伸 ¾身 / 342中347 / バルサムノート 1200 0.1	3中京 7月23日 ⑧中京記念 12 / GIII 12ト16頭 / 芝1342 / 59横山和 / M⑬⑮⑭ / 460 人気4 / 後方まま 6½ / 365外354 / セルバーグ 1330 1.2	1阪 6月24日 ⑤ 7 / オープン 12ト16頭 / 芝1100 / 58鮫島駿 / S⑯⑯⑮ / 446 人気4 / 後方差詰 4身 / 361外339 / ゾンニッヒ 1093 0.7
前走3	3京 11月26日 ⑧ 1 / GIII 17ト18頭 / 芝内1074 / 58菅原明 / S⑦⑦⑦ / 468 人気4 / 中位差切 2身 / 347外327 / ルガル 1077 0.3	4中京 12月16日 ⑤ 1 / 1勝 7ト18頭 / 芝1216 / 58吉田隼 / S②②② / 468 人気7 / 先行抜出 ½身 / 348中350 / バルティクラー 1217 0.1	3京 11月19日 ⑥マイルCS 12 / GI 8ト16頭 / 芝外1338 / 58池添 / S⑤③② / 498 人気9 / 好位一杯 7½ / 349中354 / ナミュール 1325 1.3	4東 10月21日 ⑥富士S 2 / GII 9ト12頭 / 芝1316 / 58横山和 / M⑩⑩⑩ / 506 人気4 / 後方伸 1¼ / 353中337 / ナミュール 1314 0.2	1阪 22年2月 ⑥ 14 / GIII 14ト14頭 / 芝内1221 / 56福永 / S⑧⑤⑤ / 494 人気8 / 中位一杯 12½ / 344中363 / ダイアトニック 1199 2.2	1中 1月13日 ④ニューイ 16 / L 10ト16頭 / 芝外1337 / 58津村 / S⑮⑯⑮ / 488 人気14 / 後方まま 8½ / 366外342 / パラレルヴィジ 1323 1.4	4新 10月15日 ② 2 / L 2ト15頭 / 芝内1208 / 55小林凌大 / S⑥⑨⑨ / 506 人気12 / 中位伸 1¼ / 350内341 / サーマルウイン 1206 0.2	5阪 12月28日 ⑨カウント 8 / 3勝 13ト16頭 / 芝内1092 / 56角田和 / S⑨⑤⑧ / 472 人気6 / 中位一杯 2¾ / 351中341 / スコールユニバ 1088 0.4	3京 11月19日 ⑥マイルCS 13 / GI 3ト16頭 / 芝外1340 / 58団野 / S⑥⑥⑤ / 462 人気15 / 途上一杯 8¾ / 352中354 / ナミュール 1325 1.5	1札 7月23日 ②しらかば 6 / オープン 15ト16頭 / 芝1079 / 57鮫島駿 / M⑪⑫⑫ / 440 人気6 / 中位差詰 3身 / 349外330 / シュバルツカイ 1074 0.5
前走2	2中 3月2日 ③オーシャ 1 / GIII 15ト16頭 / 芝外1080 / 57横山武 / M⑤⑤⑤ / 480 人気1 / 好位差切 1¾ / 338中342 / ビッグシーザー 1082 0.2	1中京 3月10日 ② 1 / 2勝 3ト11頭 / 芝1206 / 55吉田隼 / M③③③ / 476 人気1 / 好位抜出 1¼ / 339内351 / ベジェサ 1208 0.2	2中 2月25日 ②中山記念 12 / GII 2ト16頭 / 芝内1494 / 57武豊 / H⑩⑨⑥ / 520 人気5 / 大目残 7¾ / 368中378 / マテンロウスカ 1481 1.3	3京 11月19日 ⑥マイルCS 9 / GI 12ト16頭 / 芝外1330 / 58横山和 / S⑩⑨⑪ / 498 人気8 / 中位まま 2¾ / 354中340 / ナミュール 1325 0.5	2中京 22年3月 ⑥ 16 / GI 11ト18頭 / 芝1092 / 57松岡 / M⑧⑩⑪ / 492 人気12 / 中位一杯 5¼ / 342外350 / ナランフレグ 1083 0.9	1福 4月7日 ②モルガナ 7 / オープン 5ト16頭 / 芝1082 / 58永島 / M⑮⑮⑮ / 490 人気15 / 後追だけ 3¼ / 345中337 / アサカラキング 1077 0.5	5東 11月12日 ④オーロC 1 / L 9ト18頭 / 芝1206 / 56津村 / S⑧④④ / 496 人気7 / 好位抜出 1¼ / 352中339 / グレイイングリ 1208 0.2	1中 1月14日 ⑤サンライ 1 / 3勝 3ト14頭 / 芝外1087 / 55坂井 / S⑦④④ / 460 人気5 / 好位抜出 ½身 / 345内342 / ユキノファラオ 1088 0.1	5阪 12月23日 ⑦阪神C 13 / GII 1ト17頭 / 芝内1200 / 58団野 / M⑦⑤⑤ / 462 B 人気12 / 好位一杯 4½ / 337中352 / ウインマーベル 1193 0.7	2札 8月13日 ②UHB賞 9 / オープン 14ト15頭 / 芝1090 / 58武豊 / S⑬⑩⑩ / 442 人気3 / 中位まま 4½ / 353外337 / シナモンスティ 1082 0.8
前走	1中京 3月24日 ⑥ 6 / GI 5ト18頭 / 芝1097 / 58ルメール / S⑥⑥⑦ / 478 人気4 / 好位一杯 5身 / 355中342 / マッドクール 1089 0.8	2東 4月20日 ① 1 / 3勝 16ト18頭 / 芝1199 / 55横山和 / S②②② / 476 人気7 / 先行抜出 クビ / 340中343 / シャドウフューー 1199 0.0	3京 4月21日 ②マイラー 5 / GII 12ト17頭 / 芝外1334 / 57池添 / M⑪⑩⑨ / 504 人気7 / 中位差詰 5¾ / 353外353 / ソウルラッシュ 1325 0.9	2中 2月25日 ②中山記念 15 / GII 1ト16頭 / 芝内1509 / 58横山和 / H⑯⑯⑯ / 512 人気8 / 後方まま 16身 / 386内372 / マテンロウスカ 1481 2.8	3中 4月7日 ⑥ 14 / L 9ト14頭 / ダ1131 / 60原 / M⑪⑪⑬ / 510 人気12 / 後方まま 大差 / 355中376 / シアージスト 1098 3.3	3京 5月5日 ⑥ 2 / オープン 6ト13頭 / 芝内1070 / 58浜中 / S⑧⑦⑦ / 492 人気10 / 中位伸 ½身 / 343外327 / ジャスティンス 1069 0.1	3中 3月30日 ③ダービー卿 15 / GIII 12ト16頭 / 芝外1351 / 57田辺 / S④⑧⑩ / 502 人気14 / 中位バテ 13身 / 364外358 / パラレルヴィジ 1329 2.2	4ヵ月休 / 放牧 / 乗込み4週間 / 仕上り○ / 連対体重 / 436～464 / 3ヵ月以上休 / ①②③外 / 1002	4ヵ月半 / 転厩放牧 / 乗込み4週間 / 仕上り◎ / 連対体重 / 456～462 / 3ヵ月以上休 / ①②③外 / 2012	1福 4月7日 ②モルガナ 14 / オープン 16ト16頭 / 芝1087 / 58小沢 / M⑫⑧⑫ / 450 人気13 / 後方まま 6¼ / 339外348 / アサカラキング 1077 1.0
連対数	0520	0400	0511	1241	0230	3021	1510	0330	0130	0121

890	ロンドン
590	56レーン

東京11R 枠番連勝

組番	オッズ
1-1	—
1-2	15.8
1-3	9.6
1-4	57.6
1-5	48.1
1-6	60.9
1-7	30.7
1-8	9.4
2-2	41.8
2-3	8.8
2-4	52.5
2-5	43.9
2-6	55.5
2-7	28.0
2-8	8.5
3-3	77.2
3-4	32.0
3-5	26.8
3-6	33.9
3-7	17.1
3-8	5.2
4-4	☆
4-5	☆
4-6	☆
4-7	☆
4-8	31.3
5-5	☆
5-6	☆
5-7	85.1
5-8	26.1
6-6	☆
6-7	☆
6-8	33.1
7-7	☆
7-8	16.7
8-8	26.6
軸馬	4
単穴	3
連	2 15 1

2

●2024年5月11日・東京11R京王杯スプリングC（GII、芝1400m）

1着⑮ウインマーベル
（1番人気）
2着④レッドモンレーヴ
（2番人気）
3着⑪スズハローム
（8番人気）
※1〜3着馬の次走は
・ウインマーベル
→スプリンターズS
（7番人気）5着
・レッドモンレーヴ
→安田記念
（10 番人気）11 着
・スズハローム
→CBC賞
（3番人気）2着

単⑮ 370 円
複⑮ 160 円
④ 170 円
⑪ 470 円
馬連④ー⑮ 840 円
馬単⑮→④ 1790 円
3連複④⑪⑮ 6450 円
3連単⑮→④→⑪ 23210 円

15 桃8	14	13 橙7	12	11 緑
アイルハヴアナザー	モーリス	キズナ	ロードカナロア	サトノダイヤモンド
ウインマーベル	バルサムノート	ダディーズビビッド	メイショウチタン	スズハローム
コスモマーベラス 7勝	エピセアローム 4勝	ケイティーズギフト 1勝	ラルティスタ 3勝	アイライン 4勝
栗 58 牡5	57 牡4	鹿 57 牡6	57 牡7	鹿 57 牡4
松山	北村友	浜中	柴田善	鮫島駿
深山	高野	千田	本田	牧田
15,150	2500	4350	3800	2400
31,782	6357	16,180	12,965	5380
ウイン	吉田勝己	田島大史	松本好雄	森達郎
コスモヴューF	ノーザンF	上水牧場	松田牧場	アラキF
1	小1082④ 京1200① 東1323⑤ 京1460①	京1068④ 阪1195② 中1335⑤ 阪1463⑦	小1068⑤ 京1195③ 中1334⑧ 京1312③	3
33.2② 3305	33.6① 1001	33.0② 1216	33.8⑧ 初騎乗	32.6③ 2011
5407 0100	1003 初コース	2 5 3 13 0011	1 2 2 17 0211	0000 初コース
2京 10月28日 ⑧ スワンS 5 GII 16ト18頭 1203 57 西村淳 S⑦⑥⑥ 474 B 7 2 1/4 349外344 ウイングレイテ 1199 0.4	4東 10月28日 ⑧ 5 3勝 8ト10頭 1323 56 戸崎圭 M②②③ 490 人気3 出遅る 2 3/4 347中348 フィールシンパ 1319 0.4	2東 5月13日 ⑦ 京王SC 3 GII 15ト18頭 1205 57 浜中 S⑤③③ 514 人気6 好位伸 3/4身 355中335 レッドモンレー 1203 0.2	5東 11月12日 ④ オーロC 3 L 10ト18頭 1209 56 吉田豊 S①①① 474 人気4 逃粘る 1 3/4 346内349 グランデマーレ 1206 0.3	2京 10月28日 ⑧ 1 2勝 8ト13頭 1204 56 鮫島駿 S⑪⑫⑫ 452 人気3 後方一気 1 1/4 362外332 マチカゼ 1206 0.2
5阪 12月23日 ⑦ 阪神カップ 1 GII 4ト17頭 1193 58 松山 M④⑤⑤ 480 B 4 3/4身 338中345 グレナディアガ 1194 0.1	4中京 12月2日 ① 1 3勝 6ト12頭 1200 57 北村友 M④②② 500 人気1 3/4身 336中350 アネゴハダ 1201 0.1	5阪 12月23日 ⑦ 阪神カップ 9 GII 7ト17頭 1196 58 浜中 M⑦⑨⑨ 510 人気9 中位一杯 1 3/4 342中345 ウインマーベル 1193 0.3	4中京 12月17日 ⑥ コールドS 13 オープン 10ト16頭 1263 58 藤岡康 H④⑧⑧ 476 人気9 中位一杯 12 3/4 346外400 フルム 1241 2.2	3東 11月26日 ⑧ 3 3勝 5ト13頭 1334 55 鮫島駿 S⑧⑨⑧ 454 人気3 中位伸 1 3/4 376外326 トゥードジボン 1332 0.2
1阪 2月25日 ❷ 阪急杯 1 GIII 1ト18頭 1212 58 松山 M④④④ 476 B 1 ハナ 343内356 アサカラキング 1212 0.0	2小 2月11日 ② 北九州短距離 4 オープン 17ト18頭 1082 57 北村友 S⑨⑨⑨ 498 人気3 1 1/4 346外336 ヨシノイースタ 1080 0.2	2中 3月2日 ③ オーシャン 11 GIII 13ト16頭 1088 57 浜中 M③⑩⑩ 498 人気7 後方まま 4 1/2 343外345 トウシンマカオ 1080 0.8	1阪 2月25日 ❷ 阪急杯 13 GIII 5ト18頭 1229 57 藤岡康 M②②② 484 人気12 先行一杯 9 3/4 341中375 ウインマーベル 1212 1.7	2中 2月24日 ① 10 3勝 1ト11頭 1354 58 鮫島駿 M⑨⑨⑧ 446 人気2 後方まま 10 1/4 375中347 ニシノスーベニ 1337 1.7
1中京 3月24日 ❻ 高松宮記念 12 GI 16ト18頭 1105 58 松山 S⑬⑬⑬ 482 B 8 後方まま 9 3/4 359中346 マッドクール 1089 1.6	2中 3月2日 ③ オーシャン 9 GIII 8ト16頭 1088 57 キング M⑯⑯⑮ 494 人気8 出遅る 4 1/2 347外341 トウシンマカオ 1080 0.8	3中 3月30日 ③ ダービー卿 5 GIII 1ト16頭 1335 57.5 三浦 S⑧⑤④ 500 人気12 伸一息 3 1/2 364中344 パラレルヴィジ 1329 0.6	1新 4月28日 ② 1 L 15ト15頭 1336 57 角田河 S②②② 478 人気11 先行粘出 1身 351中350 トゥデイイズザ 1338 0.2	2阪 3月31日 ④ 1 3勝 6ト17頭 1204 58 鮫島駿 M⑪⑩⑩ 450 人気3 中位一気 ハナ 357外337 ブリュットミレ 1204 0.0
0730	0301	0270	2510	0112

グCなら、同じ東京コースであることを考慮しても。距離のマイルを優先してマイラーズCを選択する馬のほうが多いように思える。

前出のマイラーズCから安田記念に向かい3着以内に入った4頭はインディチャンプ（19、20年）、シュネルマイスター、ソウルラッシュであり、ステップとして1400mの京王杯スプリングCを使うイメージがなさそうな馬たちであった。

しかも近年の京王杯スプリングCは、安田記念の前哨戦ではあるものの、別の要素も強い。

それは、**「残念高松宮記念」**としての役割である。

左ページの表1は、近5年の京王杯スプリングCの成績であるが、上位3着以内および1番人気馬の該当17頭中10頭までが前走高松宮記念敗退馬なのだ。

もちろん、高松宮記念以降では最初の1400m以下のGⅡ戦だけに、高松宮記念から京王杯スプリングCのローテーション自体は別におかしくない。

だが、問題は次走である。ここで1着となり安田記念の優先出走権を得たにも関わらず、22年メイケイエールは安田記念をパスして秋のセントウルSへ、24年ウインマーベルもスプリンターズSを次走に選択していたのだ（P80～81に馬柱）。

他にも次走が1400m以下のレースだった馬が複数頭いて、こういっては何だが、ハナから安田記念出走を考えていないスプリンター寄りの馬たちの参戦が目立つのである。

1400m戦はスプリンターとマイラーの対戦となるのは当然なのだが、安田記念のステップレースである京王杯スプリングCには、イメージ以上にスプリント志向の馬たちの参戦が多い。

表1●京王杯スプリングCの結果（過去5年）

着順	番	馬名	騎手	性年	人気	前走	次走
2020年5月16日　京王杯スプリングC（東京芝1400m）　13頭							
1着	13	ダノンスマッシュ	レーン	牡5	2	高松宮記念⑩	安田記念⑧
2着	12	ステルヴィオ	川田将雅	牡5	4	高松宮記念⑨	スワンS②
3着	2	グルーヴィット	M･デムーロ	牡4	3	高松宮記念⑥	関屋記念⑦
8着	10	タワーオブロンドン	ルメール	牡5	1	高松宮記念⑫	香港スプリント⑬
2021年5月15日　京王杯スプリングC（東京芝1400m）　17頭							
1着	10	ラウダシオン	M･デムーロ	牡4	1	高松宮記念⑭	安田記念⑭
2着	12	トゥラヴェスーラ	鮫島克駿	牡6	10	高松宮記念④	阪急杯②
3着	5	カイザーミノル	荻野極	牡5	8	マイラーズC③	朱鷺S①
2022年5月14日　京王杯スプリングC（東京芝1400m）　12頭							
1着	12	メイケイエール	池添謙一	牝4	1	高松宮記念⑤	セントウルS①
2着	4	スカイグルーヴ	ルメール	牝5	2	京都牝馬S②	関屋記念④
3着	9	タイムトゥヘヴン	大野拓弥	牡4	5	ダービー卿CT①	エプソムC⑤
2023年5月13日　京王杯スプリングC（東京芝1400m）　18頭							
1着	12	レッドモンレーヴ	横山和生	牡4	2	ダービー卿⑦	安田記念⑥
2着	10	ウインマーベル	松山弘平	牡4	7	高松宮記念⑩	キーンランドC⑯
3着	5	ダディーズビビッド	浜中俊	牡5	6	高松宮記念⑪	阪神C⑨
11着	1	ダノンスコーピオン	川田将雅	牡4	1	香港マイル⑥	安田記念⑬
2024年5月11日　京王杯スプリングC（東京芝1400m）　15頭							
1着	15	ウインマーベル	松山弘平	牡5	1	高松宮記念⑫	スプリンターズS⑤
2着	4	レッドモンレーヴ	横山和生	牡5	2	中山記念⑮	安田記念⑪
3着	11	スズハローム	鮫島克駿	牡4	8	JRAウルトラ①	CBC賞②

表2●主なレースから京王杯スプリングCまでの間隔

レース名	2024年	2025年
阪急杯	中10週	中9週
高松宮記念	中6週	中4週
ダービー卿CT	中5週	中3週
マイラーズC	中2週	連闘

安田記念への間隔が2週延びるということは、そのぶん高松宮記念をはじめとするレースとの間隔が詰まることになる（前ページの表2）。

24年までの中6週であれば、高松宮記念後に外厩でリフレッシュしてから京王杯スプリングCへ向かうにはちょうどよさそうなのだが、これが中4週に縮まってどう変わるか。

また、ダービー卿CTとの間隔も中3週と、ややタイトになることがどう影響するのか。

そのあたりにも注目してみたい。

5月移動のエプソムCに与えられた重要なポジション

2025年の重賞改革の目玉といっていい宝塚記念の2週前倒し。その影響で開催が約1カ月早まるのが東京のGⅢ、エプソムCである。

エプソムCは1984年の創設から24年まで、41回連続で6月前半の東京競馬場の芝1800mコースで施行されてきたのだが、42年目にして、それが崩れることになる。一方で、25年からのエプソムCは新たな役割を担うことになった。

24年までのエプソムCは、ちょうど春競馬と夏競馬の狭間に施行され、このレースを使っても目標となるGⅠやGⅡが存在しない状態であった。稀に中1週で宝塚記念へ向かう馬がいたものの、ほとんどの馬は秋のGⅡまで待機するか、サマーシリーズを続戦していく。

GⅠをゴールとする重賞路線からは外れたところにある、マイナーなレースとしての存在であり、過去10年の勝ち馬のうち8頭がこのレースで重賞初制覇を飾っていた。

一方で、古馬になってから本格化したような馬にとっては絶好の狙いどころであり、古くは91年プレクラスニー、96年マーベラスサンデー、07年エイシンデピュティ、15年エイシンヒカリがエプソムＣで重賞初勝利を飾った後にＧⅠを制していた。

また、前出のプレクラスニーから24年のレーベンスティールまで5頭が、次走のＧⅡ戦に勝利している。

そんな5月第2週に移動したエプソムＣの新たな役割は、「安田記念まで中3週、宝塚記念までは中4週のステップレース」としても機能することにある。

安田記念へは1ハロンの距離短縮となるものの、同じ東京コースでの開催。宝塚記念へは2ハロンの延長となるものの、24年まで宝塚記念まで中2週の位置に組まれていた鳴尾記念が12月開催となったため、このレースを使う馬も出てくるだろう。

もちろん、出走馬のレベル的に安田記念や宝塚記念でいきなり勝負になる馬の参戦は少ないかもしれないが、このレースの特性である古馬になってから本格化したような馬の中には、次走のＧⅠでも侮れない馬が出てきてもおかしくない。

安田記念や宝塚記念へ向かうという選択肢も可能となり、これまでのように秋のＧⅡまで待機したり、夏競馬を使うのも可能。

また、翌週に組まれているヴィクトリアマイルへ出走が叶わない牝馬にとっては、25年から6月の東京に組まれた同コース同距離の「府中牝馬Ｓ」へ中5週、同じくマイル寄りの馬には24年までの米子Ｓが重賞格上げされた阪神の「しらさぎS」へも中5週となり、エプソムCは厩舎陣営にとって、非常に使い勝手がいいレースに豹変するのだ。

私はエプソムCが6月から5月へ移動するのを知った際、実質的には5月の東京芝1800mで施行されていたオープン特別のメイSが重賞格上げになるようなもの、という程度の認識であった。ところが、前後のレース配置や間隔を調べていくと、5月第2週のエプソムCにはレース性質が大きく変わる可能性があることに気づかされた。

では、馬券的にはどうだろうか。

不良馬場で施行された20年には、前年の勝ち馬で1番人気に推されたサトノアーサーが6着に敗れ、9番人気ダイワキャグニーが勝利。3着に18番人気のトーラスジェミニが入ったこともあり、3連単421万馬券が出現。

24年は1番人気のレーベンスティールが勝利したものの、2着に9番人気ニシノスーベニア、3着も7番人気シルトホルンとヒモ荒れで3連単6万馬券と、24年までのエプソムCは中穴から波乱傾向にあった（P88～89に馬柱）。

だが、レースの質が変われば参戦してくる馬や報道での注目度も変わってくるだろう。

現状はNHKマイルC前日の土曜日のGⅢ、それもダービーへのステップであるGⅡの京都新聞杯の裏番組だけに、すぐには大きな変化はないだろうが、長い目で見れば**本命サイドから小穴ぐらいの配当傾向の重賞**になってしまう可能性もある。

表3●エプソムCで3着以内に入った4歳馬のその後の戦績

（エプソムC出走時点での重賞勝ち馬を除く）

年・着順	馬名	人気	その後の戦績
15年1着	エイシンヒカリ	2	海外GⅠ2勝、毎日王冠①
15年2着	サトノアラジン	1	安田記念など重賞3勝
17年2着	アストラエンブレム	1	オープン特別2勝
18年1着	サトノアーサー	2	関屋記念①
19年1着	レイエンダ	5	富士S②、ダービー卿CT③
19年2着	サラキア	7	府中牝馬S①、GⅠ2着2回
20年3着	トーラスジェミニ	18	七夕賞①、オープン特別3勝
21年3着	ファルコニア	2	京成杯オータムH①
22年1着	ノースブリッジ	4	AJCC①、札幌記念①
23年2着	ルージュエヴァイユ	7	エリザベス女王杯②
23年3着	マテンロウスカイ	4	中山記念①
24年3着	シルトホルン	7	

最後に、古馬になってから本格化した馬向きのレースとして、過去10年のエプソムCで3着以内に入ったすでに重賞ウイナーだった馬を除く4歳馬と、その後の戦績を上の表3にまとめてみた。

12頭の該当馬からは、GⅠウイナー2頭を含む重賞勝ち馬が8頭誕生。しかも7番人気で2着だった19年のサラキアが府中牝馬Sに勝ち、エリザベス女王杯と有馬記念でも2着と健闘。

最低人気だった20年3着のトーラスジェミニも、オープン特別を3勝した後に七夕賞1着。さらに7番人気3着に入った23年のルージュエヴァイユは、エリザベス女王杯2着、大阪杯3着とGⅠで好走……と、人気薄で上位に入った馬も、その後に活躍していたのである。

そういった意味では、24年7番人気で3着となったシルトホルン（現5歳）も面白そうである。

24年秋の天皇賞ではシンガリ15着敗退も、その前の毎日王冠で僅差の5着に入っているように重賞で通用する力はある。25年の芝1800mの重賞あたりで注意したい。

東京 11R

WIN5⑤

発馬 15.45

第41回 エプソムカップ (GⅢ)

三才上オープン・別定

	①	②	③	④	⑤	⑥	⑦	⑧	⑨	⑩
枠	白1	白1	黒2	黒2	赤3	赤3	青4	青4	黄5	黄5
父	ディープインパクト	ディープインパクト	スピルバーグ(中)	ドリームジャーニー(中)	ロードカナロア(マ)	リアルスティール(中)	ルーラーシップ	ルーラーシップ	ディープインパクト	スクリーンヒーロー
馬名	トゥデイイズザデイ	ノースザワールド	ルージュリナージュ	ヴェルトライゼンデ	タイムトゥヘヴン	レーベンスティール	マイネルケレリウス	ワールドウインズ	レッドランメルト	シルトホルン
母・母の実績	キトゥンズクイーン 米(中)	パスオブドリームズ 米(中)	パンツァネッラ(公)(マ)	マンデラ 独	キストゥヘヴン 5勝(中)	トウカイライフ 4勝(中)	マイネカンナ 4勝(中)	エイジアンウインズ 6勝(マ)	クイーンズアドヴァイス 英	シンメイミヤビ 未勝
毛色・斤量	鹿 57 牡5	青鹿 57 牡6	鹿 55 牝5	黒鹿 58 牡7	鹿 57 牡6	鹿 59 牡4	鹿 57 牡4	鹿 57 騸7	鹿 57 牡5	黒鹿 57 牡4
騎手	津村	菅原明	丸田	戸崎圭	北村友	ルメール	石川	内田博	オシェア	吉田豊
厩舎	池江寿	斎藤誠	宗像	池江寿	戸田	田中博	奥村武	笹田	国枝	新開
賞金	2400	2400	2400	11,050	4300	3600	2400	2700	2400	1700
総賞金	7614	12,971	7167	37,100	12,197	8290	5747	9941	6260	6230
馬主名	前田葉子	スリーエイチR	東京HR	サンデーR	DMMドリームC	キャロットF	ラフィアン	川勝裕之	東京HR	ディアレストC
牧場名	ノースヒルズ	下河辺牧場	信岡牧場	ノーザンF	オリオンF	広富牧場	ビッグレッドF	藤原牧場	社台牧場	飛渡牧場
佐藤直	注	…	△	…	…	○	△	B	…	◎
小野智	注	…	△	△	…	○	…	…	…	…
久光	▲	…	…	…	注	△	△	…	…	△
西田	◎	△	▲	△	…	○	…	…	…	…
中田	…	…	注	▲	△	○	…	…	…	△
本紙武井	△ 西	…	△	注 西	…	◎	○	… 西	…	…
芝 1400	三2157②	芊3075⑰		三2128②	東1204⑤	三[illegible]4①		東1210⑧		三[illegible]⑦
芝 1600	新1338②	阪1320②	東1322⑤	二2238③	東1323⑥	福[illegible]70③	二2247⑧	阪1319⑨	二2282⑥	東[illegible]②
芝 1800	新1444③	阪1445②	東1461①	中1500②	東1469⑥	新[illegible]1①	東1343⑤	京1459⑦	東1465②	東[illegible]③
芝 2000	阪2041⑥	新1581②	東1593⑥	東1577①	中2026⑥		新1456③ 東1578①	函1593⑦	東2000⑬	東[illegible]①
上り最高	33.1③	33.1②	33.1②	33.7①	32.6⑤	[illegible]①	33.2①	33.1②	33.8②	[illegible]①
騎乗成績	1 0 0 0	初騎乗	0 0 0 1	0 0 0 1	1 0 0 2	初騎乗	3 1 1 5	初騎乗	初騎乗	初騎乗
クラス実績	0 1 0 1	0 1 0 10	0 0 0 5	3 4 2 4	1 2 2 20	1 0 1 2	0 0 0 1	1 1 1 19	0 0 0 5	0 2 1 7
当該条件	初コース	0 1 0 2	2 1 0 2	初コース	0 0 0 2	1 1 0 0	0 0 0 1	0 1 1 0	0 2 0 0	1 0 1 1
前走	1新 23年5月 ⑥ [illegible] 5 3勝 6ｹ13頭 芝外 1463 58 荻野極 M ⑩⑪⑪ 460 人気1 出遅る 1¾ 366外343 グランスラムア 1459 0.4	1中 1月7日 ② ポルックス 15 オープン 4ｹ16頭 ダ 1557 57 横山和 S ③④⑤ 474 人気9 先行バテ 15¾ 376内405 ヴァルツァーシ 1529 2.8	5中 12月16日 ⑤ ターコイ 11 牝GⅢ 11ｹ16頭 芝外 1334 53 横山和 S ⑮⑮⑭ 442 人気12 S後ヨレ 3¾ 371外337 フィアスプライ 1327 0.7	5東 22年11月 ⑧ ジャパン 3 GⅠ 3ｹ18頭 2238 57 レーン S ⑤⑤④ 494 人気4 好位伸 1身 367中340 ヴェラアズール 2237 0.1	5東 11月25日 ⑦ キャピタ 5 L 2ｹ10頭 1338 57 大野 S ⑩⑩⑩ 488 人気6 後方追上 3½ 372外326 ドーブネ 1333 0.5	2福 7月2日 ② ラジオNIK 3 GⅢ 14ｹ16頭 1470 56 戸崎圭 M ⑩⑩⑩ 474 人気1 中位伸 ½身 367中344 エルトンバロー 1469 0.1	5東 11月4日 ① 三テ上 1 2勝 2ｹ10頭 2013 56 横山武 S ⑤③⑤ 428 人気1 中位差切 1¼ 386中333 パトリックハン 2015 0.2	2京 2月10日 ⑤ 洛陽 5 L 1ｹ18頭 芝外 1329 55 角田河 M ⑥⑥⑧ 456 B 公18 一瞬脚 2½ 350内346 ドゥアイズ 1326 0.3	1新 23年5月 ④ 新潟大賞 12 GⅢ 3ｹ16頭 芝外 2066 56 荻野極 M ②③③ 520 人気13 先行バテ 17身 361内390 カラテ 2038 2.8	1東 1月27日 ① [illegible] 8 L 12ｹ12頭 1581 56 大野 S ②②② 482 人気3 先行一杯 5¾ 355中349 ロードデルレイ 1572 0.9
2走前	3阪 6月17日 ⑤ [illegible] 2 3勝 6ｹ9頭 芝外 1447 56 松山 S ③②③ 468 人気4 好位伸 アタマ 356中337 アルナシーム 1447 0.0	2中 3月10日 ⑥ 東風 2 L 14ｹ14頭 芝外 1336 57 横山和 M ⑨⑩⑥ 490 人気8 後方伸 1½ 366外347 ディオ 1334 0.2	1東 2月4日 ④ 東京新聞 8 GⅢ 4ｹ16頭 1327 55 横山和 S ⑪⑪⑪ 448 人気13 後方詰脚 3½ 358中334 サクラトゥジュ 1321 0.6	1中京 23年1月 ⑥ 日経新春 1 GⅡ 2ｹ14頭 2142 59 イーガン S ⑤⑤④ 500 人気2 G前差す クビ 367中350 キングオブドラ 2143 0.1	1京 1月6日 ① 京都金杯 7 GⅢ 7ｹ18頭 芝外 1345 57 幸 H ⑯⑬⑩ 490 人気13 後方詰脚 4身 358外357 コレペティトー 1338 0.7	4中 9月18日 ⑤ セントラ 1 GⅡ 4ｹ15頭 芝外 2114 56 モレイラ S ⑥⑦⑦ 470 人気2 好位抜出 1¾ 362中339 ソールオリエン 2117 0.3	5東 11月26日 ⑧ ウェルカ 9 3勝 13ｹ13頭 2000 56 石川 S ④④③ 432 人気10 好位一杯 5½ 366中345 ロードデルレイ 1590 1.0	1阪 2月25日 ❷ 阪急 12 GⅢ 13ｹ18頭 芝内 1228 57 角田河 M ⑬⑮⑯ 460 B 公14 後方まま 9身 350中365 ウインマーベル 1212 1.6	2福 7月9日 ④ 七夕 5 GⅢ 9ｹ16頭 2002 56 田辺 S ⑨⑥⑥ 510 人気12 一瞬脚 2½ 370中349 セイウンハーデ 1598 0.4	2中 3月10日 ⑥ 東風 4 L 8ｹ14頭 芝外 1339 57 大野 M ④④④ 482 人気3 好位一息 3身 358中356 ディオ 1334 0.5
3走前	2新 7月30日 ② [illegible] 1 3勝 14ｹ18頭 芝外 1450 58 津村 S ④②② 462 人気3 G前差す ¾身 353中334 ルドヴィクス 1452 0.2	2阪 3月24日 ❷ 六甲 6 L 6ｹ15頭 芝外 1346 57 幸 S ⑪⑪⑨ 486 人気3 出遅る 1¾ 364外346 ボルザコフスキ 1343 0.3	2中 3月9日 [5] 中山牝馬 13 牝GⅢ 2ｹ16頭 芝内 1497 53 丸田 S ⑨⑪⑫ 446 人気8 中位一杯 4身 387中361 コンクシェル 1490 0.7	2阪 23年4月 ④ 大阪杯 9 GⅠ 6ｹ16頭 芝内 1581 58 川田 M ⑧⑧⑥ 498 人気3 中位まま 4½ 366外353 ジャックドール 1574 0.7	2中 2月25日 [2] 中山記念 6 GⅡ 11ｹ16頭 芝内 1489 57 大野 H ⑭⑬⑫ 494 人気15 後方差詰 4¾ 375中367 マテンロウスカ 1481 0.8	12月10日 香港ヴァーズ 8 GⅠ 良 8頭 芝右 2321 55 モレイラ S ⑤④③ シャティン 483 香港 中位一杯 12¾ ジェンコ 2301 2.0	1東 2月3日 ③ ベストレース 8 3勝 10ｹ12頭 2247 54 石川 S ②②② 432 人気6 先行一杯 6½ 366中351 シュトルーヴェ 2236 1.1	2阪 3月24日 ❷ 六甲 2 L 11ｹ15頭 芝外 1343 57 団野 S ⑧⑨⑨ 458 B 公12 中位伸 ハナ 361中343 ボルザコフスキ 1343 0.0	4東 10月15日 ⑤ オクトー 13 L 14ｹ15頭 2000 57 田辺 S ⑬⑬⑬ 518 人気8 後方まま 12¾ 384内340 ヤマニンサルバ 1580 2.0	2阪 3月24日 ❷ 六甲 5 L 2ｹ15頭 芝外 1346 57 荻野極 S ③③② 470 人気6 好位一息 1¾ 350中353 ボルザコフスキ 1343 0.3
4走前	1新 4月28日 ② 谷川岳 2 L 13ｹ15頭 芝外 1338 57 荻野極 S ⑤⑤⑤ 468 人気1 中位伸 1身 359中344 メイショウチタ 1336 0.2	3京 4月21日 [2] マイラー 12 GⅡ 7ｹ17頭 芝外 1341 57 北村友 M ⑧⑩⑫ 490 人気17 中位一杯 9½ 353中360 ソウルラッシュ 1325 1.6	2東 5月12日 ⑧ ヴィクト 5 牝GⅠ 11ｹ15頭 1322 56 横山和 M ⑮⑮⑮ 448 人気13 後方追上 2¼ 359中336 テンハッピーロ 1318 0.4	14ヵ月余 屈腱炎放牧 乗込み6週間 仕上り○ 連対体重 488～500 3ヵ月以上休 ①②③外 2 1 0 1	3中 3月30日 [3] ダービー卿 6 GⅢ 4ｹ16頭 芝外 1335 57 北村友 S ⑯⑬⑫ 488 人気11 S後ヨレ 3¾ 373内336 パラレルヴィジ 1329 0.6	1新 5月5日 ④ 新潟大賞 11 GⅢ 15ｹ16頭 芝外 2011 58 津村 S ⑤⑦⑥ 486 人気1 中位一杯 6¼ 374中347 ヤマニンサルバ 2001 1.0	2東 4月27日 ③ 府中市制 1 3勝 8ｹ13頭 1578 58 石川 M ⑨⑨⑨ 428 人気10 中位抜出 1½ 373外335 トーセンリョウ 1580 0.2	3京 5月11日 ⑦ [illegible] 7 L 5ｹ11頭 芝外 1459 57 団野 S ⑤⑤⑤ 456 B 公8 中位一杯 6¾ 360中342 セオ 1448 1.1	7ヵ月半 爪不安放牧 乗込み4週間 仕上り○ 連対体重 500～510 3ヵ月以上休 ①②③外 0 0 1 1	2東 5月18日 ⑨ メイ 3 オープン 9ｹ16頭 1452 57 大野 S ①①① 476 人気4 逃粘る ¼身 357内343 プレサージュリ 1451 0.1
逃先差追連対数	1 5 1 1	1 7 2 4	0 2 2 2	0 2 5 1	1 1 1 1	0 3 2 0	0 0 5 0	0 5 3 0	0 5 2 0	2 4 0 0
コース	全左ダ右東	全左ダ右東	全左ダ右東	全左ダ右東	全左ダ右東	全左ダ右東	全左ダ右東	全左ダ右東	全左ダ右東	全左ダ右東
1着	42020	41120	44003	42020	20020	31021	44003	40130	41031	22002
2着	42020	106041	22001	41030	20020	21011	11001	41031	32012	42022
3着	11000	20020	10010	22002	22002	10010	11000	11001	10010	11001
4着	10010	10100	22002	00000	21011	00000	11001	32011	00000	31021
5着	11000	32012	11001	00000	22002	00000	21011	30030	10010	10010
着外	10010	113172	53022	40040	189098	21010	43013	1632112	63032	62042

650 / 430 56松山

東京芝コース

波乱含

記号の説明

厩舎左側の㊥㊨は
㊥＝関東・美浦所属
㊨＝関西・栗東所属
賞金左の記号は重の巧拙を表します
◎…得意 △…苦手

馬場表示

■	❶	①	①	開催日の馬場状態
↓	↓	↓	↓	
不良	重馬場	稍重	良馬場	

乗替り記号

㊙…ベスト10外の騎手からベスト10への乗替り
圏…それ以外

開催場所・月日
開催日・着順
条件・枠・頭数
距離・タイム
斤量・騎手名
ペース・通過順
馬体重・人気
戦評・馬身差
前半・上り③F
①②着時計・秒

●2024年6月9日・東京11RエプソムC（GⅢ、芝1800m）

1着⑥レーベンスティール
（1番人気）
2着⑰ニシノスーベニア
（9番人気）
3着⑩シルトホルン
（7番人気）

単⑥ 360 円
複⑥ 180 円
⑰ 510 円
⑩ 360 円
馬連⑥−⑰ 4220 円
馬単⑥→⑰ 5860 円
3連複⑥⑩⑰ 13880 円
3連単⑥→⑰→⑩ 62310 円

18 桃8	17 桃8	16	15 橙7	14 橙7	13	12 緑6	11
エピファネイア	ハービンジャー	ハービンジャー	モーリス	ルーラーシップ	アメリカンペイトリオット	ディープインパクト	ディープインパクト
セルバーグ	ニシノスーベニア	グランディア	アルナシーム	カレンシュトラウス	ラケマーダ	グランスラムアスク	サイルーン
エナチャン 未勝	リップル 未勝	ディアデラノビア 5勝	ジュベルアリ 未出	アグネスワルツ 4勝	アプト 1勝	ジェニサ 米	ハウオリ 3勝
鹿 58 牡5	黒鹿 57 牡5	鹿 57 騸5	鹿 57 牡5	鹿 57 牡7	鹿 57 牡4	鹿 55 牝5	青鹿 57 騸5
丸山	田辺	三浦	横山典	北村宏	石橋脩	御神本訓	岩田望
鈴木孝	上原博	中内田	橋口慎	平田	千田	矢作	堀
4450	2400	2400	3800	3600	2400	2400	2400
10,790	7929	7611	11,460	11,000	6392	6820	6535
桑畑夏美	西山茂行	キャロットF	ライオンRH	鈴木隆司	ゴドルフィン	廣崎利洋HD	金子真人HD
前谷武志	西山牧場	ノーザンF	ノーザンF	高昭牧場	ダーレージャパンF	下河辺牧場	社台F
西	△ △ △	△ ▲ △ ◎ ▲ 西	▲ ◎ ○ 注 △ △ 西	△ B 西	△ 西	B 西	△ △ ◎ △ △
東1220⑦ 新1327⑧ 阪1453⑪ 新2012⑫	東 ⑤ 東 ② ⑦ ①	京1345② 東1452② 東1592⑤	阪1202④ 東1324⑥ 阪1447① 阪1584⑧	阪1327① 小1449② 東1583⑩	京1210⑤ 東1325① 阪1466⑥	函3330⑨ 阪1347⑨ 新1459① 東1581⑦	東1324② 東1458⑤ 中2033③
33.2③ 0001	32.6⑦ 初騎乗	33.2⑥ 1000	32.9② 0100	32.7② 初騎乗	33.3④ 初騎乗	34.2① 初騎乗	33.3⑥ 1000
1019 初コース	0002 初コース	0003 0100	1108 0001	1119 1001	0000 1000	0017 1001	0000 1101
3京 11月19日 ⑥マイルCS 16 GⅠ 13ト16頭 芝外1348 58松山 S①②② 436 人気12 先行バテ 13½ 346中365 ナミュール 1325 2.3	4東 10月28日 ⑧ 6 3勝 7ト10頭 芝1323 56幸 M③②② 532 人気5 先行一息 2¾ 346中349 フィールシンパシー 1319 0.4	2新 7月30日 ② 8 3勝 11ト18頭 芝外1460 58川田 S⑫⑩⑩ 472 人気1 中位まま 5¼ 364中336 トゥデイイズザデイ 1450 1.0	1京 1月6日 ①京都金杯 11 GⅢ 14ト18頭 芝外1348 57鮫島駿 H⑩⑬⑩ 446 人気2 後伸だけ 6¼ 354中360 コレペティトール 1338 1.0	1中 1月6日 ①中山金杯 15 GⅢ 14ト17頭 芝内1598 56藤懸 S⑰⑰⑯ 520 人気16 直線不利 4¾ 381内336 リカンカブール 1589 0.9	1京 1月20日 ⑥ 16 3勝 1ト16頭 芝外1371 55岩田望 S⑤⑥⑥ 504 人気6 中位一杯 14身 360内370 トランキリテ 1349 2.2	1小 1月13日 ①愛知杯 14 牝GⅢ 1ト14頭 芝2011 53丸山 H①①① 468B 人気12 逃バテ 大差 335内390 ミッキーゴージャス 1579 3.2	5東 11月25日 ⑦3歳上 2 2勝 9ト14頭 芝1324 58ビュイック M⑥⑧⑧ 464 人気4 中位伸 アタマ 352中336 レッドロワ 1324 0.0
1京 1月6日 ①京都金杯 13 GⅢ 9ト18頭 芝外1350 57松山 H⑤⑥⑥ 440 人気11 好位一杯 7身 349中367 コレペティトール 1338 1.2	5中 12月28日 ⑨ファイナルS 3 3勝 1ト16頭 芝外1333 58ムルザバエフ M⑨⑧⑥ 540 人気4 中位伸 1身 361中344 ボルザコフスキー 1332 0.1	3京 11月11日 ③ 4 3勝 3ト16頭 芝内1596 57ムーア M⑮⑮⑭ 486 人気2 後方追上 2身 382中342 ミッキーゴージャス 1593 0.3	2小 2月18日 ④小倉大賞典 4 GⅢ 7ト15頭 芝1454 57鮫島駿 H④③③ 444 人気1 伸一息 1½ 367中352 エピファニー 1451 0.3	1東 1月27日 ①白富士S 10 L 3ト12頭 芝1583 58藤懸 S⑫⑫⑫ 524 人気10 後方まま 6½ 375内338 ロードデルレイ 1572 1.1	1阪 3月9日 ⑤ 6 3勝 8ト10頭 芝外1466 58松若 S④②② 498 人気8 好位一杯 2¾ 364中343 アウスヴァール 1461 0.5	1東 1月27日 ①白富士S 7 L 10ト12頭 芝1581 55津村 S④③③ 470B 人気11 好位一杯 5¾ 358中347 ロードデルレイ 1572 0.9	5中 12月24日 ⑧クリスマスC 2 2勝 16ト16頭 芝外1333 58ムーア M⑫⑩⑩ 470 人気4 中位伸 ½身 359内345 コントラポスト 1332 0.1
2小 2月18日 ④小倉大賞典 3 GⅢ 9ト15頭 芝1454 57今村 H①①① 442 人気12 粘逃げ 1½ 350内368 エピファニー 1451 0.3	2中 2月24日 ①幕張S 1 3勝 2ト11頭 芝外1337 58大野 M⑤③② 538 人気3 楽抜出 5身 361中344 ニシノライコウ 1345 0.8	5中 12月9日 ③ 3 3勝 5ト15頭 芝内1470 58菅原明 S⑥⑥⑥ 472 人気4 中位伸 ½身 385内337 ボーンディスウェイ 1469 0.1	3中 3月30日 ③ダービー卿 9 GⅢ 8ト16頭 芝外1339 57横山和 S⑮⑮⑯ 444 人気9 後追だけ 5¾ 375外338 パラレルヴィジョン 1329 1.0	1新 4月28日 ② 13 L 2ト15頭 芝外1350 58亀田 S⑩⑩⑩ 526 人気13 出遅る 8身 367中349 メイショウチタン 1336 1.4	3中 3月24日 ② 3 3勝 3ト13頭 芝外1331 55横山和 S②①① 490 人気5 逃粘る 1¾ 350内348 サイルーン 1329 0.2	1東 2月17日 ⑦ダイヤモンドS 9 GⅢ 10ト10頭 芝3330 52キング S②②② 476B 人気9 先行一杯 17¾ 361中369 テーオーロイヤル 3302 2.8	2中 3月3日 ④4歳上 1 2勝 3ト11頭 芝外1335 58キング M⑧⑦⑥ 478 人気2 中位抜出 クビ 355中348 ベリファーニア 1335 0.0
1新 5月5日 ④新潟大賞典 12 GⅢ 6ト16頭 芝外2012 57丸山 S⑬②② 442 人気11 S後退く 6¾ 384中353 ヤマニンサルバム 2001 1.1	3中 3月30日 ③ダービー卿 4 GⅢ 11ト16頭 芝外1333 56大野 S⑩⑨⑦ 532 人気3 中位伸も 2½ 366中339 パラレルヴィジョン 1329 0.4	2中 3月17日 ⑧スピカS 1 3勝 3ト16頭 芝内1476 58三浦 S⑨⑩⑩ 480 人気4 中位抜出 1½ 373中340 マイネルモーント 1478 0.2	3京 5月11日 ⑦ 2 L 4ト11頭 芝外1450 58横山典 S⑦⑦⑦ 446 人気3 中位伸 1¼ 361内332 セオ 1448 0.2	2東 5月18日 ⑨ 5 オープン 8ト16頭 芝1455 55石川 S⑥⑦⑥ 518B 人気11 見せ場あり 2身 365中337 プレサージュリフト 1451 0.4	2東 5月5日 ⑥ 1 3勝 7ト12頭 芝1325 58岩田望 S③④⑥ 490 人気6 好位差切 ½身 353外340 カナテープ 1326 0.1	2中 3月9日 ⑤中山牝馬S 12 牝GⅢ 6ト16頭 芝内1496 52古川奈 S⑤⑦⑥ 462B 人気16 中位一杯 3¾ 380中363 コンクシェル 1490 0.6	3中 3月24日 ② 1 3勝 12ト13頭 芝外1329 57岩田望 S⑦⑦⑦ 470 人気2 中位抜出 1身 361中335 コントラポスト 1331 0.2
3200	0321	0250	1150	0342	0410	5000	1260
全左ダ右東	全左ダ右東	全左ダ右東	全左ダ右東	全左ダ右東	全左ダ右東	全左ダ右東	全左ダ右東
52030	41121	42020	50050	52031	42022	44001	42022
00000	22002	31021	20020	41030	10010	10010	54013
42020	41031	20020	00000	30030	42020	30030	10010
10010	31021	21010	30030	11001	31020	00000	00000
00000	21011	21011	00000	11001	10010	22001	11001
94051	42112	31020	82062	72051	20020	1621132	31020

1番人気がダメな新潟大賞典が生まれ変わる可能性

春の新潟の名物レース・新潟大賞典も開催が1週後倒しとなり、2024年までの開催2週目の日曜日から、25年は3週目の土曜日に実施時期が変更となる。日程的にわかりやすくいえば、NHKマイルC当日からヴィクトリアマイル前日の施行となる。

これにより、直近の古馬中長距離GIである宝塚記念との間隔は24年までの中6週から中3週となるが、18年ステファノス、20年トーセンスーリヤと過去10年で新潟大賞典から直行したのは2頭のみ。23年のカラテとモズベッロのように、中3週の鳴尾記念を挟んで宝塚記念へ出走している馬がいることからも、間隔が詰まること自体は考慮していないようだ。

新潟大賞典に関してはローテーションよりも、日曜日から土曜日に開催日が変更になる影響のほうが大きいと思われる。

実はこの新潟大賞典は、06年にオースミグラスワンが勝利して以来、**1番人気が勝利できていないレース**でもある。

以降の18年間で1番人気馬は2着3回・3着3回と、ハンデ戦とはいえ勝率0％、複勝率33・3％は低すぎた。そこで、一流ジョッキーの参戦がほぼ不可能なGI開催裏の日曜日から、比較的参戦がしやすい土曜日に変更したのかもしれない。

というのも、新潟大賞典はオースミグラスワンが勝利した06年は土曜日開催であったが、11年以降は19年を除き、GⅠ裏の日曜日開催となっていたからだ。

その19年は変則日程で、4月29日の月曜祝日に開催されており、1番人気で3着だったロシュフォールにはルメール騎手、1着のメールドグラースにはレーン騎手、2着のミッキースワローには横山典弘騎手が騎乗しており、他にも福永騎手や戸崎騎手なども参戦していたのである（P92〜93に馬柱）。

25年の新潟大賞典が行なわれる5月17日土曜日の東京メインは、3勝クラスの六社S（芝2400m）。京都は障害重賞の京都ハイジャンプがあるものの、メインはオープン特別の鞍馬S（芝1200m）となっている。

これなら、当日唯一の平地重賞である新潟大賞典にもトップジョッキーと、そのジョッキーに合わせたある程度の有力馬の参戦が可能となる。

ちなみに過去3年のこのレース勝ち馬は、順にレッドガラン（7番人気）、カラテ（5番人気）、ヤマニンサルバム（7番人気）だった。

レッドガランは7歳馬ながらも3走前の中山金杯勝ち馬。カラテも7歳馬で前年のジャパンC8着以来5カ月ぶりの出走で、ハンデが59キロだったとはいえ、前年の新潟記念に勝利するなど重賞2勝馬。24年のヤマニンサルバムも2走前の中日新聞杯を制しており、前走GⅡ金鯱賞で10着敗退だったものの、メンバーが落ちるここでは人気が低すぎた感がある。

日曜日開催、それも他場でGⅠがあるような日のローカルのメインは、予想する側の注意力がどうしても散漫になりがちなので、こんな現象が起きるのかもしれない。土曜日開催に変わる新潟大賞典は、これまでとはレース傾向が異なる可能性もあり、注意がより必要となる。

新潟 11R

WIN5④

発馬 15.35

第41回 新潟大賞典 (GIII)

サラ四才上オープン・ハンデ

馬番	枠	馬名	父	母	毛色	斤量	騎手	厩舎	賞金	総賞金	馬主名	牧場名
1	白1	ミッキースワロー	トーセンホマレボシ	マドレボニータ	鹿毛	57.5 +0.5 牡5	横山典	菊沢	2425	14,580	野田みづき	ノーザンF
2	白1	(地)ショウナンバッハ	ステイゴールド	シュガーハート	鹿毛	54 -3 牡8	(替)田辺	上原	3070	13,089	国本哲秀	ヤナガワ牧場
3	黒2	ランガディア	キングカメハメハ	マリーシャンタル	黒鹿	54 -3 牡5	(替)戸崎圭	木村	2250	6290	吉田勝己	ノーザンF
4	黒2	スズカデヴィアス	キングカメハメハ	スズカローラン	黒鹿	57 ±0 牡8	藤岡康	橋田	5775	21,900	永井啓弍	辻牧場
5	赤3	メートルダール	ゼンノロブロイ	イグジビットワン	鹿毛	57 ±0 牡6	福永	戸田	4950	19,190	キャロットF	ノーザンF
6	赤3	ロシュフォール	キングカメハメハ	アンブロワーズ	黒鹿	55 -2 牡4	ルメール	木村	2400	5170	サンデーR	ノーザンF
7	青4	アストラエンブレム	ダイワメジャー	ブラックエンブレム	鹿毛	57 ±0 騸6	(替)池添	小島茂	3400	17,150	シルクR	ノーザンF
8	青4	ブラックスピネル	タニノギムレット	モルガナイト	黒鹿	57 ±0 牡6	三浦	音無	3875	18,350	サンデーR	ノーザンF
9	黄5	サンデーウィザード	ネオユニヴァース	シーズインクルーデッド	鹿毛	56 -1 牡7	(替)津村	大久保龍	4500	13,470	[illegible]祐子	ノーザンF
10	黄5	エアアンセム	シンボリクリスエス	エアマグダラ	黒鹿	57 ±0 牡8	吉田隼	吉村	4125	19,210	ラッキーF	社台F

馬番	小桧山	広田	目黒	板子	打越	本紙中田	備考
1	▲			○	△	◎	
2	△						B
3			△				
4	△	注		△	注	△	西
5	△	◎	△		▲	△	
6	○	▲	○	▲	◎	▲	
7	注	△	注		△	△	
8		△			△	△	B 西
9	△	△	△	△			西
10		△		注	△	注	西

馬番	芝1600・1800・2000・2200	芝上り・ダート上り	ダ1600・ダ1800
1	[illegible]	33.4①	
2	新1327⑨ 阪1467⑨ 新1579③ 中2118⑤	32.9⑨ ダ37.0❶	函ダ1278❶ 阪ダ1556⑨
3	東1329④ 新1466❶ 東1588①	33.2①	
4	京1348① 東1452⑧ 福1586④ 京2114⑥	32.8⑩ ミダ42.4⑯	ミダ2145⑯
5	新1333⑫ 東1472③ 新1578② 中2136⑥	33.0①	
6	[illegible]	32.6①	
7	東1331④ 東1460② 新1579②	32.4①	
8	京1324④ 阪1466⑤ 東1593① 京2130④	32.7① ダ38.9⑫	中ダ1556⑫
9	2288② 小1481① 京1579① 2136②	33.7① ダ36.2❶	ダ1436❶ ダ1524⑬
10	東1372① 京1449② 東1583② 中2118④	33.7⑦	

馬番	近走1	近走2	近走3	近走4	連対数
1	2札 8月19日 [2]札幌記念 13 GII 14ト16頭 2028 57横山典 H①⑨⑪ 482 人気3 前塞る 10¼ 364中383 サングレーザー 2011 1.7	5東 11月25日 ⑧ジャパン 5 GI 5ト14頭 2219 57横山典 M⑬⑬⑬ 482 人気8 後方追上 7½ 380内339 アーモンドアイ 2206 1.3	5中 12月23日 [8]有馬記念 11 GI 10ト16頭 芝内2331 57横山典 M⑯⑯⑯ 480 人気10 出脚鈍い 5¾ 385外354 ブラストワンピ 2322 0.9	4ヵ月余 放牧 乗込み7週間 仕上り○ 連対体重 482～494 3ヵ月以上休 ①②③外 0003	0031
2	4中京 12月8日 ③中日新聞 2 GIII 10ト14頭 1593 54鮫島駿 H⑪①⑨ 454B 人気12 後方伸 ハナ 375外351 ギベオン 1593 0.0	1中 1月20日 ⑦AJCC 7 GII 9ト11頭 三外2145 56三浦 S⑩⑩⑪ 458B 人気9 後話だけ 4¾ 385中344 シャケトラ 2137 0.8	1阪 3月3日 ④大阪城S 9 L 11ト15頭 天外1467 54鮫島駿 M⑮⑮⑮ 452B 人気9 後話だけ 3¾ 379中343 スピリッツミノ 1461 0.6	2中京 3月10日 [2]金鯱賞 12 GII 2ト13頭 2017 56幸 S⑪⑪⑪ 456B 人気12 後方まま 10¼ 377内351 ダノンプレミア 2001 1.6	0023
3	2新 9月1日 ⑪[illegible] 1 1000万 8ト12頭 天外1466 57北村宏 M⑤⑤③ 482 人気3 中位一気 1¼ 360外348 ウインイクシー 1468 0.2	5東 11月3日 ①ノベンバ 1 1600万 2ト10頭 1588 55北村宏 S⑦④⑥ 478 人気2 中位差切 ½身 375中335 パイオニアバイ 1589 0.1	1中 1月5日 ①中山金杯 8 GIII 4ト16頭 芝内1595 54北村宏 S⑤④⑥ 480 人気5 好位一杯 1½ 365中354 ウインブライト 1592 0.3	1阪 3月3日 ④大阪城S 8 L 13ト15頭 天外1467 54浜中 M⑪⑪⑪ 470 人気4 出遅る 3¾ 368中350 スピリッツミノ 1461 0.6	0230
4	2函 7月15日 ④函館記念 5 GIII 5ト15頭 2001 57三浦 S⑬⑬⑬ 512 人気3 後方追上 1½ 365外343 エアアンセム 1598 0.3	2札 8月19日 [2]札幌記念 12 GII 13ト16頭 2024 57三浦 H⑫⑨⑧ 512 人気10 後方まま 7¾ 368中379 サングレーザー 2011 1.3	4東 10月7日 ②毎日王冠 8 GII 10ト13頭 天1452 56三浦 S⑩⑪⑪ 506 人気11 後話だけ 4身 368中334 アエロリット 1445 0.7	2中京 3月10日 [2]金鯱賞 8 GII 4ト13頭 2014 56藤岡康 S⑬⑪⑬ 520 人気13 後方差詰 8¼ 378中347 ダノンプレミア 2001 1.3	2240
5	2新 9月2日 ⑫新潟記念 2 GIII 5ト13頭 芝外1578 57福永 S⑬⑫⑬ 490 人気6 後方伸 1¾ 372外336 ブラストワンピ 1575 0.3	4中京 12月8日 ③中日新聞 5 GIII 11ト14頭 2002 57福永 H⑨⑨⑨ 486 人気3 後方差詰 5身 373中360 ギベオン 1593 0.9	1中 1月20日 ⑦AJCC 3 GII 10ト11頭 三外2138 56マーフィー S⑧⑤⑤ 488 人気5 後方伸 ¾身 381外341 シャケトラ 2137 0.1	2中京 3月10日 [2]金鯱賞 13 GII 13ト13頭 2018 56福永 S⑪⑪⑪ 492 人気10 後方まま 10½ 377外352 ダノンプレミア 2001 1.7	0053
6	2新 8月4日 ③[illegible] 1 500万 10ト18頭 天外1460 54ルメール S⑰⑮⑮ 508 人気1 直線一気 2½ 367外326 ヒシヴィクトリ 1464 0.4	4東 10月14日 ⑤[illegible] 2 1000万 4ト8頭 天外1359 54ルメール S⑥⑤⑥ 516 人気1 G前鈍い ¾身 375内331 サンラモンバレ 1358 0.1	5東 11月11日 ④[illegible] 1 1000万 2ト9頭 天1461 55Cオドノヒュ S⑧⑦⑨ 506 人気1 後方一気 2身 374中328 プラチナヴォイ 1464 0.3	1東 2月17日 ⑧アメジス 1 1600万 1ト11頭 1583 55ルメール S⑧⑧⑦ 518 人気2 中位一気 1¼ 372中332 ダノンキングリ 1585 0.2	0122
7	1函 7月1日 ⑥巴 2 オープン 7ト11頭 天1499 57ルメール S④③③ 464 人気2 中位伸 アタマ 378中350 ナイトオブナイ 1499 0.0	2札 8月19日 [2]札幌記念 11 GII 3ト16頭 2024 57藤岡康 H⑩⑨⑪ 476 人気14 中位一杯 7½ 360中379 サングレーザー 2011 1.3	5中 12月16日 ⑥ディセン 3 オープン 3ト11頭 天内1483 57アヴドゥラ S⑤⑤⑤ 480 人気4 中位伸 1身 381中350 アドマイヤリー 1481 0.2	2中 3月10日 ⑥[illegible] 2 L 3ト14頭 天外1342 57三浦 S④⑦⑥ 484 人気2 中位伸 ハナ 363中341 ジョーストリク 1342 0.0	1442
8	5東 11月24日 ⑦キャピタ 9 オープン 10ト14頭 1332 56北村友 S①②② 508 人気11 先行一杯 3¾ 363中338 グァンチャーレ 1326 0.6	1中 1月6日 ②ポルック 12 オープン 12ト13頭 天ダ1556 56三浦 S⑧⑤⑤ 510 人気6 中位一杯 14¼ 392外389 テーオーエナジ 1533 2.3	1東 1月26日 ①[illegible] 1 L 2ト9頭 1593 56三浦 S①①① 510B 人気6 逃切る 1¾ 359内341 トリコロールブ 1596 0.3	1小 2月17日 ④小倉大賞 7 GIII 7ト14頭 天1470 57三浦 M③②② 518B 人気9 先行一息 2身 363中347 スティッフェリ 1467 0.3	2420
9	1小 17年2月 ⑥[illegible] 1 1600万 2ト10頭 天1481 57松山 S⑩⑩⑩ 450 人気1 直線一気 1½ 387外337 ペルーニ二 1483 0.2	1福 17年4月 ④福島民報 3 オープン 14ト16頭 1587 55内田博 H⑬⑫⑦ 450 人気1 漸進伸 1身 371外344 マイネルミラノ 1585 0.2	1新 17年5月 [4]新潟大賞 1 GIII 2ト16頭 芝外1586 55石橋脩 S⑥⑥⑤ 450 人気3 直線鋭脚 ハナ 367中341 マイネルフロス 1586 0.0	2中 3月3日 ❹[illegible] 9 オープン 13ト14頭 天ダ1530 58三浦 S⑬⑪⑩ 468 人気7 後話だけ 4½ 391中380 マイネルオフィ 1522 0.8	0381
10	4中 9月23日 ⑦オールカマー 4 GII 11ト12頭 三外2118 56田辺 S⑨⑨④ 496 人気5 後方追上 3½ 373外348 レイデオロ 2112 0.6	3福 11月11日 ④福島記念 3 GIII 1ト16頭 1585 57田辺 H④⑤④ 496 人気1 好位粘る 1½ 358内359 スティッフェリ 1583 0.2	1中 1月5日 ①中山金杯 7 GIII 6ト16頭 芝内1594 57田辺 S⑬⑬⑭ 496 人気4 脚余す 1¼ 372中348 ウインブライト 1592 0.2	1小 2月17日 ④小倉大賞 5 GIII 2ト14頭 天1470 57吉田隼 M④④④ 504 人気4 伸一息 2身 365中345 スティッフェリ 1467 0.3	0540

620 410 ワンダー 57柴田善

記号の説明

厩舎横の㊖㊙㊞は ㊖㊙＝関東・美浦所属 ㊞＝関西・栗東所属
賞金左の記号は重の巧拙を表します ◎…得意 △…苦手

馬場表示

❶❶①① 開催日の馬場状態 ↓不良 ↓重馬場 ↓稍重 ↓良馬場

乗替り記号

㊢…ベスト10外の騎手から東西ベスト10へ乗換
㊣…それ以外

開催場所・月日 / 開催日・着順 / 条件・枠・頭数 / 距離・タイム / 斤量・騎手名 / ペース・通過順 / 馬体重・人気 / 戦評・馬身差 / 前半・上り③F / ①②着時計・秒

㊀㊁㊂㊃連対数

●2019年4月29日・新潟11R新潟大賞典（GⅢ、芝2000m）

1着⑮メールドグレース

（7番人気）

ダミアン・レーン騎手

2着①ミッキースワロー

（3番人気）

横山典弘騎手

3着⑥ロシュフォール

（1番人気）

クリストフ・ルメール騎手

単⑮ 1580 円

複⑮ 390 円

① 240 円

⑥ 130 円

馬連①ー⑮ 7870 円

馬単⑮→① 18300 円

3連複①⑥⑮ 6090 円

3連単⑮→①→⑥ 61120 円

16 桃8	15	14 橙7	13	12 緑6	11
ステイゴールド ルックトゥワイス エスユーエフシー(中) 鹿毛	ルーラーシップ メールドグラース グレイシアブルー(中) 黒鹿	ハービンジャー ドレッドノータス ディアデラノビア(中) 栗毛	ジャングルポケット クリノヤマトノオー ブリュンヒルト(中) 鹿毛	ヴィクトワールピサ アウトライアーズ ウィストラム(中) 鹿毛	キトゥンズジョイ (外)ダッシングブレイズ プレイジングブリス(マ) 栗毛
55 -2 牡6	54 -3 牡4	56 -1 騸6	55 -2 牡5	54 -3 牡5	56 -1 牡7
北村友	レーン	坂井	和田	丸田	浜中
藤原英	清水久	矢作	高橋忠	小島茂	斉藤崇
3400	2400	3700	2250	2500	5050
13,040	5880	13,062	10,560	8122	17,130
飯塚知一	キャロットF	キャロットF	栗本守	丸山担	グリーンフィールズ
追分F	ノーザンF	ノーザンF	西村和夫	ノーザンF	アメリカ
◎ ○ ◎ △ ○ ○ 西	… △ ▲ … △ B △ 西	… … … … … … 西	… … △ ◎ … … 西	… … … … … …	… … … △ … △ 西
2232② 東1528⑥ 新1586① 2131②	阪1[illegible]3③ 阪[illegible]2③ 小1[illegible]5① 阪[illegible]②	札1478⑥ 京1591② 京2145⑤	阪1343④ 京1456① 阪2006⑧ 1228⑨	東1335⑩ 中1485② 中1584⑫	京1325⑧ 東1459① 阪2001⑪ 京2150⑦
32.7⑧	33.7②	34.0① 40.7⑩	33.4③	32.9②	32.9④
		2076⑩			
5東 11月4日 ② アルゼン 8 GI 8ト12頭 2342 54北村友 S ⑩⑨⑨ 446 人気12 出遅る 3身 388外327 パフォーマプロ 2337 0.5	4中 9月29日 ⑧ [illegible] 9 1000万 3ト16頭 2029 54石橋脩 S ⑫⑬⑬ 468 B 人気4 後直だけ 7¼ 393外353 マイネルファン 2018 1.1	4中 9月15日 ③ レインボ 1 1600万 11ト12頭 2000 57石橋脩 S ①①① 450 人気7 逃切る 3身 369内345 シャルドネゴー 2005 0.5	5阪 12月2日 ② [illegible] 9 1600万 4ト10頭 1471 56武豊 S ⑧⑨⑩ 472 人気1 後方まま 7½ 368中344 オフェブリッツ 1458 1.3	5阪 12月23日 ⑧ サンタク 7 1600万 10ト14頭 2026 57横山武 M ⑭⑭⑭ 496 人気6 後方差詰 7½ 389外360 クリノヤマトノ 2013 1.3	4東 10月28日 ⑨ カシオペ 5 オープン 8ト12頭 1481 58池添 S ⑥⑥⑤ 506 人気6 中位伸ら 4身 377中346 エアウィンザー 1475 0.6
5中 12月22日 ⑦ グレイト 1 1600万 11ト13頭 2327 57戸崎圭 S ⑤④④ 448 人気1 好位抜出 3身 376中359 フェイズベロシ 2332 0.5	5阪 12月8日 ③ [illegible] 2 1000万 4ト10頭 2122 53川田 S ③③⑤ 472 B 人気5 好位伸 1¾ 365内356 シルヴァンシャ 2119 0.3	5東 11月17日 ⑤ アンドロ 1 オープン 8ト15頭 2004 55岩田康 S ③④④ 460 人気2 好位抜出 2身 373中342 サーブルオール 2007 0.3	5阪 12月23日 ⑧ サンタク 1 1600万 9ト14頭 2013 57和田 M ⑤⑤⑤ 472 人気4 中位抜出 3½ 372中355 ケイティクレバ 2019 0.6	1中 1月19日 ⑥ [illegible] 14 1600万 7ト14頭 1496 57田辺 S ⑭⑭⑭ 508 人気3 後方まま 7身 393中339 レッドローゼス 1486 1.0	5阪 12月1日 ① チャレン 11 GⅢ 5ト12頭 2001 56 Cデムーロ S ⑩⑩⑩ 506 人気9 後方まま 10¾ 381中348 エアウィンザー 1583 1.8
1京 1月13日 ④ 日経新春 2 GⅡ 10ト16頭 2263 55岩田康 H ⑬⑩⑩ 450 人気5 後方伸 ½身 359外367 グローリーヴェ 2262 0.1	1東 1月6日 ② 四上 1 1000万 9ト9頭 2176 56川田 S ⑥⑤④ 482 B 人気1 G前差す ハナ 398中347 ダブルフラット 2176 0.0	4中京 12月8日 ③ 中日新聞 10 GⅢ 8ト14頭 2004 56中谷 H ⑤④④ 458 人気4 好位一杯 6½ 363中368 ギベオン 1593 1.1	1阪 3月3日 ④ 大阪城S 3 L 15ト15頭 1463 55和田 M ⑬⑬⑬ 478 人気3 後方伸 ¾身 370中344 スピリッツミノ 1461 0.2	1小 2月10日 ② 門司 1 1600万 3ト15頭 1499 57丸田 S ⑭⑤③ 504 人気6 マクる クビ 387外351 メイショウフェ 1499 0.0	1京 1月13日 ④ 日経新春 8 GⅡ 13ト16頭 2271 56福永 H ⑮⑮⑩ 508 人気16 後方差詰 5¾ 366内374 グローリーヴェ 2262 0.9
3中 3月23日 ① 日経賞 6 GⅡ 6ト12頭 2350 56戸崎圭 S ⑦⑨⑧ 448 人気2 出遅る 4½ 385中353 メイショウテッ 2342 0.8	1阪 2月23日 ① [illegible] 1 1600万 6ト9頭 2124 56川田 S ③④④ 476 B 人気3 好位抜出 1¾ 364中350 センテリュオ 2127 0.3	1福 4月14日 ④ 福島民報 14 L 14ト15頭 2020 56中谷 H ④④⑮ 460 人気5 好位一杯 大差 337中397 レッドローゼス 1586 3.4	2阪 3月24日 ② 六甲 4 L 15ト17頭 1343 56和田 S ⑫⑫⑫ 476 人気1 後方差詰 2¾ 367中337 ソーグリッタリ 1339 0.4	1福 4月14日 ④ 福島民報 4 L 15ト15頭 1591 54丸田 H ⑮⑬⑥ 494 人気7 後方追上 3¼ 369外365 レッドローゼス 1586 0.5	2東 2月10日 ⑥ 京都記念 7 GⅡ 6ト12頭 2150 56松山 S ⑩⑪⑩ 510 人気11 後直だけ 1½ 388中345 ダンビュライト 2148 0.2
0 2 5 5	0 0 5 1	1 4 1 0	1 2 5 0	0 0 3 3	0 2 4 3

第91回

CHANGES!

2025年6月 June

●1日（日）　日本ダービー（2回東京GⅠ　3歳/芝2400m）
目黒記念（2回東京GⅡ　4歳上H/芝2500m）
●8日（日）　安田記念（3回東京GⅠ　3歳上/芝1600m）
●14日（土）　函館スプリントS（1回函館GⅢ　3歳上/芝1200m）
●15日（日）　宝塚記念（3回阪神GⅠ　3歳上/芝2200m）
●22日（日）　府中牝馬S（3回東京GⅢ　3歳上牝H/芝1800m）
※旧・マーメイドS
しらさぎ賞（3回阪神・新設　3歳上/芝1600m）
※旧・米子S
●29日（日）　ラジオNIKKEI賞（2回福島GⅢ　3歳H/芝1800m）
函館記念（1回函館GⅢ　3歳上H/芝2000m）

次に挙げるのが、6月の変更点である。今回の改革の重要な柱のひとつともいえる、GⅠ宝塚記念の2週前倒しなど、注目すべきポイントが多い月となった。

- 東京、阪神の主場開催がこれまでの4週から3週に短縮
- 函館スプリントSが土曜日開催に
- 宝塚記念の施行が2週前倒し
- マーメイドSが施行場所を東京に替え「府中牝馬S」として施行
- 米子Sが重賞昇格となり「しらさぎS」の名で実施
- 函館記念が前倒しとなり、6月最終週に開催

夏競馬は短く、秋競馬は長くの奇策を断行！

2025年の目玉といえる変更は、後ほどの紹介する宝塚記念の2週前倒しだが、これにより可能となったのが6月の東西主場、東京と阪神開催の4週から3週への短縮である。

JRAの1年は、3シーズンに分けることができる。

すなわち1月からダービーまで、いい換えれば3歳馬が世代限定で戦う**春競馬**と、ダービー翌週からの3歳馬が古馬混合戦に出走する**夏競馬**、そして9月からの主場開催がローカルから中央場所に戻る**秋競馬**だ。

春競馬は1、2月こそオフシーズンの様相だが、徐々に春のGⅠシリーズへ向けたステップレースが盛り上

がりを見せる。3月後半からは国内外で毎週のようにGIが開催され、ダービーで頂点を迎える。秋競馬はGIの前哨戦からスタートしGIシリーズ、そして有馬記念で大団円という流れになっている。

対して夏競馬というのは地味な存在。春競馬の延長戦上に安田記念と宝塚記念が存在するものの、以降にGIはなくGⅡも8月の札幌記念のみ。有力馬、スターホースも秋へ向けて休養に入るのが常。開催も6月の東京、阪神が終わればローカルでの開催であり、春秋に比べて盛り上がりを欠く。

可能であれば、夏にも中央場所でレースを開催し、有力馬が出走する大レースを創設すればいいのだが、春秋のGIレースのためにもコースと馬のメンテナンスは必要。そこでJRAが知恵を絞って導き出したのが、6月の東京、阪神開催を1週短縮して、そのぶんを10月の東京、京都開催に振り替えるというものだ。

これはなかなかの奇策だが、夏競馬を無理に盛り上げるよりは、その開催日数を減らして、盛り上がっている秋競馬の開催日数を増やすというのは正解だと思われる。

なお、夏競馬のテコ入れ策に関しては次章でまた解説させていただく。

函館スプリントSの土曜移動が意外な馬券のヒントになる!?

2024年まで夏の函館開幕週の日曜日に施行されていたサマースプリントシリーズ第1弾の函館スプリントSは、25年から初日の土曜日に組まれることになった。

その理由は簡単で、日程変更により日曜日の阪神でGI宝塚記念が施行されるようになるからだ。

函館スプリントSは、24年まで東京のエプソムCの裏番組として組まれていたものの、GIとの同日開催となれば話は別。ファンの注目はＧＩの集中してしまい、ローカルの重賞など見向きされなくなる。

また、一流ジョッキーがＧＩ開催場に集結してしまって、函館には有力騎手がいなくなることが予想されるための変更といえる。

ちなみに、宝塚記念前日の函館のメインとしては青函Ｓというオープン特別が組まれていたのだが、22年は横山武史、横山和生、武豊、吉田隼人、池添謙一、23年は武豊、鮫島克駿、浜中俊、横山武史、池添謙一、24年も横山武史、横山和生の各騎手が青函Ｓ騎乗後に翌日の阪神競馬場（24年は京都競馬場）へ向けて移動していた。

また24年は、武豊騎手が函館で土曜日10Ｒの渡島特別まで騎乗してから移動、翌日の京都競馬場で騎乗している。

函館競馬場から函館空港まではタクシーで10分ほどの距離にあり、移動には便利である。ところが、函館空港から大阪方面への直行便は昼過ぎに飛んでしまっており、実際には東京などを経由して移動しなければならない。

しかも当日中に阪神競馬場に到着しようとすると、函館発は夕方の飛行機がリミットで、最終レースまで騎乗していると間に合わないようだ。

トップジョッキーともなれば移動経費は気にならないだろうが、メインレースを終えて慌ただしく着替えて空港へ移動しなければならない。何気に勝負気配ではないかと思い、前出の延べ13人の成績を左ページの表1にまとめてみた。

すると……該当騎手が毎年青函Ｓに勝利し、宝塚記念もしくは土日の競馬で活躍していた！　23年スルーセ

表1●宝塚記念週の「土曜函館→日曜阪神」の騎乗騎手（過去3年）

	騎手	青函S	土曜函館、日曜阪神での特記事項
2022年	横山武史	1着	土曜2勝、宝塚記念はエフフォーリア騎乗
	横山和生	2着	タイトルホルダーで宝塚記念V
	池添謙一	5着	土曜準メイン1着
	武豊	12着	土曜新馬戦1着
	吉田隼人	落馬	土曜2勝
2023年	武豊	1着	土曜1勝2着3回、宝塚記念4着
	鮫島克駿	7着	土曜1勝、宝塚記念ジャスティンパレス3着
	浜中俊	8着	土曜準メイン1着
	横山武史	9着	土曜1勝、青函Sでは1番人気馬に騎乗
	池添謙一	13着	宝塚記念スルーセブンシーズ2着
2024年	横山武史	1着	土曜2勝、宝塚記念ソールオリエンス2着
	横山和生	2着	宝塚記念ベラジオオペラ3着
	武豊	不	土曜2勝、宝塚記念ドウデュース騎乗

ブンシーズ（池添騎手）や24年ソールオリエンス（横山武騎手）の宝塚記念での好走は、前日の函館メイン終了後に急いで飛行機移動した騎手の執念だったのかもしれない。

25年からは宝塚記念前日の函館メインとなる函館スプリントS。オープン特別の青函Sと異なり、このレース自体が目的というケースも出てくるだろうが、レース後すぐに移動する騎手たちの成績を注視しておきたい。

2週前倒しの宝塚記念、ローテーションの問題を考える

2024年の番組変更のメインとされるのが、宝塚記念の実施時期の2週繰り上げ。これまでの6月4週目から2週目の開催となる。

宝塚記念は、ファン投票で出走馬を選出することで成功を収めた有馬記念の関西版として1960年6月に第1回が開催され、以降は「春のグランプリ」として定着。シンザン、ハイセイコー、トウショウボーイといった名馬たちも勝利しており、84年のグレード制導入ではGⅠに格付けされている。

もっとも秋の古馬中距離GⅠ3戦目で、3歳馬と古馬との対戦と

なることが多かった有馬記念に比べると盛り上がりを欠くところがあり、90年代に入ると頭数もフルゲートに満たなくなっていった。

単勝1・2倍のオグリキャップが、オサイチジョージに敗れた90年は10頭。単勝1・4倍のメジロマックイーンが、同じメジロ軍団のメジロライアンに先着された91年も10頭。

メジロパーマーが逃げ切った92年は13頭に増えるも、メジロマックイーンが快勝した93年は11頭といった具合で、テコ入れが必要となりつつあった。

そこでJRAは、有馬記念と同じように3歳馬と古馬との対戦要素を取り入れれば盛り上げると考える。

それまでの6月前半の開催では、ダービーからの間隔が短いとあって、前年まで7月中京の芝2000mGⅡ戦として施行されていた高松宮杯（現・高松宮記念）の代替を兼ねて、96年から宝塚記念の施行時期を繰り下げ7月前半へ移動したのであった。

確かにGⅡ時代の高松宮杯では86年ラグビーボール、88年オグリキャップと2頭の3歳馬が勝利し、93年には皐月賞馬ナリタタイシンが2着に入っていた。だが、施行時期が繰り下がった96年以降の宝塚記念での3歳馬の成績は下の表2の通り。

02年にダービー当日に組まれていたオープン特別の駒草賞1着から参戦し

表2●宝塚記念参戦の3歳馬成績

	馬名	性	人気	着順	前走
1996年	ヒシナタリー	牝	10	4	白百合S⑦
1999年	オースミブライト	牡	3	6	ダービー④
2001年	ダービーレグノ	牡	12	11	ダービー⑦
2002年	ローエングリン	牡	3	3	駒草賞①
2003年	ネオユニヴァース	牡	2	4	ダービー①
	サイレントディール	牡	9	10	ダービー④
2007年	ウオッカ	牝	1	8	ダービー①
	アサクサキングス	牡	11	15	ダービー②
2012年	マウントシャスタ	牡	12	5	白百合S①
2023年	ドゥラエレーデ	牡	7	10	ダービー中止

たローエングリンが3着に入ったのが最先着で、03年ネオユニヴァース、07年ウオッカとダービー馬が参戦したものの4着と8着に敗退。12年にマウントシャスタが5着となった以降は、23年のドゥラエレーデまで3歳馬の出走自体がなかった。

では、高松宮杯では善戦していた3歳馬が、宝塚記念では通用しなかったのはなぜか。

ひとつ考えられるのはGⅡとGⅠの差だろう。3歳夏の段階でGⅡのメンバーなら古馬と勝負になっても、GⅠだと古馬相手は厳しい。

しかも唯一、3着以内に入ったローエングリンの前走がオープン特別であったことを踏まえると、クラシックの第一線で戦ってきた馬たちは状態も万全ではなかったと思われる。

出走頭数はというと、96年13頭、97年12頭、98年13頭、99年12頭と、期待に反して増加することはなかった。

これは当たり前である——7月は暑いからだ。

JRAが宝塚記念を立て直しに際し参考にしたとされるのが、イギリスのキングジョージ&クイーンエリザベスS。7月にアスコット競馬場で3歳馬と古馬が対決する人気レースである。86年からの10年間でダンシングブレーヴ、ジェネラス、ラムタラなど8頭の3歳馬が優勝し、古馬でもオペラハウスが優勝していた。

ただ、ロンドンの西にあるアスコット競馬場の緯度は北緯51度。日本付近でいえば樺太(からふと)（サハリン）北部、間宮海峡あたりと同緯度となる。フランスのパリでも樺太南部、北海道より北である。

一方、宝塚記念の舞台、阪神競馬場をヨーロッパの緯度に合わせれば、地中海を超えてもうアフリカ大陸のナイジェリアである。

京都 11R WIN5⑤

発馬 15.40 第65回 宝塚記念 GⅠ

㊢三才上オープン・定量

	白1 ①	黒2 ②	赤3 ③	青4 ④	青4 ⑤	黄5 ⑥	黄5 ⑦
父	キングカメハメハ	ディープインパクト	ロードカナロア	ハーツクライ	キズナ	キングカメハメハ	ディープインパクト
馬名	シュトルーヴェ	ジャスティンパレス	ベラジオオペラ	ドウデュース	ディープボンド	ヒートオンビート	プラダリア
母・実績	アンチュラス2勝	パレスルーマー米	エアルーティーン1勝	ダストアンドダイヤモンズ米	ゼフィランサス3勝	マルセリーナ4勝	シャッセロール3勝
毛色・斤量	黒鹿 58 騸5	青鹿 58 牡5	鹿 58 牡4	鹿 58 牡5	青鹿 58 牡7	鹿 58 牡7	鹿 58 牡5
騎手	レーン	ルメール	横山和	武豊	幸	坂井	池添
厩舎	堀	杉山晴	上村	友道	大久保龍	友道	池添学
賞金	8600	23,750	17,000	43,900	27,600	8050	9550
総賞金	19,002	68,452	38,470	101,221	73,296	28,421	25,490
馬主名	村木克子	三木正浩	林田祥来	キーファーズ	前田晋二	社台RH	名古屋友豊
牧場名	追分F	ノーザンF	社台F	ノーザンF	村田牧場	社台F	オリエント牧場
持木	B	△	注	○	△	…	◎
広田	△	○	▲	◎	△	…	注
加茂	△	◎	△	○	…	…	…
市場	注	▲	○	◎	△	…	△
田崎	…	◎	…	△	…	▲	…
本紙須藤	△ 東	○	注	◎	…	…	△
芝1800/2000/2200/2400	云2314① 新2006⑤ 新2123⑦ 東2233②	云2312④ 東1556② 宝2111① 東2232⑨	阪14[illegible]① 阪[illegible] 京2[illegible] 東[illegible]	東1493① 東1566⑦ 阪2109① 東2219①	云2321② 京2011① 阪2103④ 東2236⑩	云2301③ 福1582② 宝2121③ 阪2251⑧	云2311⑤ 阪1586⑥ 阪2115③ 東2228⑥
上り最高 騎乗成績	云32.9① 初騎乗	三33.7② 4 0 0 0	云33.0④ 2 1 0 1	云33.7① 6 1 1 3	三34.6① 0 0 1 0	云32.4② 0 0 0 2	三34.1④ 4 2 1 6
クラス実績 当該条件	2 0 0 0 初コース	3 2 2 5 初コース	3 1 0 2 0 1 0 0	5 1 1 5 初コース	4 4 2 14 1 0 0 0	1 4 4 8 1 0 0 2	3 0 2 8 1 0 0 0
前走4	3新 8月19日 ③ 日本海S 7 3勝 6 13頭 三内2123 58 内田博 S ⑧⑥⑦ 480 B 人気3 中位まま 5¼ 367 中 355 ドゥレッツァ 2114 0.9	3阪 6月25日 ⑧ 宝塚 3 GI 9 17頭 三内2114 58 鮫島駿 M ⑬⑪⑨ 470 人気2 後方伸 1¼ 352 外 351 イクイノックス 2112 0.2	2東 23年5月 ⑫ ダービー 4 GI 1 18頭 云2252 57 横山和 S ⑧⑪⑪ 494 人気9 中位伸も クビ 365 中 330 タスティエーラ 2252 0.0	4東 10月29日 ⑨ 天皇 7 GI 3 11頭 三1566 58 戸崎圭 M ④④④ 512 人気2 好位一杯 8¼ 359 中 353 イクイノックス 1552R 1.4	5東 11月26日 ⑧ ジャパン 10 GI 14 18頭 云2236 58 和田竜 H ⑥⑥⑥ 494 人気8 好位一杯 11¼ 378 外 347 イクイノックス 2218 1.8	5東 11月5日 ② アルゼン 3 GII 14 18頭 云2301 59 石川 S ⑭⑬⑫ 476 人気4 中位伸 1¼ 377 中 345 ゼッフィーロ 2299 0.2	2京 10月9日 ③ 京都大賞 1 GII 7 14頭 云外2253 57 池添 S ③③② 470 人気5 好位差切 クビ 369 内 356 ボッケリーニ 2253 0.0
前走3	1東 2月3日 ③ ベストレース 1 3勝 5 12頭 云2236 57 キング S ⑨⑨⑧ 486 B 人気3 後方追込 1身 378 中 332 キングズレイン 2237 0.1	4東 10月29日 ⑨ 天皇 2 GI 6 11頭 三1556 58 横山武 M ⑩⑩⑩ 468 人気6 後方伸 2½ 366 中 337 イクイノックス 1552R 0.4	5阪 12月2日 ① チャレン 1 GIII 5 13頭 三内1588 57 横山和 S ⑥⑤⑤ 514 人気3 中位抜出 ハナ 370 中 347 ボッケリーニ 1588 0.0	5東 11月26日 ⑧ ジャパン 4 GI 5 18頭 云2227 58 戸崎圭 H ⑥⑥⑥ 504 人気3 伸一息 5¾ 378 中 337 イクイノックス 2218 0.9	5中 12月24日 ⑧ 有馬 15 GI 6 16頭 云内2324 58 マーカンド M ⑩⑫⑫ 500 B 人気9 後方まま 9¾ 378 中 356 ドウデュース 2309 1.5	5中 12月24日 ⑧ 有馬 16 GI 9 16頭 云内2324 58 坂井 M ⑩⑧⑨ 472 人気15 4角不利 9¾ 379 中 359 ドウデュース 2309 1.5	5中 12月24日 ⑧ 有馬 14 GI 14 16頭 云内2319 58 ムルザバエフ M ③②③ 464 人気12 好位一杯 6¼ 366 中 357 ドウデュース 2309 1.0
前走2	3中 3月23日 ① 日経賞 1 GII 6 10頭 云内2314 57 鮫島駿 M ⑧⑧⑥ 480 B 人気4 中位差切 ½身 383 中 353 クロミナンス 2315 0.1	5中 12月24日 ⑧ 有馬 4 GI 10 16頭 云内2312 58 横山武 M ⑯⑬⑨ 474 人気1 後方追上 1½ 385 外 344 ドウデュース 2309 0.3	2京 2月11日 ⑥ 京都記念 2 GII 5 12頭 三外2122 57 横山和 M ⑥⑦⑧ 506 人気1 中位伸 ¾身 365 中 346 プラダリア 2121 0.1	5中 12月24日 ⑧ 有馬 1 GI 5 16頭 云内2309 58 武豊 M ⑬⑧③ 506 人気2 漸抜出 ½身 383 中 343 スターズオンア 2310 0.1	1阪 3月17日 8 阪神大賞 7 GII 12 15頭 三内3081 57 岩田望 S ③③③ 510 人気5 好位一杯 8¾ 386 中 361 テーオーロイヤ 3068 1.3	3中 3月23日 ① 日経賞 7 GII 1 10頭 云内2322 58 石川 M ②③④ 474 人気6 内々回る 4¾ 371 内 366 シュトルーヴェ 2314 0.8	2京 2月11日 ⑥ 京都記念 1 GII 3 12頭 三外2121 58 池添 M ④⑤④ 470 人気3 中位抜出 ¾身 363 外 348 ベラジオオペラ 2122 0.1
前走1	2東 5月26日 ⑫ 目黒 1 GII 9 13頭 云2323 585 モレイラ S ⑩⑪⑩ 478 B 人気1 直線一気 クビ 388 中 329 シュヴァリエロ 2323 0.0	3月30日 シーマクラシック 4 GI 良 12頭 三左2272 57 モレイラ ④④④ メイダン アラブ首長国 中位粘 3¼ レベルスロマン 2267 0.5	2阪 3月31日 ④ 大阪 1 GI 11 16頭 三内1582 58 横山和 S ②②② 506 人気2 先行抜出 クビ 360 中 349 ローシャムパー 1582 0.0	3月30日 ドバイターフ 5 GI 良 16頭 大左1462 57 武豊 ⑫⑫⑬ メイダン アラブ首長国 前塞る 2¼ ファクトゥール 1459 0.3	3京 4月28日 ④ 天皇 3 GI 6 17頭 三外3146 58 幸 M ②②① 508 人気6 先行粘る 2½ 371 中 356 テーオーロイヤ 3142 0.4	2東 5月26日 ⑫ 目黒 7 GII 5 13頭 云2326 59 坂井 S ⑥⑧7 472 人気6 脚余す 1¾ 380 中 334 シュトルーヴェ 2323 0.3	2阪 3月31日 ④ 大阪 6 GI 8 16頭 三内1586 58 池添 S ⑥⑦⑦ 470 人気4 中位まま 2¾ 365 中 348 ベラジオオペラ 1582 0.4
逃先差追 連対数	0 0 6 3	0 4 2 1	0 3 3 0	0 1 3 3	1 4 5 0	0 3 10 0	0 1 5 0

3,300 ナイト
2,200 55シュタルケ

記号の説明
厩舎左側の㊕㊞は
㊕＝関東・美浦所属
㊞＝関西・栗東所属
賞金左の記号は騎の巧拙を表します
◎…得意△…苦手

馬場表示
■ ● □ ①
↓ ↓ ↓ ↓
不良 重馬場 稍重 良馬場
開催日の馬場状態

乗替り記号
㊝…ベスト10外の騎手からベスト10への乗替り
㊞…それ以外

開催場所・月日
開催日・着順
条件・枠・頭数
距離・タイム
斤量・騎手名
ペース・通過順
馬体重・人気
戦評・馬身差
前半・上り③F
①②着時計・秒

地形や海流などの影響が大きいので緯度と気候はイコールではないものの、ヨーロッパで夏に大レースが組まれるのは比較的涼しく、なおかつ冬に休催があるからだ。

●2024年6月23日・京都11R宝塚記念(GⅠ、芝2200m)

1着⑫ブローザホーン
　(3番人気)
　前走・天皇賞春2着
2着⑨ソールオリエンス
　(7番人気)
　前走・大阪杯7着
3着③ベラジオオペラ
　(5番人気)
　前走・大阪杯1着

単⑫ 750 円
複⑫ 240 円
　⑨ 400 円
　③ 350 円
馬連⑨－⑫ 4890 円
馬単⑫→⑨ 9380 円
3連複③⑨⑫ 16020 円
3連単⑫→⑨→③ 91680 円

13 桃8	12	11 橙7	10	9 緑6	8
ジャスタウェイ(中) ルージュエヴァイユ ナッシングバットドリームズ(英)(中)	エピファネイア(外) ブローザホーン オートクレール4勝(マ)	ディープインパクト(外) ヤマニンサンパ ヤマニンパピオネ4勝(地)	ハービンジャー(外) ローシャムパーク レネットグルーヴ3勝(中)	キタサンブラック(外) ソールオリエンス スキア(仏)(中)	トゥザグローリー(中) カラテ レディーノパンチ未出(中)
鹿 56 牝5	鹿 58 牡5	芦 58 牡6	鹿 58 牡5	鹿 58 牡4	黒鹿 58 牡8
川田	菅原明	団野	戸崎圭	横山武	岩田望
(美)黒岩	栗吉岡	栗斉藤崇	(美)田中博	(美)手塚	栗音無
6950	11,050	1800	11,900	19,500	12,200
19,700	25,945	6447	25,594	44,900	25,480
東京HR	岡田牧雄	土井肇	サンデーR	社台RH	小田切光
社台F	岡田S	錦岡牧場	ノーザンF	社台F	中地康弘
△ … △ △ 注 △ 東	… △ ▲ … … △	… … … … … …	▲ … 注 … ○ ▲ 東	△ … … △ △ △ 東	… … … … △ …
東 1456⑩ 阪 1582③ 京 2127② 東 2246⑥	1 芙 [illegible]6⑨ 函 [illegible]5③ 京 2[illegible]9❶ 京 [illegible]①	新 1449⑤ 阪 1574③ 芙 1352⑦	東 1451① 阪 1582② 中 2120①	2 中 [illegible]④ 阪 [illegible]⑦ 中 [illegible]② 東 [illegible]②	中 1468② 京 1577⑥ 阪 2126⑯ 東 2244⑧
天 32.7② 初騎乗	三 34.6② 2 1 1 1	天 33.3⑤ 1 0 2 3	天 33.3① 1 1 0 1	天 33.3① 2 2 1 1	幸 33.3① 初騎乗
0 3 1 5 0 1 0 1	2 1 2 1 1 0 0 0	0 0 3 5 初コース	2 1 1 1 初コース	2 2 1 3 初コース	4 2 1 13 初コース
4東 10月14日 ④府中牝馬 2 牝GⅡ 5ト13頭 天 1461 55 横山武 S ⑫⑧⑧ 470 人気4 後方伸 ハナ 374外327 ディヴィーナ 1461 0.0	2京 10月9日 ③京都大賞 GⅡ 1ト14頭 三外 中止 57 菅原明 S ⑧⑫⑭ 414 人気2 直線にて 心房細動 プラダリア 2253	4阪 9月16日 ③ケフェウ 3 オープン 6ト10頭 三内 1574 55 団野 H ⑦⑦⑥ 478 人気5 後方伸 1½ 364外352 エピファニー 1572 0.2	2函 7月16日 ⑥函館記念 1 GⅢ 9ト16頭 幸 2014 56 ルメール H ⑦⑦⑦ 500 人気1 中位抜出 2身 364外358 ルビーカサブラ 2018 0.4	2京 10月22日 ⑦菊花賞 3 GⅠ 14ト17頭 三外 3040 57 横山武 S ⑫⑫⑧ 464 人気1 中位伸 5身 383外351 ドゥレッツァ 3031 0.9	1中 1月21日 ⑦AJCC 10 GⅡ 9ト12頭 三外 2182 57 菅原明 M ④⑥⑧ 540 人気6 中位一杯 9¾ 378中388 チャックネイト 2166 1.6
3京 11月12日 ④エリザベ 2 牝GⅠ 2ト15頭 三外 2127 56 松山 S ⑦⑧⑧ 468 人気5 中位伸 ¾身 377内343 ブレイディヴェ 2126 0.1	1京 1月14日 ⑤日経新春 1 GⅡ 8ト14頭 三外 2237 57 菅原明 H ⑧⑧⑥ 426 人気1 中位差切 1身 353外358 サヴォーナ 2238 0.1	2京 10月29日 ⑨カシオペ 3 L 9ト16頭 天外 1449 57 団野 M ⑭⑬⑬ 480 人気7 後方伸 1½ 362中340 アルナシーム 1447 0.2	4中 9月24日 ⑦オールカ 1 GⅡ 13ト15頭 三外 2120 57 ルメール S ⑤⑤⑤ 496 人気4 好位差切 1¼ 374中350 タイトルホルダ 2122 0.2	5中 12月24日 ⑧有馬記念 8 GⅠ 1ト16頭 三内 2316 56 川田 M ⑩⑫⑫ 466 人気4 出遅る 4¼ 376中348 ドウデュース 2309 0.7	1東 2月18日 ⑧フェブラ 15 GⅠ 6ト16頭 天ダ 1383 58 菅原明 H ⑪⑪⑫ 534 人気16 後方まま 15¼ 354中392 ペプチドナイル 1357 2.6
2京 2月11日 ⑥京都記念 8 GⅡ 9ト12頭 三外 2128 55 松山 M ⑨⑩⑩ 478 人気2 後直だけ 4¼ 367外350 プラダリア 2121 0.7	1阪 3月17日 ⑧阪神大賞 3 GⅡ 2ト15頭 三内 3076 58 菅原明 S ⑤⑤⑤ 426 人気1 中位伸 5¼ 391中353 テーオーロイヤ 3068 0.8	3京 11月18日 ⑤アンドロ 3 L 1ト16頭 三内 1596 56 川田 M ⑪⑩⑩ 486 人気2 後方伸 2身 365外347 ディープモンス 1592 0.4	12月10日 香港カップ 8 GⅠ 良11頭 芝右 2027 57 レーン S ⑪⑪⑪ シャティン 502 香港 出遅る 4¾ ロマンチックウ 2020 0.7	2中 2月25日 ②中山記念 4 GⅡ 3ト16頭 天内 1486 58 田辺 H ⑫⑬⑫ 466 人気1 後方追上 2¾ 373外364 マテンロウスカ 1481 0.5	1新 5月5日 ④新潟大賞 14 GⅢ 9ト16頭 三外 2017 595 国分優 S ⑥⑦⑦ 530 人気10 4角不利 10身 375中350 ヤマニンサルバ 2001 1.6
2阪 3月31日 ④大阪杯 3 GⅠ 13ト16頭 三内 1582 56 菅原明 S ⑫⑪⑩ 464 人気11 中位伸 クビ 372内340 ベラジオオペラ 1582 0.0	3京 4月28日 ④天皇賞 2 GⅠ 5ト17頭 三外 3145 58 菅原明 M ⑬⑫⑫ 424 人気5 後方伸 2身 382外346 テーオーロイヤ 3142 0.3	4京 6月1日 ①鳴尾記念 4 GⅢ 5ト13頭 三内 1574 57 団野 M ⑩⑩⑨ 484 人気6 中位差詰 1¾ 360中338 ヨーホーレイク 1572 0.2	2阪 3月31日 ④大阪杯 2 GⅠ 2ト16頭 三内 1582 58 戸崎圭 S ⑫②② 504 人気3 3角好位 クビ 373中349 ベラジオオペラ 1582 0.0	2阪 3月31日 ④大阪杯 7 GⅠ 10ト16頭 三内 1587 58 横山武 S ⑩④④ 456 B 公5 追上一杯 3身 371中351 ベラジオオペラ 1582 0.5	4京 6月1日 ①鳴尾記念 6 GⅢ 1ト13頭 三内 1577 57 高杉 M ⑦⑤⑥ 534 人気8 中位まま 3身 357内343 ヨーホーレイク 1572 0.5
0 1 3 3	0 4 3 2	0 1 2 1	2 1 5 1	0 1 2 2	0 3 7 0

一方、日本の7月、それも本州以南ではかなり暑く、3歳、古馬に関係なく秋に備えて休養に入るほうがベターである。

そこで宝塚記念の7月開催は4年で終了し、00年からは6月4週目に開催時期が前倒しとなったのだが、それでも3歳馬の出走は増えなかった。ダービー馬のネオユニヴァースやウオッカが敗れた以降は、なおさらである。

つまり、宝塚記念へ3歳馬の出走を促すという、96年からの宝塚記念のテコ入れは失敗に終わったのだ。ならば、もはやダービーとの間隔を取る必要もないのだが、JRAはやはり農林水産省傘下のお役所。なかなか失敗を認めることができず、宝塚記念の6月後半開催が継続されてきた。

前回の後倒しから30年。担当した職員がJRAや関連団体にいなくなったのが理由なのかは不明だが、宝塚記念は番組大改革となった25年、ようやく元の6月2週目の開催に戻ったのである。

これにより24年までの安田記念から宝塚記念までに存在した2週の中休みがなくなり、春のGIシリーズは天皇賞春からNHKマイルC、ヴィクトリアマイル、オークス、ダービー、安田記念、宝塚記念と7週連続での開催となる。

では、2週前倒しとなった宝塚記念での馬券的な注意点は何か。

番組表研究の立場からは、やはりステップレースとのローテーションが気になるところだ（左の表3）。

2週前倒しとなり、大阪杯や春の天皇賞からの間隔も2週短くなるが、特に問題はないだろう。ちなみに24年の宝塚記念は、1着ブローザホーンが前走天皇賞春、2着ソールオリエンス、3着ベラジオオペラは前走大阪杯に出走していた（P１０２～１０３に馬柱）。

影響が出てくるのが、16年1着マリアライトや18年3着ノーブルマースの**目黒記念**と15年ショウナンパンドラ、17年ミッキークイーン、22年デアリングタクトと過去10年で3頭の3着馬がステップにした**ヴィクトリアマイル**の2レースである。

なお、15年1着ラブリーデイと21年2着ユニコーンライオンが出走していた中2週の鳴尾記念は、25年から施行時期が12月となっている。

まず間隔が中1週となる目黒記念からのステップは、ほぼなくなるだろう。順序が逆になるが、春先に順調さを欠いた馬が目黒記念を叩いて宝塚記念出走というパターンも難しくなるため、25年からは目黒記念自体が目標にしてきた馬たちを素直に買いたい。

問題なのは中5週から中3週に間隔が詰まるヴィクトリアマイル。前出の3頭は、いずれも牝馬限定GⅠ狙いで出走していたものの、適性的にマイルは短い馬たち。当然、２２００ｍの宝塚記念も考慮しての前走敗退であり、中5週は立て直すのにちょうどいい間隔であった。

これが中3週となれば、ヴィクトリアマイルの時点で上位に来ている馬でないと調整は厳しくなる。もちろん、安田記念ではなくわざわざ宝塚記念へ出走してきた以上は注意しなければならないが、買い消しの判断は難しくなりそうだ。

前走鳴尾記念組で馬券になった2頭は、いずれも鳴尾記念を制しており、勢いがあった馬といえる。このタ

表3●宝塚記念の前走間隔比較

前走レース	2024年まで	2025年から
大阪杯	中11週	中9週
天皇賞春	中7週	中5週
エプソムC	中1週	中4週
新潟大賞典	中6週	中3週
ヴィクトリアM	中5週	中3週
ダービー	中3週	中1週
目黒記念	中3週	中1週
鳴尾記念	中2週	（12月）
安田記念	中2週	連闘

イプは間隔が開きすぎてもよくないので、中4週のエプソムCと中3週の新潟大賞典が代替を果たせるか否か確認したい。

名物重賞マーメイドS→府中牝馬Sで超配当は消滅!?

秋の東京での牝馬限定重賞としておなじみだった府中牝馬Sが、6月に実施時期を変更。

——2025年の重賞日程が発表された際に、誰しもがそう思ったに違いない。だが、距離の芝1800mは同じでも、なぜか格付けがGⅡからGⅢになっていた……。

実は25年6月22日日曜日に開催の府中牝馬Sは、24年までの府中牝馬Sとは別物で、24年までこの時期の阪神(24年は京都)芝2000mで開催されていたマーメイドSがレース名と距離、施行場所を変更したものなのだ。そのため、このレースは**東京芝1800mのGⅢハンデ戦**として実施される。

この時点で理解が追いつかない方も少なくないだろう。

競馬ファンは、どうしてもレース名からその内容を把握しようとするので致し方ない。この変更は次の流れで覚えてほしい。

①6月の阪神で開催されていた芝2000m牝馬限定のハンデ重賞マーメイドSが東京に施行場所を変更
②格付けは同じGⅢで、距離を芝1800mに変更
③レース名を「府中牝馬S」に変更

④24年まで10月に開催されていた府中牝馬Sは、レース名を副題だった「アイルランドトロフィー」に変更

さてマーメイドSは、1996年の創設で、翌97年にはオークス馬で骨折休養明けのエアグルーヴがこのレースから再始動し札幌記念、天皇賞秋と連勝している。

その後もエリモエクセル、フサイチエアデール、トゥザヴィクトリー、ヤマカツスズラン、ローズバド、テイエムオーシャン、アドマイヤグルーヴ、ダイワエルシエーロといったGⅠ好走馬が上位に来る比較的堅いレースであった。

変化があったのは06年で、この年からハンデ戦に変更されたのだ。すると荒れるレースとしておなじみの存在となり、以降24年までの19回で3連単10万以上配当が13回。ハンデ48キロの12頭立て12番人気のトーホウシャインが勝利した08年は、193万馬券が出現している。

また近10年の勝ち馬のハンデは53、53、55、51、51、50、50、54、55、50キロで、軽量馬を狙うレースとしても知られていた。ちなみに24年は、ハンデ50キロのアリスヴェリテが逃げ切り。馬もそうだが、鞍上の永島まなみ騎手にとっての重賞初制覇となった（P108～109に馬柱）。

そんなマーメイドSが、東京の開催場所が変更された理由は明らかではないが、6月の東西主場開催の重賞数バランスがあると思われる。

もともと6月の東京開催では安田記念、エプソムC、ユニコーンSと4週で3つの平地重賞が組まれていたが、24年からユニコーンSがダート交流GⅠの東京ダービーの前哨戦として春の天皇賞前日の京都へ移動。さ

京都 11R

WIN5④

発馬 15.35

第29回 マーメイドステークス (GIII)

牝馬 ㊑ 三才上 オープン・ハンデ

	570	コスセス
	380	57上村

枠・馬番	1白 1	1白 2	2黒 3	2黒 4	3赤 5	3赤 6	4青 7	4青 8	5 9
父	キズナ㊗	ジャスタウェイ㊥	ミッキーアイル㋮	ミッキーロケット㊗	キタサンブラック㊗	ロペデヴェガ㊥	ゴールドシップ㊗	ドゥラメンテ㊗	イスラボニータ㋮
馬名	ベリーヴィーナス	ジューンオレンジ	ピンハイ	ミッキーゴージャス	ラヴェル	㊀ホールネス	マリネロ	セントカメリア	コスタボニータ
母	ティーエスペリー 未勝㊥	アドマイヤサブリナ 3勝㋮	レイテッド 公㊥	ミッキークイーン 5勝㊥	サンブルエミューズ 3勝㋮	ミスユナイテッド 愛	マイネヴォヤージ 1勝㋮	アドマイヤテレサ 5勝㊥	レディイン 仏㊥
毛色・斤量	黒鹿 53 牝5	芦 54 牝4	栗 54 牝5	黒鹿 56.5 牝4	鹿 54 牝4	黒鹿 52 牝4	芦 50 牝5	鹿 53 牝5	芦 56 牝5
騎手	藤懸	富田	北村友	浜中	坂井	西塚	松若	西村淳	岩田望
厩舎	鈴木孝	長谷川	田中克	安田翔	矢作	藤原英	嘉藤	高野	杉山佳
賞金	2400	2400	2350	4300	2000	1500	1500	2400	4400
総賞金	5730	6874	10,660	8675	6520	3120	4987	7021	14,222
馬主名	ライオンRH	吉川潤	北畑忍	野田みづき	キャロットF	ゴドルフィン	ビッグレッドF	シルクR	谷掛龍夫
牧場名	浦河日成牧場	ヒダカF	ヒダカF	ノーザンF	ノーザンF	アイルランド	ビッグレッドF	ノーザンF	社台F
持木	…	…	△	注	△	△	B	…	▲
広田	…	…	注	△	…	▲	…	△	○
加茂	…	…	◎	△	△	▲	…	…	○
市場	…	…	○	△	…	…	…	△	注
田崎	△	…	▲	注	…	◎	△	△	…
本紙須藤	…	…	△	○	△	△	東	注	◎
芝距離別 (1600/1800/2000/2200)	東1368④ 阪1525⑪ 京1591⑥ 天ダ1534⑤	阪1334⑬ 東1460⑧ 芝1085❶ 芝1208③	東1323⑧ 阪1443① 東1589③ 阪2145❾	中1495① 小1579① 芝2261⑭	阪1330⑪ 阪1445⑭ 京2022⑪ 京2126⑤	東…① 京…①	新1359② 中1482③ 東1592③	東1353② 京1453③ 阪1585④	阪1330④ 東1455⑥ 小1581③
上り最高・騎乗成績	芝34.2⑤ 1000	芝33.5① 3014	天33.0① 初騎乗	芝34.1① 初騎乗	天33.0① 1005	芝34.6① 3100	芝33.8② 初騎乗	天33.1③ 0012	天33.4② 1000
クラス実績・当該条件	0001 1002	0015 初コース	0217 初コース	1002 1000	1007 0001	0000 初コース	0000 初コース	0012 0001	1133 初コース
前走4	3京 11月19日 ⑥ 3上 8 牝2勝 5ト16頭 天ダ1534 56松山 S③③③ 492 人気6 直線不利 6¾ 364中380 メテオリート 1523 1.1	2京 1月28日 ② シルクロ 12 GIII 7ト18頭 芝内1089 54横山和 M④③③ 468 人気6 好位一杯 7½ 339中350 ルガル 1077 1.2	2京 10月29日 ⑨ カシオペ 2 L 16ト16頭 天外1448 55高倉 M⑥⑦⑧ 416 人気2 中位伸 1¼ 355外343 アルナシーム 1447 0.1	4阪 9月24日 ⑦ 名 1 牝2勝 1ト11頭 芝内1588 53川田 S⑥⑤⑤ 448 人気1 中位一気 クビ 369中341 ヘネラルカレー 1589 0.1	2京 10月15日 ⑤ 秋華 11 牝GI 13ト18頭 芝内2022 55坂井 S③③③ 456 人気8 先行一杯 6½ 367中350 リバティアイラ 2011 1.1	2阪 23年4月 ⑧ 芝 2 未勝 3ト18頭 芝内2146 51西塚 M⑩⑨⑨ 498 人気11 中位伸 アタマ 366中359 マコトヴェリー 2146 0.0	5中 12月28日 ⑨ 3上 3 1勝 6ト16頭 天内1482 56丹内 M⑫⑫⑦ 432B 公4 後方伸 3½ 377中355 ランプシー 1476 0.6	3京 11月11日 ③ 摩耶 5 3勝 12ト16頭 芝内1597 54北村友 M⑫②② 456 人気6 後方差詰 2½ 372中358 ミッキーゴージ 1593 0.4	5中 12月17日 ⑥ ディセン 2 L 7ト13頭 天内1479 55石橋脩 S⑤④④ 464 人気2 一旦先頭 クビ 375中354 ロングラン 1478 0.1
前走3	1中京 3月9日 ① [illegible] 9 2勝 5ト10頭 芝2012 56長岡 S③③③ 492 人気5 好位一杯 6¾ 368外362 エイカイマッケ 2000 1.2	2京 2月17日 ⑦ 京都牝馬 16 牝GIII 14ト18頭 芝外1214 55和田竜 S②②② 462 人気9 先行一杯 6½ 347中355 ソーダズリング 1203 1.1	4中京 12月9日 ③ 中日新聞 3 GIII 15ト17頭 芝1589 54高倉 S⑪⑨⑧ 408 人気4 中位伸 1身 361外341 ヤマニンサルバ 1588 0.1	3京 11月11日 ③ 摩耶 1 3勝 9ト16頭 芝内1593 53川田 M⑦⑦⑤ 448 人気1 中位差切 1¾ 366中350 エアサージュ 1595 0.2	2京 2月11日 ⑥ 京都記念 5 GII 6ト12頭 芝外2126 54 Mデムーロ M⑥⑤⑥ 458 人気6 中位差詰 3¾ 364外352 ブラダリア 2121 0.5	1新 23年5月 ⑤ 芝 1 未勝 4ト13頭 芝内2142 51西塚 H⑧⑦⑦ 508 人気2 G前差す ½身 362中367 ボールドステー 2143 0.1	1小 2月3日 ⑦ 4上 1 牝1勝 2ト11頭 芝2028 56丹内 H④②① 428B 公1 内抜出 4身 366内378 キコラ 2035 0.7	5阪 12月24日 ⑧ サンタク 1 3勝 8ト13頭 芝内1593 56北村友 H⑨⑨⑨ 452 人気5 後方一気 1¾ 380外338 シェイクユアハ 1596 0.3	1小 1月13日 ① 愛知 3 牝GIII 2ト14頭 芝1581 55鮫島駿 H④④④ 468 人気2 中位伸 1¾ 347中357 ミッキーゴージ 1579 0.2
前走2	2阪 3月24日 ❷ 四国新聞 1 牝2勝 5ト10頭 芝内2017 56菱田 S①①① 494 人気7 逃切る 1¾ 374内352 アリスヴェリテ 2020 0.3	1新 4月28日 ② [illegible] 4 L 10ト15頭 芝外1338 55富田 S⑧⑨⑨ 462 人気7 中位伸も 1¼ 365中339 メイショウチタ 1336 0.2	1阪 3月3日 ④ 大阪城S 12 L 13ト15頭 天外1463 54高倉 M⑫⑬⑩ 408 人気1 後方まま 5¼ 359外349 ステラヴェロー 1454 0.9	1小 1月13日 ① 愛知 1 牝GIII 12ト14頭 芝1579 54川田 H⑩④② 450 人気1 直抜出 ½身 351中355 タガノパッション 1580 0.1	2中 3月9日 ⑤ 中山牝馬 11 牝GIII 16ト16頭 天内1496 54横山武 S⑧⑨⑥ 458 人気7 中位一杯 3½ 384中362 コンクシェル 1490 0.6	4中京 12月2日 ① 3上 1 1勝 14ト17頭 芝2000 52西塚 S⑧⑨⑨ 518 人気5 中位差切 ¾身 376中346 マイネルシーマ 2002 0.2	2小 2月24日 ⑤ [illegible] 1 2勝 7ト15頭 芝2022 53丹内 S⑦⑨⑦ 430B 公1 中位抜出 ハナ 373中356 アトミックフレ 2022 0.0	1小 1月13日 ① 愛知 9 牝GIII 11ト14頭 芝1588 54西村淳 H⑫⑨⑥ 454 人気3 追上一杯 5½ 354外362 ミッキーゴージ 1579 0.9	2中 3月9日 ⑤ 中山牝馬 5 牝GIII 11ト16頭 天内1493 55西村淳 S⑤⑤⑥ 470 人気3 中位差詰 1½ 382中361 コンクシェル 1490 0.3
前走	4京 6月2日 ② 下鴨 1 3勝 6ト13頭 芝内1594 56藤懸 M①①① 496 人気8 逃切る ½身 356内353 ショウナンアデ 1595 0.1	2東 5月18日 ⑨ メイ 8 オープン 15ト16頭 天1460 54横山和 S⑫⑫⑫ 454 人気7 後直だけ 5¼ 373中335 プレサージュリ 1451 0.9	3京 5月11日 ⑦ [illegible] 4 L 1ト11頭 天外1454 55武豊 S⑩⑨⑧ 412 人気2 後方追上 3¾ 363中336 セオ 1448 0.6	2阪 3月31日 ④ 大阪 14 GI 1ト16頭 芝内1595 56 Mデムーロ S⑩⑭⑮ 444 人気10 中位一杯 8身 369中349 ベラジオオペラ 1582 1.3	3ヵ月余 放牧 乗込み2週間 仕上り○ 連対体重 444～452 3ヵ月以上休 ①②③外 2003	1中京 3月23日 ❺ [illegible] 1 2勝 10ト10頭 芝2158 55西塚 S⑤④④ 524 人気2 中位差切 1¾ 377中351 シーウィザード 2161 0.3	1新 5月12日 ⑥ [illegible] 9 3勝 15ト16頭 天外1486 56西塚 S⑬⑨⑨ 426B 公7 中位まま 7身 371内343 セレシオン 1475 1.1	3京 5月11日 ⑦ [illegible] 3 L 9ト11頭 天外1453 55西村淳 S⑪⑪⑪ 458 人気6 後方伸 3¼ 366外331 セオ 1448 0.5	1福 4月20日 ⑤ 福島牝馬 1 牝GIII 1ト16頭 天1469 55岩田望 S④⑤④ 470 人気1 G前差す クビ 360内346 フィールシンパ 1469 0.0
㉑㊍㊣㊀連対数	3300	0320	0031	0230	0011	0040	0150	1311	0152

記号の説明

厩舎左側の㊤㊦は
㊤＝関東・美浦所属
㊦＝関西・栗東所属
賞金左の記号は重の巧拙を表します
◎…得意△…苦手

馬場表示

❶ ❶ ① ①　開催日の馬場状態
↓ ↓ ↓ ↓
不良 重馬場 稍重 良馬場

乗替り記号

㊥…ベスト10外の騎手からベスト10への乗替り
㊦…それ以外

開催場所・月日
開催日・着順
条件・枠・頭数
距離・タイム
斤量・騎手名
ペース・通過順
馬体重・人気
戦評・馬身差
前半・上り③F
①②着時計・秒

●2024年6月16日・京都11Rマーメイドステークス(牝馬GIIIハンデ、芝2000m)

1着⑬アリスヴェリテ
（4番人気）
永島まなみ騎手
ハンデ 50 キロ
※最軽量タイ

2着⑮エーデルブルーメ
（1番人気）
川田将雅騎手
ハンデ 54 キロ

3着⑥ホールネス
（6番人気）
西塚洸二騎手
ハンデ 52 キロ

単⑬ 910 円
複⑬ 290 円
⑮ 150 円
⑥ 360 円
馬連⑬ー⑮ 1880 円
馬単⑬→⑮ 3730 円
3連複⑥⑬⑮ 6190 円
3連単⑬→⑮→⑥ 31410 円

16 桃8	15	14 橙7	13	12 緑6	11	10 黄
ヴァンセンヌ	ハービンジャー	キングカメハメハ	キズナ	キングカメハメハ	ハーツクライ	ドゥラメンテ
ファユエン	エーデルブルーメ	エリカヴィータ	アリスヴェリテ	タガノパッション	インザオベーション	ゴールドエクリプス
サクラパピルス 未勝	アーデルハイト 未勝	マルシアーノ 3勝	ルミエールヴェリテ 未勝	アドマイヤシルク 未勝	インザスポットライト	ゴールドグローリー 1勝
鹿 53 牝6	鹿 54 牝5	青 54 牝5	鹿 50 牝4	鹿 53 牝6	黒鹿 51 牝5	栗 53 牝5
菊沢	川田	小沢	永島	Mデムーロ	荻野極	幸
勢司	福永	国枝	中竹	武幸	武幸	大久保龍
2400	2400	3000	1500	2350	1500	2400
5712	8344	6960	7840	10,624	5308	7110
谷岡毅	シルクR	三木正浩	加藤誠	八木良司	フィールドR	居城寿与
谷岡S	ノーザンF	ノーザンF	ノースヒルズ	新冠タガノF	レイクヴィラF	北勝F
△ 東	◯ ◎ 注 ▲ ◯ ▲	B △ 東	△ △ △	◎ △ △	△	△ △ ◎ △ △
東1357④ 阪1467⑦ 東1587① 函2259⑥	新[illegible] 小[illegible]	中1338⑨ 東1454⑤ 小1588⑩ 函2250⑨	東1339③ 阪[illegible]⑬ 京[illegible]① [illegible]④	東1382⑪ 阪1450③ 小1575③ 函2248④	京1340⑦ 阪1458③ 小1599①	阪1338⑧ 小1462⑫ 小1584③ 京2152⑭
天33.0⑨ 0002	芝33.0① 1110	天33.8⑪ 初騎乗	天33.9③ 初騎乗	天32.9③ 初騎乗	天32.8⑥ 初騎乗	天33.2① 初騎乗
0004 初コース	0000 0100	10011 初コース	0212 1000	1105 初コース	0001 0010	0014 初コース
3新 9月3日 ⑧新潟記念 8 GIII 10ト14頭 芝外1594 53木幡巧 S③④④ 462 人気6 好位一杯 2 1/4 369中343 ノッキングポイ 1590 0.4	4新 10月28日 ⑤[illegible] 5 3勝 2ト12頭 芝外2043 56斎藤 S④④④ 492 人気2 好位一息 4 3/4 373中363 ホウオウリアリ 2036 0.7	4東 10月14日 ④府中牝馬 11 牝GII 2ト13頭 天1470 55三浦 S④③⑤ 464B 人気12 内々回る 5 1/4 366内338 ディヴィーナ 1461 0.9	1小 1月20日 ③四才上 2 牝1勝 6ト15頭 芝2022 55鮫島駿 M⑤③④ 452 人気1 好位伸 クビ 357中370 フォレスタ 2021 0.1	2京 10月8日 ②トルマリ 6 牝3勝 2ト15頭 天外1519 56藤岡康 S⑩⑩⑪ 488 人気6 後方差詰 6 1/4 380中365 サーマルソアリ 1509 1.0	3京 11月26日 ⑧[illegible] 7 3勝 10ト13頭 天外1340 54浜中 S⑥⑥⑥ 464 人気6 中位まま 5身 372外335 トゥードジボン 1332 0.8	2京 10月15日 ⑤[illegible] 1 3勝 7ト7頭 天外1470 56岩田望 H④②② 498 人気1 楽抜出 1/2身 349中355 コスモサガルマ 1471 0.1
4東 10月14日 ④府中牝馬 12 牝GII 10ト13頭 天1472 55横山和 S⑬⑬⑫ 474 人気13 後方まま 6 3/4 376中333 ディヴィーナ 1461 1.1	1京 1月8日 ③寿 2 3勝 11ト12頭 芝内2004 56川田 M⑪⑧⑦ 480 人気4 内つき伸 1/2身 374中350 アビットバロー 2003 0.1	5中 12月17日 ⑥ディセン 4 L 3ト13頭 天内1481 56北村宏 S⑥④⑥ 462B 人気9 中位差詰 1 1/4 379中356 ロングラン 1478 0.3	2小 3月2日 ⑦四才上 1 牝1勝 6ト13頭 芝2017 53柴田裕 H①①① 454 人気1 逃楽勝 5身 347内371 キョウ 2026 0.9	1小 1月13日 ①[illegible] 2 牝GIII 3ト14頭 芝1580 53菱田 H⑧⑨⑥ 482 人気8 中位伸 1/2身 349中354 ミッキーゴージ 1579 0.1	1東 2月11日 ⑥[illegible] 5 牝3勝 13ト13頭 天1466 56石川 S⑩⑩⑪ 478 人気7 後方追上 6 1/2 380中328 コンクシェル 1455 1.1	3京 11月12日 ④エリザベ 14 牝GI 12ト15頭 芝外2152 56岩田望 S③③③ 492 人気10 好位バテ 15 1/2 372中373 ブレイディヴェ 2126 2.6
1福 4月20日 ⑤福島牝馬 13 牝GIII 7ト16頭 天1535 55菊沢 S⑯⑭⑬ 460 人気13 不利有 大差 377内388 コスタボニータ 1469 6.6	2小 3月3日 ⑧[illegible] 4 3勝 7ト14頭 芝2023 56北村友 S⑪②③ 478 人気2 マクるも 3 1/2 378外358 ニホンピロキー 2017 0.6	1小 1月13日 ①[illegible] 10 牝GIII 10ト14頭 芝1588 55佐々木 H⑥⑪⑫ 460B 人気10 もまれる 5 3/4 348外361 ミッキーゴージ 1579 0.9	2阪 3月24日 ②四国新聞 2 牝2勝 4ト10頭 芝内2020 56柴田裕 S③③② 456 人気1 好位伸 1 3/4 377中352 ベリーヴィーナ 2017 0.3	2中 3月9日 ⑤中山牝馬 6 牝GIII 1ト16頭 天内1493 53大野 S⑨⑭⑫ 474 人気9 後方差詰 1 3/4 386内355 コンクシェル 1490 0.3	2中 3月17日 ⑧スピカS 10 3勝 7ト16頭 天内1483 56石川 S②②② 472 人気9 先行一杯 4身 363中354 グランディア 1476 0.7	2小 2月18日 ④小倉大賞 12 GIII 14ト15頭 天1462 53角田河 H⑨⑧⑥ 492 人気2 中位一杯 6身 375外355 エピファニー 1451 1.1
1新 5月5日 ④新潟大賞 6 GIII 10ト16頭 芝外2007 53菊沢 S⑭⑭⑯ 466 人気15 内々回る 3 1/2 385内336 ヤマニンサルバ 2001 0.6	2阪 4月7日 ⑥ダイワスカー 1 3勝 15ト16頭 芝内1588 55川田 S⑦⑥⑥ 486 人気1 中位抜出 1 1/2 372外339 シェイクユアハ 1591 0.3	1福 4月20日 ⑤福島牝馬 5 牝GIII 2ト16頭 天1473 56富田 S⑦⑥⑥ 464B 人気11 内々回る 2 3/4 362内347 コスタボニータ 1469 0.4	3京 5月25日 ⑪四才上 1 牝2勝 2ト10頭 芝内1578 53柴田裕 H①①① 466 人気1 逃切る クビ 345中372 カンティプール 1578 0.0	1福 4月20日 ⑤福島牝馬 6 牝GIII 11ト16頭 天1474 55菱田 S⑬④⑤ 476 人気4 マクるも 3身 371中352 コスタボニータ 1469 0.5	3京 5月19日 ⑩パールS 3 牝3勝 3ト12頭 芝内2003 56浜中 S⑥⑥⑤ 478 人気6 中位伸 1/4身 373外340 エンバイアウエ 2003 0.0	2阪 4月6日 ⑤阪神牝馬 8 牝GII 2ト11頭 天外1338 55岩田望 S①②② 494 人気8 先行一杯 5 3/4 356中341 マスクトディー 1330 0.8
0121	1412	0110	3520	0040	1120	0230

らに、25年からはエプソムCが5月開催となった。

一方、6月の阪神開催では鳴尾記念、マーメイドS、宝塚記念の重賞3レースが編成されていた。25年から鳴尾記念が12月に移設されたものの、リステッド競走の米子Sが重賞昇格したため、東京と阪神での重賞数が1：3になりかけた。

そこで、マーメイドSの開催場所を阪神から東京へ動かし、東西でのバランスを取ったのではないだろうか。

距離短縮の理由も不明だが、中山牝馬S、福島牝馬S、クイーンC、府中牝馬Sと、前後の古馬牝馬中距離重賞が1800mで開催されているのでそれに合わせたのか。

それとも、「荒れる」というメージが先行しすぎていたので、東京2000mよりは堅く収まりがちな東京1800mに変更したのかもしれない。

そのうえで開催場所、距離が変更されたので、マーメイドSのままではややこしいのでレース名称変更を計画。もともとアイルランドトロフィーと府中牝馬Sの別々のレース名が一緒になっていた24年までのアイルランドトロフィー府中牝馬Sの名を分割し、東京芝1800mという条件がイメージしやすい府中牝馬Sの名を選んだのかもしれない。これも、ただの想像だが……。

というわけで、マーメイドS改め府中牝馬Sの馬券的な注意点はひとつ。

レース格付けの都合上で24年までのマーメイドSを引き継いだ25年からの府中牝馬Sは、書類上だけマーメイドSの後継で、レース内容、配当傾向はまったく別物になる可能性が高いと思われる。

GⅢハンデ戦だけにド本命で決着することはないだろうが、**東京芝1800mでは極端な波乱は見込めないと**予想する。

サマーマイル改革の一端、しらさぎSの誕生

２０２４年までリステッド競走で開催されていた米子Sが、25年から重賞に昇格しレース名も「しらさぎS」に変更される。

米子Sは夏の阪神で組まれている芝１６００mのオープン特別で、ウインズ米子が開設された２０００年から施行されてきた。19年からはリステッド競走に指定され、また20年からはリステッド競走でありながらサマーマイルシリーズの対象レースに組み込まれていた。

本原稿執筆時点では未開催だが、25年1月に開催予定の日本グレード格付管理委員会の格付審査をパスすれば、ＪＲＡが申請しているＧⅢの格付けとなる予定である。

米子Sの重賞に格上げは、サマーマイルシリーズに組み込まれた時点で予想されたこと。以前であれば、ＪＲＡが即座にＧⅢの重賞に指定していたと思われるが、07年に国際パートⅠ国に認定されてからは、レースレーティングなどの要件を満たして格付審査に通過しなければグレード格付を得られなくなっている。

つまり、米子Sがサマーマイルシリーズの対象となって、６年目にしてようやくクリアできたということになる。

米子Sが重賞になることは理解できる。気になるのは、レース名称がしらさぎSになることだ。

重賞を含むＪＲＡの特別戦にはレース名称がついている。

大きな括りとして、天皇賞やエリザベス女王杯、有馬記念など人物（地位）に由来するもの。

朝日杯FSや京成杯など企業・団体名がついたもの、フェブラリーSやきさらぎ賞、スプリングSなど開催

月や季節に関するもの。

他には植物、動物、星座、誕生石など多種多様だが、最も多いのは競馬場名を含めた地名を用いたものだろう。正月の「中山」金杯、「京都」金杯から始まり、「東京」優駿（日本ダービー）、「宝塚」記念、そして暮れの「阪神」Cまで、実にさまざまだ。重賞に限らず特別レースまで広げれば、レース名はほぼ地名といってよいだろう。

米子Sの「米子」も地名であり、JRAホームページの特別レース名解説でも、こう記載されていた。

米子（よなご）は、鳥取県西部の市。農業、漁業が盛んで、白ねぎ・二十世紀梨・岩ガキ・松葉ガニなど特産品が豊富。

なお、同市にはJRAの場外勝馬投票券発売所であるウインズ米子がある。

ではなぜ、重賞昇格に伴い米子Sの名称が変更になったのか。

私見だが、米子が施行の舞台である阪神競馬場から離れすぎているのと、縁もゆかりもないからではないだろうか。

地名がレース名になっている重賞を調べてみると、府中牝馬S、北九州記念、愛知杯、武蔵野S、東海S等の競馬場所在地や付近の地名か、根岸S、目黒記念、関屋記念、鳴尾記念等、かつて存在した競馬場に関するものがほとんど。

競馬場から離れた地名としては、東京競馬場で施行されている富士S（静岡県の市名）が存在するも、富士は競馬場から見える富士山にもちなんでいる。

もちろん、東京競馬場での鎌倉Sや中京競馬場の浜松S、阪神競馬場の安芸（広島県西部の旧国名）S、小倉競馬場の佐世保Sなど、競馬場から離れた地名もレース名になっているが、あくまでも重賞競走ではなく特別戦である。

「米子Sでは阪神競馬場の重賞としてイメージが湧きにくい」

そんな理由で名称が変更になったのかもしれない。

なお、阪神競馬場では24年4月まで白鷺（しらさぎ）特別という2勝クラスの芝２４００m戦が行なわれていたが、しらさぎSの新設により25年からは組まれていない。

白鷺は白いサギの総称であり、兵庫県姫路市にある姫路城の別名が白鷺城であることから阪神でのレース名に使われていたようだ。しらさぎSのレース名がひらがなであるのは、24年までの白鷺特別と区別をするためだろう。

余談だが、地方競馬の浦和競馬場ではしらさぎ賞、また姫路競馬場では白鷺賞という重賞レースが組まれている。

では「米子」の名はどこへいったのか。

米子市民の皆さん、ご安心ください。25年も米子の名は残ります。中山でスプリングS、中京で金鯱賞が行なわれる3月16日の阪神のメインに「米子城S」という芝１２００mのオープン特別ハンデ戦が新設されたのだ（下の番組表画像）。

馬 番 組

競走番号	⑥ 3月16日（日）
9	1,600（芝・外） 皆生特別 混合 特指 定量
11	1,200（芝） 米子城ステークス 特指 ハンデ

しかも、この日の9Rには米子市の皆生（かいけ）温泉にちなんだ、2勝クラスの皆生特別も組まれている。

最後に、しらさぎSの馬券の話を。

23年には10番人気のメインショウシンタケが勝利して3連単122万馬券が出現した、リステッド競走時代の米子S。24年も10番人気のアナゴサンが3着に入り7万馬券となっていたが、重賞のしらさぎSになってどう変わるのだろうか。

もともとマイルGI安田記念からは中1週であり、このローテで出走してくる馬はいない。その安田記念路線から脱落して立て直された馬とリステッドの六甲S、谷川岳S、安土城Sあたりを使われた馬、これに3歳GIから転戦の馬と昇級馬の対戦になっており、狙いどころが難しいレースとなっている。

とはいえ、重賞に昇格したことで出走のボーダーラインが極端に上がらなければ、基本的には波乱傾向が継続するように思える。重賞化でサマーマイルシリーズの初戦から勝負にくる馬がどの程度出てくるかが、ポイントになるのではないだろうか。

函館記念の時期移動で気になる巴賞の存在

2024年まで函館開催の最終週に組まれていた函館記念が、25年は開催3週目となる6月29日に施行される。この変更は、GI前哨戦の前倒し云々というよりは、前後の芝中距離重賞とのローテーションの調整によるもの。

というのも、25年からの宝塚記念の開催前倒しによって、24年まで6月に組まれていた鳴尾記念とエプソムCの実施時期が変更になり、この時期の芝中距離重賞が不足気味となってしまったからだ（下の表4）。

6月開催の函館記念。もっとも競馬歴の長い方なら、違和感も小さいのではないだろうか。というのも、かつて函館記念はこの時期に施行されていたからだ。

現在は、函館→札幌の順で開催されている夏の北海道シリーズは1996年まで札幌→函館の順であり、当時は6月末から7月頭に札幌記念が、8月後半に函館記念がそれぞれ組まれていた。

97年に札幌と函館の開催順が入れ替わると、札幌記念はGⅡに昇格して8月後半に、函館記念は6月末から7月頭に行われるようになったのだ。ちなみに函館記念の7月後半での開催が定着したのは2000年からである。

そんな函館記念の特徴は、前哨戦である芝1800mのオープン特別である巴賞との関係。8月開催の頃から巴賞を叩いて函館記念という馬が少なくなく、7月後半の開催になってからも、中1週のステップレースとしておなじみなのだ。24年もホウオウビスケッツが巴賞1着から函館記念を制している。

UHB杯の名で施行された00年を含め、過去25年間でこのローテーションの馬は8勝・2着13回・3着6回。

表4●夏の中距離重賞ローテーション比較

（芝1800〜2200m）

週	2024年	2025年
6月第1週	鳴尾記念	（ダービー）
6月第2週	エプソムC	
6月第3週	マーメイドS	宝塚記念
6月第4週	宝塚記念	府中牝馬S ※2
6月第5週		函館記念
7月第1週	七夕賞	
7月第2週	函館記念	七夕賞
7月第3週	中京記念 ※1	小倉記念
7月第4週	クイーンS	
8月第1週		クイーンS
8月第2週	小倉記念	
8月第3週	札幌記念	札幌記念

※1小倉芝1800mで施行　※2マーメイドSから名称変更
※アミ掛けは東西主場の開催単位

05年から函館記念を3連覇したエリモハリアーも3年連続で巴賞からのステップであったが、07年は巴賞で11着に敗れていたこともあり、7番人気単勝25・1倍で勝利していた。

まだ夏の番組は発表されていないが、25年も函館記念まで中1週、**すなわち函館開催の開幕週に巴賞が組まれるようなら注意したい**。叩きのレースとはいえ「中1週でこんなに変わるのか？」という馬の激走があるかもしれない。

CHANGES!

2025年7月 July

●6日（日）　北九州記念（2回小倉GⅢ　3歳上H/芝1200m）

●13日（日）　七夕賞（2回福島GⅢ　3歳上H/芝2000m）

●20日（日）　小倉記念（2回小倉GⅢ　3歳上H/芝2000m）

函館2歳S（1回函館GⅢ　2歳/芝1200m）

●27日（日）　関屋記念（2回新潟GⅢ　3歳上H/芝1600m）

東海S（3回中京GⅢ　3歳上/ダ1400m）

※旧・プロキオンS

次に挙げるのが、7月の変更点である。

- 北九州記念、七夕賞が1週繰り下げられ、函館2歳Sが日曜日開催に変更
- 小倉記念が7月第3週に開催
- 関屋記念が7月第4週に開催
- プロキオンSが「東海S」に名称変更し、7月第4週に実施

〝風物詩〟夏の3重賞の時期ズレの影響は……

北九州記念が夏の小倉開催2週目、七夕賞は夏の福島開催3週目へ1週繰り下げとなる。もっとも、これは6月の東西主場開催が1週短縮したことによる、見かけ上の実施時期の繰り下げである。

まずはサマースプリントシリーズの北九州記念。2023年までこの時期には芝1200mの重賞としてCBC賞が組まれていたのだが、24年夏の小倉と中京の開催順が入れ替わった際に、それまで8月の小倉で施行されていた同じ短距離重賞の北九州記念とレースを交換している。

ちなみに、CBCは名古屋の放送局で日曜日にラジオの競馬中継を行なっており、北九州記念は日曜日にテレビの競馬中継を担当しているテレビ西日本から寄贈賞が出ている。

京都競馬場の改装工事に伴う変則日程の都合でCBC賞が小倉で施行された21年には、ファストフォースが1分6秒0、翌22年にはテイエムスパーダが1分5秒8をマークし、小倉芝1200mと芝1200mの日本

レコードを更新した。

北九州記念が夏の小倉開催開幕週から2週目の開催に替わっても馬場状態はよさそうで、スピードのある馬が有利なのは変わらないだろう。


夏の福島名物レースでサマー2000シリーズの七夕賞は、開催3週目の7月13日に行なわれる。ちなみに24年が7月7日の七夕開催であったが、次回の七夕当日の開催は30年の予定である。

七夕賞は、過去30年で1番人気が4勝・2着7回・3着3回と苦戦しているレース。近年では17年のセーヴィントが勝利して以来、1番人気の勝ち馬が誕生していない。その理由としては、さまざまな理由が考えられるのだが、そのひとつにローテーションの問題がある。

下の表1は、過去5年の七夕賞での前走レース別成績である。

同じローカルの芝2000m重賞である5月の新潟大賞典組がマズマズの成績だが、他の重賞にありがちな相性のいいローテーションが存在せず、上位に好走した馬の前走も、GI、直近1カ月以内、久々とバラバラである。これでは馬券を買うファンはもちろんだが、馬を調整する厩舎や外厩にも難しいのではないだろうか。

25年からの日程変更で、七夕賞と好相性な前走レースが出現

表1●七夕賞の前走レース別成績（近5年）

前走レース名	間隔	着別度数
新潟大賞典	中8週	1- 2- 1- 4/ 8
メトロポリタンS	中8週	1- 0- 0- 4/ 5
中山金杯	中26週	1- 0- 0- 0/ 1
京都記念	中20週	1- 0- 0- 0/ 1
安田記念	中4週	1- 0- 0- 0/ 1
福島牝馬S	中10週	0- 1- 0- 2/ 3
天皇賞春	中9週	0- 1- 0- 1/ 2
大阪-ハンブルクC	中12週	0- 1- 0- 0/ 1
福島民報杯	中11週	0- 0- 1- 6/ 7
鳴尾記念	中4週	0- 0- 1- 6/ 7
マーメイドS	中2・3週	0- 0- 1- 1/ 2
エールS	中10週	0- 0- 1- 0/ 1
目黒記念	中5週	0- 0- 0- 6/ 6
エプソムC	中3週	0- 0- 0- 8/ 8
大阪杯	中13週	0- 0- 0- 4/ 4

することを祈るばかりである。

続いては24年まで土曜日開催だった函館2歳Sが、函館記念の開催前倒しに伴い日曜日開催に変更となる。

では、土曜日開催から日曜日開催に替わって、何が変わるのか。

まずはジョッキー。2歳戦、それもGⅢなので唐突な乗り替わりはあまりなかったものの、24年までは土曜日とあって被る重賞もなく、なおかつ翌日も函館で重賞が組まれていたのでトップジョッキーが参戦しやすい環境にあった。

ところが、25年からは日曜日開催で小倉記念と被るため、ジョッキーの集まりが少し悪くなるだろう。

一方で、土曜日の重賞と日曜日の重賞ではファンやマスコミの注目度が天と地ほど異なり、情報量も変わってくる。馬券の配当傾向にも影響が出るかもしれない。

この2つはある程度予想されるし、土曜日開催から日曜日開催に替わる重賞では珍しくないこと。だが25年からの函館2歳Sには、レースの性質が大きく変わる可能性がある。

というのも、24年までの小倉2歳Sが25年から「中京2歳S」に名称変更をしたうえで1400mへ距離延長されるため、**函館2歳Sが2歳重賞で唯一の芝1200m戦**となるからだ。

1990年代半ばまでは夏の2歳重賞は札幌、小倉、新潟、函館の4場すべてで芝1200m戦として施行されていた。この4重賞と当時は12月の中山で開催されていた牝馬限定のフェアリーSを合わせて、一時期は年間に5レースもの芝1200mの2歳重賞が組まれていたのである。

その後、新潟と札幌の2歳Sが距離延長され、フェアリーSも08年をもって実施時期が3歳1月に変更となると、距離もマイルへ延長。09年以降は函館2歳Sと小倉2歳Sが芝1200mで施行される2歳重賞となっていたのだが、25年からは函館2歳Sのみとなるわけだ。

すると、どうなるか。24年東京の芝1400m新馬戦1着から転戦してこのレースを制したサトノカルナバルのように、東西の主場開催で新馬勝ちした馬たちの参戦が増えると思われる。

さすがに、福島や小倉から中1、2週で出走してくる馬はほぼ出てこないだろうが、6月の東京、阪神を使われた馬なら、1200mの重賞目標でエントリーしてきて何ら不思議でない。

また函館にしか1200mの重賞が組まれないなら、デビューを函館で行なう馬が増える可能性もあり、6月、7月の2歳戦事情自体が変わってくるかもしれない。

小倉記念の時期移動がもたらすサマー2000の異変

夏の開催最終日の小倉では、2024年まで8月に開催さ入れていたサマー2000シリーズの小倉記念が施行される。

もともと7月第3週にはサマーマイルシリーズの中京記念が組まれていたのだが、関西エリアの変則日程の都合もあって、近5年で本来の中京マイルで開催されたのは23年のみ。20年は阪神芝1600m、21、22、24年は小倉芝1800mで行なわれていた。

25年から夏の小倉と中京の開催順が正式に入れ替わったことで、重賞の配置も変更。もっとも小倉記念がここに入っても、近年で3回も小倉芝1800mの重賞が実施されていただけに、違和感はそう大きくないのかもない。

ただし、サマー2000シリーズとしては大きな変化である。なぜなら、24年まで中4週の間隔があり、23年はエヒト、24年はリフレーミングと、2年連続で優勝馬を輩出していた七夕賞との間隔がなくなり、もし両レースに出走するなら連闘になってしまうからだ（P115の表4を参照）。

サマーシリーズのみで考えれば、函館記念からの転戦も可能であり、23年2着のテーオーシリウスは函館記念16着から中3週での一変であった。

だが、函館記念との間隔も25年からは中2週に短縮される。となれば、連闘の七夕賞か、中2週で函館からの移動を伴う函館記念か、あるいはその他のレースからのステップが主流になるのか（下の表2）。

そもそも25年から重賞日程自体が大きく変更になるだけに、24年までの傾向はアテにならない。

そんな中、ひとつだけ覚えておいたほうがいいデータがある。

それは前走3勝クラス出走馬の好走。

20年10番人気1着のアールスターが前走垂水S、21年6番人気1着のモズナガレボシは前走佐渡S、同年8番人気3着のスーパーフェザーも前走不知火Sと前走3勝クラス出走馬が穴をあけていたのだ。

しかも、この3頭は3勝クラスの前走を勝利して小倉記念に出走したのではなく、前走で敗退し格上挑戦で出走してきた馬たちであった。ハンデ戦で

表2●小倉記念の前走レース別成績（近5年）

前走レース名	間隔	着別度数
七夕賞	中4週	2- 0- 1- 7/10
マーメイドS	中7・8週	1- 1- 1- 4/ 7
垂水S	中7週	1- 0- 0- 1/ 2
佐渡S	中1週	1- 0- 0- 0/ 1
エプソムC	中8週	0- 2- 0- 2/ 4
函館記念	中3週	0- 1- 0- 2/ 3
中日新聞杯	中34週	0- 1- 0- 0/ 1
鳴尾記念	中9週	0- 0- 2- 3/ 5
不知火S	中3週	0- 0- 1- 2/ 3
中京記念	中2・3週	0- 0- 0- 8/ 8

もあり、サマー2000シリーズでの転戦馬が見込めない25年は、こういったタイプにも注意しておきたい。

ハンデ戦になった関屋記念、枠の有利不利は？

2025年の関屋記念は、前後の重賞日程との都合もあり、実施が2024年までより2週前倒しされ、夏の新潟開幕週に組まれた。これでサマーマイルシリーズの第2戦となったわけだ。同時に、ハンデ戦として施行されることになる。

24年までのサマーマイルシリーズは、6月の阪神でのリステッド競走の米子S（25年より重賞のしらさぎS）からスタートし、7月の中京記念、8月の関屋記念、そして9月の京王杯オータムHという並びであった。

ところが、24年夏から関西主場開催で中京と小倉の開催順が入れ替わった。小倉にはマイルコースの設定がないため、24年は中京記念を小倉芝1800mで施行したものの、あくまでも暫定的な措置であった。

25年から中京と小倉の開催順入れ替えが正式なものとなったことで、重賞日程を調整した結果、関屋記念が7月第4週、中京記念が8月第3週に組まれることになったようだ。

また前述のように、25年の関屋記念は、24年までの別定戦からハンデ戦へ変更され、代わりに中京記念がハンデ戦から別定戦となっている。

表3●2025サマーマイルシリーズ

開催週	レース名	場所	斤量
6月第4週	しらさぎS	阪神	別定
（中4週）			
7月第4週	関屋記念	新潟	ハンデ
（中2週）			
8月第3週	中京記念	中京	別定
（中2週）			
9月第1週	京王杯オータムH	中山	ハンデ

※正式なレース選定は夏競馬番組発表時

新潟 11R

WIN5⑤

発馬 15.45

第59回 サマーマイルシリーズ・関屋記念(GIII)

(特指)三才上オープン・別定

	1 (白1)	2 (白1)	3 (黒2)	4 (黒2)	5 (赤3)
父	ルーラーシップ	キズナ	ジャスタウェイ	ネオユニヴァース	ワールドエース
馬名	ディスペランツァ	ダディーズビビッド	コレペティトール	サクラトゥジュール	メイショウシンタケ
母・母実績	ルパンII 米	ケイティーズギフト 1勝	ベガスナイト 3勝	サクラレーヌ 未勝	アドマイヤビアン 1勝
毛色・斤量	鹿 55 牡3	鹿 57 牡6	栗 58 牡4	青鹿 58 牡7	鹿 57 牡6
騎手	Mデムーロ	丸山	石川	佐々木	泉谷
厩舎	吉岡	千田	中竹	堀	千田
賞金	2950	4350	4550	5650	3800
総賞金	5502	16,180	10,284	16,416	10,151
馬主名	ターフS	田島大史	加藤誠	さくらコマース	松本好雄
牧場名	谷川牧場	上水牧場	社台F	谷岡牧場	辻牧場
佐藤直	△				△
小野智	○			△	
久光	注				
西田	▲		△		
中田	◎		△	注	△
本紙武井	▲ 西	西	西	注	西
芝 1200/1400/1600/1800	東1333⑦ 2000⑥	1068④ 阪1195② 中1335⑤ 阪1463⑦	1285① 阪1323⑤ 阪1442①	1591⑯ 東1317① 東1447①	2043⑥ 阪1203① 阪1317① 小1458①
上り最高・騎乗成績	32.4① 2 0 0 1	33.0② 初騎乗	32.5④ 初騎乗	32.8⑥ 初騎乗	32.8⑤ 0 0 0 2
クラス実績・当該条件	1 0 0 3 初コース	2 5 3 14 初コース	1 0 0 4 初コース	2 2 1 5 0 0 0 1	1 0 0 8 0 0 0 1
前走4	1阪 3月10日 ⑥ 1 1勝 5ｹ11頭 芝外1334 57 Mデムーロ S ⑪⑪⑪ 520 人気3 直線一気 ¾身 369外331 マイネルティグ 1335 0.1	5阪 12月23日 ⑦ 阪神カップ 9 GII 7ｹ17頭 芝内1196 58 浜中 M ⑦⑨⑨ 510 人気9 中位一杯 1¾ 342中345 ウインマーベル 1193 0.3	5阪 12月3日 ② 1 3勝 14ｹ17頭 芝外1442 55 岩田康 H ⑮⑮⑯ 482 人気9 後方追込 ½身 358中340 ジュリアバロー 1443 0.1	3新 8月13日 ② 関屋 6 GIII 13ｹ17頭 芝外1326 57 田辺 S ⑮⑯⑮ 504 人気9 後方差詰 3¼ 365中328 アヴェラーレ 1321 0.5	1京 1月6日 ① 京都金杯 6 GIII 1ｹ18頭 芝外1344 57 浜中 H ⑰⑫⑩ 478 人気7 後方差詰 3¾ 355内357 コレペティトー 1338 0.6
前走3	2阪 4月13日 ⑦ アーリントン 1 GIII 3ｹ16頭 芝外1341 57 モレイラ S ⑧⑥⑥ 514 人気1 G前差す ½身 367中324 アレンジャー 1341 0.0	2中 3月2日 ③ オーシャン 11 GIII 13ｹ16頭 芝外1088 57 浜中 M ⑧⑩⑩ 498 人気7 後方まま 4½ 343外345 トウシンマカオ 1080 0.8	1京 1月6日 ① 京都金杯 1 GIII 2ｹ18頭 芝外1338 54 岩田康 H ⑭⑦⑥ 480 人気8 内一気 ½身 351内353 セッション 1339 0.1	1中 1月6日 ① 中山金杯 12 GIII 9ｹ17頭 芝内1596 57 キング S ⑭⑬⑬ 526 人気9 1角不利 4身 375外343 リカンカブール 1589 0.7	2中 3月10日 ⑥ 7 L 9ｹ14頭 芝外1343 58 石川 M ⑪⑪⑩ 490 人気5 出遅る 5½ 368中350 ディオ 1334 0.9
前走2	2東 5月5日 ⑥ NHKマイル 7 GI 3ｹ18頭 芝1333 57 鮫島駿 S ⑬⑫⑩ 518 人気6 出遅る 5身 355中341 ジャンタルマン 1324 0.9	3中 3月30日 ③ ダービー卿 5 GIII 1ｹ16頭 芝外1335 57.5 三浦 S ⑧⑤④ 500 人気12 伸一息 3½ 364中344 パラレルヴィジ 1329 0.6	3京 4月21日 ② マイラー 8 GII 10ｹ17頭 芝外1336 57 岩田康 M ⑬⑩⑫ 486 人気4 中位差詰 6½ 354内353 ソウルラッシュ 1325 1.1	1東 2月4日 ④ 東京新聞 1 GIII 1ｹ16頭 芝1321 57 キング S ⑧⑥⑥ 526 人気7 中位抜出 1身 355内335 ウインカーネリ 1323 0.2	2阪 3月24日 ❷ 六甲 4 L 7ｹ15頭 芝外1346 58 泉谷 S ⑮⑮⑫ 486 人気10 出遅る 1¾ 370外344 ボルザコフスキ 1343 0.3
前走	3ヵ月余 放牧 乗込み5週間 仕上り○ 連対体重 514～524 3ヵ月以上休 ①②③外 0 0 0 1	2東 5月11日 ⑦ 京王SC 10 GII 13ｹ15頭 芝1205 57 浜中 S ⑨⑨⑨ 500 人気7 中位まま 4½ 361中335 ウインマーベル 1197 0.8	3東 6月2日 ② 安田 12 GI 14ｹ18頭 芝1332 58 岩田康 S ⑰⑰⑰ 482 人気17 S後競る 5½ 365中333 ロマンチックウ 1323 0.9	6ヵ月余 放牧 乗込み5週間 仕上り○ 連対体重 472～526 3ヵ月以上休 ①②③外 2 2 0 3	4京 6月15日 ⑤ 米子 5 L 4ｹ16頭 芝外1319 58 西村淳 S ⑭⑭⑭ 484 人気9 後方追上 2身 359中328 トゥードジボン 1315 0.4
連対数	0 0 2 1	0 2 7 0	0 0 4 1	1 3 7 2	1 1 3 1
コース	全左ダ右新	全左ダ右新	全左ダ右新	全左ダ右新	全左ダ右新
1着	30030	43011	52030	64020	50050
2着	00000	54010	00000	72050	10010
3着	00000	33002	10010	10010	00000
4着	00000	21010	11000	10010	51040
5着	10010	10010	20020	20020	42021
着外	31020	117040	32010	73041	102080

	6 (赤3)	7 (青4)	8 (青4)	9 (黄5)	10 (黄5)
父	ワールドエース	ロードカナロア	リオンディーズ	ロードカナロア	キズナ
馬名	ジュンブロッサム	タイムトゥヘヴン	ロジリオン	グランデマーレ	パラレルヴィジョン
母・母実績	エンプレスティアラ 未勝	キストゥヘヴン 5勝	ビービーバーレル 2勝	グランデアモーレ 4勝	アールブリュット 4勝
毛色・斤量	黒鹿 57 牡5	鹿 57 牡6	青鹿 54 牡3	芦 57 牡7	鹿 58 牡5
騎手	戸崎圭	柴田善	永野	田辺	三浦
厩舎	友道	戸田	古賀慎	藤岡健	国枝
賞金	2400	4300	2350	3800	5850
総賞金	10,654	12,197	8500	10,210	13,440
馬主名	河合純二	DMMドリームC	久米田正明	キャロットF	キャロットF
牧場名	ノーザンF	オリオンF	坂東牧場	白老F	ノーザンF
佐藤直	◎		△		△
小野智	◎		▲		
久光	△		◎		△
西田	△		△		○
中田	△		▲		△
本紙武井	◎ 西		△	西	△
芝 1200/1400/1600/1800	1590② [illegible]	中1081① 東1204③ 東1323⑥ 東1459⑮	東1207② 東1329③	1589① 東1204⑨ 阪1324① 新1464⑱	1580① 2122⑦ 中1323① 阪1448③
上り最高・騎乗成績	[illegible]② 初騎乗	32.6⑤ 0 0 1 2	33.0② 初騎乗	33.4① 0 0 0 1	33.1① 初騎乗
クラス実績・当該条件	0 0 0 3 0 2 0 0	1 2 2 21 初コース	1 1 1 2 0 1 0 0	1 2 0 11 0 0 0 1	2 0 0 3 初コース
前走4	3新 8月27日 ⑥ 2 2勝 13ｹ17頭 芝外1333 58 石川 S ⑬⑫⑪ 466 人気1 後方伸 ¾身 370外327 テーオーグラン 1332 0.1	1京 1月6日 ① 京都金杯 7 GIII 7ｹ18頭 芝外1345 57 幸 H ⑯⑬⑩ 490 人気13 後方差詰 4身 358外357 コレペティトー 1338 0.7	1東 1月27日 ① クロッカス 1 L 6ｹ10頭 芝1209 57 三浦 S ⑥⑥⑤ 488 人気2 G前差す アタマ 361中332 オーキッドロマ 1209 0.0	5東 11月12日 ④ オーロC 1 L 9ｹ18頭 芝1206 56 津村 S ⑤④④ 496 人気7 好位抜出 1¼ 352中339 グレイイングリ 1208 0.2	5東 11月19日 ⑥ 12 オープン 7ｹ16頭 ダ1242 57 マーカンド M ⑭⑬⑬ 496 人気2 出遅る 8½ 367外360 アルファマム 1227 1.5
前走3	4阪 9月18日 ⑤ ロードカナロア 1 2勝 2ｹ10頭 芝外1318 58 川田 S ⑦⑥⑤ 466 人気1 中位差切 1¼ 358外326 トゥードジボン 1320 0.2	2中 2月25日 ② 中山記念 6 GII 11ｹ16頭 芝内1489 57 大野 H ⑭⑬⑫ 494 人気15 後方差詰 4¾ 375中367 マテンロウスカ 1481 0.8	1中京 3月16日 ③ ファルコン 5 GIII 1ｹ17頭 芝1208 57 三浦 S ⑫⑩⑦ 488 人気2 前塞る 3½ 347内346 ダノンマッキン 1202 0.6	3中 3月30日 ③ ダービー卿 15 GIII 12ｹ16頭 芝外1351 57 田辺 S ④⑧⑩ 502 人気14 中位バテ 13身 364外358 パラレルヴィジ 1329 2.2	1中 1月13日 ④ ニューイヤー 1 L 8ｹ16頭 芝外1323 57 ルメール S ③③④ 502 人気3 好位抜出 1身 348中343 グラティアス 1325 0.2
前走2	1京 1月20日 ❻ 5 3勝 8ｹ16頭 芝外1352 57 川田 S ⑧⑩⑩ 478 人気1 後方差詰 2¼ 364中349 トランキリテ 1349 0.3	3中 3月30日 ③ ダービー卿 6 GIII 4ｹ16頭 芝外1335 57 北村友 S ⑯⑬⑫ 488 人気11 S後ヨレ 3¾ 373内336 パラレルヴィジ 1329 0.6	2東 5月5日 ⑥ NHKマイル 3 GI 6ｹ18頭 芝1329 57 戸崎圭 S ⑦⑧⑥ 482 人気10 中位伸 2¾ 352中340 ジャンタルマン 1324 0.5	2東 5月11日 ⑦ 京王SC 9 GII 7ｹ15頭 芝1204 57 津村 S ⑨⑨⑨ 502 人気11 前塞る 4¼ 361内334 ウインマーベル 1197 0.7	3中 3月30日 ③ ダービー卿 1 GIII 2ｹ16頭 芝外1329 57 戸崎圭 S ②②② 486 人気2 G前差す ¾身 362中340 エエヤン 1330 0.1
前走	4京 6月8日 ③ 垂水 1 3勝 7ｹ10頭 芝外1315 58 川田 S ⑤⑤⑤ 476 人気1 直線一気 3身 355中331 ウインスノーラ 1320 0.5	3東 6月9日 ④ エプソム 15 GIII 5ｹ18頭 芝1459 57 北村友 M ⑰⑬⑬ 484 人気11 後方まま 8身 367中344 レーベンスティ 1447 1.2	3東 6月23日 ⑧ パラダイス 4 L 13ｹ16頭 芝1216 54 三浦 S ⑦⑦⑦ 478 人気1 中位伸も 3¼ 364中338 オーキッドロマ 1211 0.5	3東 6月23日 ⑧ パラダイス 12 L 14ｹ16頭 芝1224 57 津村 S ⑨⑩⑨ 504 人気9 中位一杯 8身 365外344 オーキッドロマ 1211 1.3	3東 6月2日 ② 安田 13 GI 9ｹ18頭 芝1333 58 ルメール S ⑥⑧⑨ 492 人気6 中位一杯 5¾ 354中341 ロマンチックウ 1323 1.0
連対数	0 3 4 3	1 1 1 1	0 0 3 1	1 5 1 0	1 3 2 1
コース	全左ダ右新	全左ダ右新	全左ダ右新	全左ダ右新	全左ダ右新
1着	42021	20020	22000	51040	62130
2着	64022	20020	22001	21011	10010
3着	00000	22000	11000	00000	31020
4着	53020	21010	22001	00000	11001
5着	10010	22000	11000	11001	00000
着外	10010	1910090	22000	116142	32100

1200 / 1400 / 1600 / 1800（芝）

620 / 410　ブル－　54内田博

記号の説明

厩舎左側の(美)(栗)は
(美)＝関東・美浦所属
(栗)＝関西・栗東所属
賞金左の記号は重の巧拙を表します
◎…得意△…苦手

馬場表示

❶…不良　❶…重馬場　[1]…稍重　①…良馬場
開催日の馬場状態

乗替り記号

(騎)…ベスト10外の騎手からベスト10への乗替り
[騎]…それ以外

開催場所・月日
開催日・着順
条件・枠・頭数
距離・タイム
斤量・騎手名
ペース・通過順
馬体重・人気
戦評・馬身差
前半・上り③F
①②着時計・秒

(千)(九)(東)(３)連対数

コース 1着 2着 3着 4着 5着 着外（新潟芝コース）

波乱含

●2024年8月11日・新潟11R関屋記念（GⅢ、芝1600m）

1着7枠⑮トゥードジボン
（3番人気）
前走：米子S1着

2着7枠⑭ディオ
（8番人気）
前走：米子S2着

3着3枠⑥ジュンブロッサム
（1番人気）

※米子S＝ 2025 年から
しらさぎS
（サマーマイル第1戦）

単⑮ 660 円
複⑮ 260 円
⑭ 350 円
⑥ 160 円
枠連7－7 680 円
馬連⑭－⑮ 3740 円
馬単⑮→⑭ 6200 円
3連複⑥⑭⑮ 5050 円
3連単⑮→⑭→⑥ 30060 円

18 桃8	17 桃8	16	15 橙7	14 橙7	13	12 緑6	11
ディープインパクト	ルーラーシップ	エイシンフラッシュ	イスラボニータ	リオンディーズ	ハービンジャー	ダイワメジャー	ハービンジャー
ラインベック	ワールドウインズ	オニャンコポン	トゥードジボン	ディオ	プレサージュリフト	アスクコンナモンダ	サンライズロナウド
アパパネ7勝	エイジアンウインズ6勝	シャリオドール未勝	コッパ米	エターナルブーケ未勝	シュプリームギフト5勝	アンナモンダ独	ヴァイスハイト2勝
黒鹿57騸7	鹿57騸7	鹿57牡5	鹿57牡5	黒鹿57牡5	黒鹿55牝5	栗57牡5	黒鹿57牡5
荻野極	松岡	菅原明	松山	岩田康	ルメール	津村	横山典
友道	笹田	小島茂	四位	辻野	木村	中内田	安田翔
3900	2700	2900	3800	3800	3450	2400	2400
14,650	9941	9060	9710	13,150	11,950	7747	7915
金子真人HD	川勝裕之	田原邦男	青山洋一	石川達絵	サンデーR	廣崎利洋HD	ライフハウス
ノーザンF	藤原牧場	社台F	社台F	下河辺牧場	ノーザンF	社台F	ノーザンF
△ 西	B 西	▲	▲ △ △ 西	○ △ 注 △ 西	注 注 ○ ○ ○ ○	△ △ △ △ 西	△ △ 西
芝1587⑤ 新1206⑥ 阪1319② 東1460③	芝1593⑦ 東1210⑩ 阪1319⑥ 京1459⑦	芝2001⑤ 三2132⑦ 芝1330⑥ 東1451②	阪 [illegible] 1⑫ 京 [illegible] 5① 札1 [illegible] 3⑦ 12	京13 [illegible] 中 [illegible] 東1 [illegible] 7⑤	芝1592③ 京1211① 阪1319③ 東1451①	新ダ1288⑫ 京1321⑧ 小1476❷	京1085④ 阪1209④ 新1325③ 東1467⑤
33.0① 0001	33.1② 初騎乗	芝33.7① 3106	1000	初騎乗	33.0⑥ 1011	32.9③ 初騎乗	34.0⑤ 2013
2 2 3 16 0 0 1 0	1 1 1 20 初コース	1 2 0 12 初コース	1 0 1 5 初コース	1 1 0 3 初コース	2 1 2 5 初コース	0 0 2 4 初コース	0 0 1 2 0 0 1 0
4中 9月10日 ②京成杯AH 8 GⅢ 9ト11頭 芝外1325 57石橋脩 S④③④ 482 人気4 好位一息 5身 354中346 ソウルラッシュ 1316 0.9	1阪 2月25日 ❷阪急杯 12 GⅢ 13ト18頭 芝内1228 57角田河 M⑬⑮⑯ 460B☆14 後方まま 9身 350中365 ウインマーベル 1212 1.6	2阪 3月24日 ❷六甲S 9 L 9ト15頭 芝外1347 58亀田 S⑥⑥⑥ 474 人気2 中位一杯 2½ 356中350 ボルザコフスキ 1343 0.4	1東 2月4日 ④東京新聞杯 10 GⅢ 13ト16頭 芝1328 57藤岡佑 S②②② 490 人気10 先行一杯 3¾ 346中348 サクラトゥジュ 1321 0.7	2京 2月18日 ⑧斑鳩S 1 3勝 4ト12頭 芝外1330 58Mデムーロ S③③③ 500 人気1 好位抜出 1¼ 356外341 アイスグリーン 1332 0.2	4東 10月14日 ④府中牝馬S 5 牝GⅡ 6ト13頭 芝1464 55ルメール S⑨⑩⑧ 484 人気2 脚余す 1½ 371中330 ディヴィーナ 1461 0.3	5東 11月25日 ⑦キャピタS 3 L 10ト10頭 芝1338 57マーカンド S⑦⑧⑦ 456 人気4 後方伸 3身 370中329 ドーブネ 1333 0.5	2京 1月28日 ②シルクロードS 4 GⅢ 9ト18頭 芝内1085 55横山典 M⑨⑨⑨ 478 人気8 中位差詰 4¾ 354内341 ルガル 1077 0.8
2中 3月10日 ⑥東風S 11 L 1ト14頭 芝外1346 58津村 M④⑥⑥ 488 人気6 好位一杯 7¼ 360内362 ディオ 1334 1.2	2阪 3月24日 ❷六甲S 2 L 11ト15頭 芝外1343 57団野 S⑧⑨⑨ 458B☆12 中位伸 ハナ 361中343 ボルザコフスキ 1343 0.0	2東 5月18日 ⑨メイS 2 オープン 11ト16頭 芝1451 57菅原明 S②②② 482 人気5 二位付粘 アタマ 359中340 プレサージュリ 1451 0.0	2阪 3月24日 ❷六甲S 11 L 5ト15頭 芝外1349 57藤岡康 S④④④ 486 人気1 好位一杯 3½ 353中354 ボルザコフスキ 1343 0.6	2中 3月10日 ⑥東風S 1 L 12ト14頭 芝外1334 57北村宏 M④③④ 498 人気2 好位抜出 1¼ 359中351 ノースザワール 1336 0.2	5東 11月25日 ⑦キャピタS 2 L 3ト10頭 芝1335 55ビュイック S②②② 484 人気1 先行粘る 1½ 362中332 ドーブネ 1333 0.2	1東 2月4日 ④東京新聞杯 4 GⅢ 2ト16頭 芝1323 57横山武 S⑩⑨⑨ 460 人気11 中位伸も 1¼ 357内332 サクラトゥジュ 1321 0.2	1阪 2月25日 ❷阪急杯 3 GⅢ 2ト18頭 芝内1213 57古川吉 M⑩⑩⑧ 476 人気9 中位伸 クビ 347内354 ウインマーベル 1212 0.1
3中 3月30日 ③ダービー卿CT 10 GⅢ 3ト16頭 芝外1340 57石橋脩 S④④④ 484 人気13 好位一杯 6¼ 362中350 パラレルヴィジ 1329 1.1	3京 5月11日 ⑦栞 7 L 5ト11頭 芝外1459 57団野 S⑤⑤⑤ 456B☆8 中位一杯 6¼ 360中342 セオ 1448 1.1	1函 6月30日 ⑧巴賞 4 オープン 14ト16頭 芝1472 58菱田 S⑫⑨⑨ 488 人気4 後方追上 2¼ 367外348 ホウオウビスケ 1468 0.4	3京 4月21日 ②マイラーズC 10 GⅡ 1ト17頭 芝外1338 57藤岡佑 M①①① 488 人気5 逃一杯 7½ 341内367 ソウルラッシュ 1325 1.3	3中 3月30日 ③ダービー卿CT 11 GⅢ 7ト16頭 芝外1340 575北村宏 S④⑤⑦ 496 人気1 中位一杯 6½ 364外348 パラレルヴィジ 1329 1.1	2京 2月17日 ⑦京都牝馬S 11 牝GⅢ 10ト18頭 芝外1211 55キングスコー S②②② 486 人気4 先行一杯 4¾ 347中352 ソーダズリング 1203 0.8	3中 3月30日 ③ダービー卿CT 3 GⅢ 5ト16頭 芝外1333 57岩田望 S⑫⑨⑦ 450 人気5 中位伸 2¼ 368内339 パラレルヴィジ 1329 0.4	4月28日 チェアマンズSP 10 GⅠ 稍11頭 芝右1114 57レーン S⑩⑩⑪ シャティン 473 香港 出遅る 13身 インビンシブル 1093 2.1
4京 6月15日 ⑤米子S 6 L 8ト16頭 芝外1320 58荻野極 S③③④ 488 人気11 好位一杯 3身 352中336 トゥードジボン 1315 0.5	3東 6月9日 ④エプソムC 16 GⅢ 8ト18頭 芝1460 57内田博 M⑮⑰⑱ 458B☆18 後方まま 8½ 374外341 レーベンスティ 1447 1.3	1函 7月14日 ⑫函館記念 13 GⅢ 2ト16頭 芝2007 57菱田 M④③④ 486 人気8 好位一杯 8¾ 359内364 ホウオウビスケ 1592 1.5	4京 6月15日 ⑤米子S 1 L 2ト16頭 芝外1315 57松山 S①①① 486 人気4 逃切る 1½ 346内335 ディオ 1318 0.3	4京 6月15日 ⑤米子S 2 L 14ト16頭 芝外1318 58Mデムーロ S⑤⑤④ 494 人気3 好位伸 1½ 354外334 トゥードジボン 1315 0.3	2東 5月18日 ⑨メイS 1 オープン 16ト16頭 芝1451 555ルメール S③④③ 486 人気1 好位抜出 アタマ 361中338 オニャンコポン 1451 0.0	4京 6月15日 ⑤米子S 8 L 11ト16頭 芝外1321 57岩田望 S⑫⑪⑩ 458 人気2 後方差詰 4身 358外333 トゥードジボン 1315 0.6	3ヵ月余 放牧 乗込み2週間 仕上り○ 連対休重 452〜476 3ヵ月以上休 ①②③外 0002
2410	0530	0320	4300	0850	0202	0142	2011
全左ダ右新 53110 20020 32011	全左ダ右新 40130 41030 11000	全左ダ右新 31020 21010 00000	全左ダ右新 50050 21010 21010	全左ダ右新 50050 82060 31020	全左ダ右新 33000 11000 22000	全左ダ右新 43010 31020 21010	全左ダ右新 42111 00000 32011
20020 11001 155372	32010 30030 1742110	20020 10010 92070	00000 00000 81070	11000 20020 10010	00000 22000 30030	11000 11000 40130	20020 11000 70610

この理由は不明だが、24年までのサマーマイルシリーズでは米子S（別定）→中京記念（ハンデ）→関屋記念（別定）→京王杯オータムH（ハンデ）と、別定戦とハンデ戦が交互に組まれていたため、それに合わせたのではないだろうか（P123の表3）。

さてこの関屋記念、過去10年の枠連で目を調べると、④⑧、⑥⑧、②⑧、⑥⑦、⑦⑦、⑧⑧、③⑦、④⑦、①①、⑦⑦（24年。P124～125に馬柱）と外目の枠が優勢である。開幕週の開催となって急に内枠が有利になるか否かは不明だが、2週早まったことで出目傾向に変化が出るかにも注意したい。

東海S⇔プロキオンS――名称トレードの真相

夏の中京開幕週には、ダートの重賞、東海Sが組まれた。

もっとも、この東海Sは2024年までのプロキオンSが名称変更したものであり、ダート1400mのGⅢ戦として行なわれる。

逆に1月の中京では、ダート1800mのGⅡ戦としてプロキオンSが組まれており、こちらは24年までの東海Sが名称変更したものだ。

つまり、25年から東海SとプロキオンSの間でレース名がトレードされたのである。

●24年まで

1月　東海S（GⅡ）　中京（24年は京都）ダート1800m

7月　プロキオンＳ（ＧⅢ）　中京ダート１４００ｍ（24年は小倉１７００ｍ）

●25年から

1月　プロキオンＳ（ＧⅡ）　京都（25年は中京）ダート１８００ｍ

7月　東海Ｓ（ＧⅢ）　中京ダート１４００ｍ

では、なぜ両重賞の間でレース名のトレードする必要があったのか。

その理由は、1月のダート１８００ｍのＧⅡが東海Ｓのままでは都合が悪くなったからだ。東海Ｓは13年以降1月の中京ダート１８００ｍのＧⅡとして行なわれ、20年と24年は1月に中京開催が組まれなかったため京都で開催されている。

フェブラリーＳの前哨戦としておなじみの重賞であり、グレープブランデー、コパノリッキー、インティなどが東海Ｓと本番を連勝していた。

25年も1月の中京開催が組まれたものの、これは阪神競馬場の改装工事に伴う京都開催の代替。一方で1月後半からの第3場開催が小倉に固定されたことで、26年以降は1月に中京開催が行なわれないことが確定的である。

中京で行なわれないのに、東海Ｓのままではおかしい。一方で長年使われてきた東海Ｓというレース名がなくなるのは惜しい。そこで、中京のダート重賞であるプロキオンＳとレース名称を入れ替えたのである。

ちなみに、24年のプロキオンＳ（旧・東海Ｓ）に関して、ＪＲＡホームページでは次のような解説が掲載されていた。

◯プロキオンステークス（GⅡ）

本競走は、1996年に創設された重賞競走。『フェブラリーステークス』の前哨戦（『東海ステークス』。1984年に創設された『ウインターステークス』を前身とする重賞競走。）が2025年から京都競馬場へ移設されたことを機に、競走名を改称し、実施される。本年は阪神競馬場スタンドリフレッシュ工事に伴い、中京競馬場においてダート1800mで実施される。

そんな25年の東海S（旧・プロキオンS）は、夏の中京と小倉の開催順が変更になったこともあって、実施時期が3週後ろ倒しされている。また21、22、24年が小倉ダート1700mでの開催だっただけに、24年からは距離も短縮となる。

2コーナースタートのダート1400m戦と小回りダートの1700m戦は、求められる適性の互換性が高いとはいえ、やはりジャンルは短距離と中距離で別物。

24年までのプロキオンSのデータも参考にならない25年の東海Sは、波乱になってもおかしくなさそうだ。

CHANGES!

2025年8月 August

●3日（日）　アイビスSD（2回新潟GⅢ　3歳上/芝直線1000m）
　　　　　　クイーンS（1回札幌GⅢ　3歳上牝/芝1800m）
●9日（土）　エルムS（1回札幌GⅢ　3歳上/ダ1700m）
●10日（日）　レパードS（2回新潟GⅢ　3歳/ダ1700m）
　　　　　　CBC賞（3回中京GⅢ　3歳上H/芝1200m）
●17日（日）　中京記念（3回中京GⅢ　3歳上/芝1600m）
　　　　　　札幌記念（1回札幌GⅡ　3歳上/芝2000m）
●24日（日）　新潟2歳S（3回新潟GⅢ　2歳/芝1600m）
　　　　　　キーンランドC（2回札幌GⅢ　3歳上/芝1200m）
●31日（日）　新潟記念（3回新潟GⅢ　3歳上/芝2000m）
　　　　　　中京2歳S（4回中京GⅢ　2歳/芝1400m）
　　　　　　※旧・小倉2歳S

8月の変更点は次の通り。大きなポイントは月末の「中京2歳S」の誕生だろう。

・アイビスサマーダッシュが1週繰り下げ。CBC賞と札幌記念、キーンランドCが1週前倒しされる。さらにエルムSが土曜日開催に変更
・中京記念が8月第3週に開催
・新潟記念がハンデ戦から別定戦に変更
・小倉2歳Sが中京2歳Sに名称変更し、中京芝1400mで開催

アイビスSDなど、微妙な時期ズレで何が変わるのか

8月の細かな変更点をまとめてお伝えしていこう。

まずは2013年以降夏の新潟開幕週に施行されていた直千重賞のアイビスサマーダッシュが、新潟開催2週目となる8月第1週に繰り下げて開催される。1週異なる程度では馬場状態に差は出にくく、タイムや枠順の有利不利など傾向が大きく変わることはないだろう。

一方、24年から8月の中京で開催されるようになったCBC賞は、8月3週目から2週目へ1週繰り上げとなる。

アイビスサマーダッシュが1週繰り下げられ、CBC賞が1週繰り上げられるということは、この2レースの間隔は中2週から連闘ということになる（左ページの表1）。

22年まで現在のCBC賞のポジションにあった北九州記念では15年にベルカント、19年ダイメイプリンセスがアイビスサマーダッシュから中2週で勝利し、17年には14番人気ナリタスターワンが2着、3着には15番人気ラインスピリットが入り3連単107万馬券を演出していた。

だが近年は、前走アイビスサマーダッシュ組の成績は芳しくなく、24年はグレイトゲイナー1頭のみの出走で10着。JRAとしても中2週からローテーションを詰めても問題がないと判断したのだろう。

サマースプリントスプリント対象レースなら中4週の北九州記念組、スプリンターズSへ向けての叩きタイプなら前走高松宮記念や京王杯スプリングC組、それ以外なら福島テレビオープンあたりからの転戦馬が狙い目になりそうだ。

また札幌記念は、24年の札幌開催5週目から25年は4週目へ、キーンランドCも6週目から5週目へと開催が前倒しとなる。ただし、25年から6月の東西主場開催が1週短くなった関係もあり、見た目のポジションは変わらない。

札幌記念上位馬の前走となる春のGI各レースからの間隔に大きな変化はなく、キーンランドCのステップである函館スプリントSからは中9週、北九州記念からは中6週、オープン特別のUHB賞とも適度なローテーションが保たれるようであれば、気にする必要はなさそうだ。

表1●2025サマースプリントシリーズ

開催週	レース名	場所	斤量
6月第3週	函館スプリントS	函館	別定
	(中2週)		
7月第1週	北九州記念	小倉	ハンデ
	(中3週)		
8月第1週	アイビスサマーダッシュ	新潟	別定
	(連闘)		
8月第2週	CBC賞	中京	ハンデ
	(中1週)		
8月第4週	キーンランドC	札幌	別定
	(中1週)		
9月第1週	セントウルS	阪神	別定

※正式なレース選定は夏競馬番組発表時

最後に札幌開催3週目の土曜日に開催のエルムS。24年までは新潟、札幌の2場開催での日曜日開催であったが、25年から新潟、中京、札幌での3場開催の土曜日に施行される。

これは、同一週の東西主場でレパードSとCBC賞が組まれているための措置といえる。土曜日開催なら、ジョッキーも集結しやすいからだろう。

ただ、時期的な問題と東西主場での「競走時間帯の拡大」期間の関係から、土日で移動する騎手は少ないように思えるが……さて、どうなるか。

玉突きで中京記念の時期・条件が変更になる

2024年まで7月第3週に実施されていた中京記念が、25年から夏の中京開催4週目、8月第3週に施行される。それとともに、24年までのハンデ戦から別定戦に変更される。

夏の小倉と中京の開催順が入れ替わったことで、開催時期が変更となったレースのひとつである。既出のレースをまとめると、次のようになる。

●24年まで

7月第3週　中京記念（小倉芝1800m　GⅢハンデ）
8月第2週　小倉記念（中京芝2000m　GⅢハンデ）
8月第3週　CBC賞（中京芝1200m　GⅢハンデ）

●25年から
7月第3週　小倉記念
（小倉芝2000m　GⅢハンデ）
8月第2週　CBC賞
（中京芝1200m　GⅢハンデ）
8月第3週　中京記念
（中京芝1600m　GⅢ別定）

三角トレードのような形となったが、中京記念のそれは、先にふれた関屋記念の変更に連動したもの。6月の東京、阪神開催の次がマイルの距離が取れない福島、小倉開催となり、7月第4週に時期変更された関屋記念との間隔を取るための措置だと考えてよい。

番組的には夏競馬唯一のGⅡである札幌記念の裏となるものの、24年まで当該週に開催されていた北九州記念→CBC賞でもお手馬が被らない騎手たちが参戦していたので気にする必要はなさそうだ。

2023年の新潟記念を3歳で制したノッキングポイント。

そして31日のサマー2000最終戦、新潟記念の負担重賞が24年までのハンデ戦から別定戦に変更となっている。

変更理由はわからないが、ハンデ戦は別定戦に比べて斤量が軽くなりがち。近年はブラストワンピース、ワークケア、フェーングロッテン、ノッキングポイント、ライトバックなど、人気に推されるレベルの3歳馬のエントリーが増えていることも影響しているのだろうか。

そもそもサマー2000は、別定戦が札幌記念一戦のみで、他の4戦がハンデ戦とバランスを欠いていた。遅ればせながら、その是正に動いたという推測も成り立つ。

いずれにしても、近5年で3連単70万馬券、20万馬券2回と荒れた新潟記念も、この条件変更で手堅い配当に落ち着くかもしれない。

小倉2歳S→中京2歳Sで整備された夏の2歳重賞戦線

関西主場の夏競馬後半戦が小倉から中京に変更されたことで施行距離が変更となったのが、開催最終日の8月31日に組まれた2024年までの小倉2歳S→25年からの中京2歳Sである。

函館2歳Sのところでもふれたが、中京2歳Sは24年までの芝1200mから芝1400mへ1ハロンの距離延長となる。なお24年も小倉2歳Sは中京で開催されたが、距離は従来通りの1200mでの施行であった（P136〜137に馬柱）。

小倉2歳Sは1981年の創設で一時期は早熟タイプが勝つレースとの評価であったが、01年タムロチェリー（阪神ＪＦ）、03年メイショウボーラー（フェブラリーＳ）、06年アストンマーチャン（スプリンターズＳ）、16年レーヌミノル（桜花賞）と、勝ち馬から後のＧⅠウイナーが誕生。近年も重賞6勝のメイケイエール、重賞5勝のナムラクレアなどを輩出している。

一方、中京2歳Ｓは24年までオープン特別として施行されており、芝１８００ｍ戦だった02年3着馬が皐月賞、ダービーの二冠を制したネオユニヴァースである。

以降も、05年にはダービーなど後にＧⅠ4勝のメイショウサムソン、06年は桜花賞、有馬記念などＧⅠを5勝するダイワスカーレットが勝利。芝１６００ｍで施行の18年勝ち馬アドマイヤマーズは、香港マイルなどＧⅠ3勝をマークしている。

20年からは12月の芝１２００ｍで行なわれており、のちにニュージーランドＴを勝つジャングロ、京阪杯勝ち馬のビッグシーザーなどが勝利している。

１２００ｍの小倉2歳Ｓからレース名が中京2歳Ｓに変更され距離が１４００ｍとなったのは、小倉2歳や24年までの中京2歳Ｓとの区別もあるだろうが、もうひとつ別の見方もある。それは、次のように夏の4場の2歳Ｓがすべて別距離となることだ。

函館2歳Ｓ（7月第3週）芝１２００ｍ
中京2歳Ｓ（8月第5週）芝１４００ｍ
新潟2歳Ｓ（8月第4週）芝１６００ｍ
札幌2歳Ｓ（9月第1週）芝１８００ｍ

これにより厩舎陣営がより適正距離のレースを選択できる……となるのだが、果たして中京2歳Sの1400m化はうまくいくのだろうか。新たに整備された夏の2歳重賞戦線を注視したい。

中京 11R WIN5④

発馬 15.35

第44回 小倉2歳ステークス (GIII)

2歳オープン・馬齢

芝1200m 右回り　A直線412.5m

賞金	レコード
3100万	1.07.9
1200	22年9月
780	ビッグシーザー
470	54 幸
310	

項目	白1	黒2	赤3	青4	青4	黄5	黄5
馬番	1	2	3	4	5	6	7
父	ミスターメロディ	ダノンレジェンド	ファインニードル	タワーオブロンドン	ナダル	ストロングリターン	ブリックスアンドモルタル
馬名	クラスペディア	ケイアイマハナ	アヅキールベイ	レイピア	ポートデラメール	ベルビースタローン	ホウオウブースター
母・母実績	ウンベラータ 未勝	ケイアイデイジー 3勝	アゴベイ 2勝	アンナトルテ 1勝	ジュベルアリ 未出	テイエムナデシコ 1勝	イエーガーオレンジ 未勝
毛色・斤量	黒鹿 55 牡2	黒鹿 55 牡2	栗 55 牡2	鹿 55 牡2	鹿 55 牡2	青鹿 55 牡2	青鹿 55 牡2
騎手	小崎	永島	西塚	松山	団野	和田竜	丸田
厩舎	河嶋	村山	坂口智	中竹	斉藤崇	西村	高柳瑞
賞金	0	400	400	400	400	400	400
馬主名	塚田義広	ケイアイS	ゴドルフィン	前田晋二	シルクR	宮崎俊也	小笹芳央
牧場名	田端牧場	新冠橋本牧場	ダーレージャパンF	富菜牧場	レイクヴィラF	タニグチ牧場	ノーザンF
持木	△	…	…	▲	△	…	…
広田	△	…	…	▲	…	…	…
加茂	…	…	…	◎	△	…	…
市場	△	…	…	▲	…	△	…
田崎	…	▲	△	◎	…	△	…
本紙須藤	△	…	…	▲	△	…	東
最1200 / 高1400	中京1094②	[illegible]1116[1]	福1110①	小1082① / 京1234②	京1113[1]	小1106[1] / 京1363⑩	福1101① / 東1237④
上り最高 / 騎乗成績	芝3[illegible]② / 0[illegible]0	初芝 / 初騎乗	芝35.0① / 初騎乗	芝34.8① / 1100	芝33.8[1] / 1000	芝36.6[1] / 初騎乗	芝34.6[4] / 初騎乗
芝重実績	○0000	○0000	○0000	○0000	○0000	○0000	○0000
母の父	アグネスタキオン	クロフネ	ハーツクライ	エンパイアメーカー	ディープインパクト	ゼンノロブロイ	ダイワメジャー
距離別勝利度数 (天 西 三 千)	0000 / 0010 / 0000 / 0000	0000 / 0000 / 0000 / 0000	0010 / 0000 / 0000 / 0000	0010 / 0100 / 0000 / 0000	0010 / 0000 / 0000 / 0000	0010 / 0000 / 0000 / 1000	0010 / 0000 / 0000 / 0100
血統・生年月日	アグネスタキオン 22・3・31生 オンブルリジエール	クロフネ 22・2・18生 ケイアイギャラリー	ハーツクライ 22・3・19生 コージーベイ	エンパイアメーカー 22・4・27生 クーヴェルチュール	ディープインパクト 22・4・9生 ドバイマジェスティ	ゼンノロブロイ 22・4・2生 アワーミスレックス	ダイワメジャー 22・1・27生 ラタフィア
兄弟	兄弟 テイエムバクソウ(未勝) サンマルハート(未勝)	兄弟 ケイアイターコイズ(6勝) クインズマラクータ(2勝)	初仔 近親ケープコッド	兄弟 サンマルク(未勝) キタノクーヴェル(未勝)	兄弟 アルナシーム(現) ナローパス(公)	兄弟 エスアンドアール(公) テイエムジンリョク(未勝)	兄弟 オレンジダンサー(現) ベルオブピース(未勝)
前々走	レース診断 上昇度○ 押してハナへ。ペース馬場が味方し粘り込む	レース診断 上昇度○ ズブさはあるが、長く脚を使って差し切った	レース診断 上昇度○ ②着馬マークしゴール前でキッチリ差し切る	4京 6月2日 ②芝2 新馬 3ト13頭 芝内1234 55松山 S④④④ 476 人気1 好位伸 1½ 364内351 キトンインザス 1232 0.2	レース診断 上昇度○ 計ったような差し切り 細身で良馬場なら更に	4京 6月8日 ③芝10 新馬 12ト12頭 芝内1363 55岩田望 M②②② 490 人気5 先行一杯 13¾ 345内386 サニーサルサ 1341 2.2	3東 6月2日 [2]芝4 新馬 4ト9頭 芝1237 55横山武 S[2]①① 414 人気3 出遅る 5身 367内346 スターウェーブ 1229 0.8
前走	2中京 8月10日 ①芝2 新馬 5ト14頭 芝1094 55小崎 S①①① 490 人気9 逃粘る 1¼ 355内339 エイシンワンド 1092 0.2	2福 7月14日 [6]芝1 新馬 4ト8頭 芝1116 55戸崎圭 S⑤③③ 480 人気1 好位差切 ¾身 374外376 テイエムダイス 1117 0.1	2福 7月21日 ⑧芝1 未勝新馬 11ト11頭 芝1110 55石川 S⑤⑤④ 412 人気2 G前差す ½身 360外350 ヴィンブルレー 1111 0.1	3小 6月29日 ①芝1 未勝 6ト7頭 芝1082 55松山 M①①① 474 人気1 逃楽勝 2½ 334内348 テーオーシュタ 1086 0.4	4京 6月9日 [4]芝1 新馬 7ト7頭 芝内1113 55団野 S⑤⑤④ 408 人気1 G前差す アタマ 375外338 オンザブルース 1113 0.0	3小 7月14日 [6]芝1 未勝 5ト9頭 芝1106 55坂井 H①②② 494 人気4 先行抜出 1身 340中366 カムイカル 1108 0.2	2福 7月6日 ③芝1 未勝 2ト8頭 芝1101 55菅原明 M[1]①① 416 人気1 逃切る 1¼ 343内358 ニシノコイプミ 1103 0.2
逃先差追 連対数	1000	0100	0010	1100	0010	0100	1000

乗替り記号

(替)…ベスト10外の騎手からベスト10への乗替り
(替)…それ以外

成績の見方

開催場所・月日
開催日・着順
条件・枠・頭数
距離・タイム
斤量・騎手名
ペース・通過順
馬体重・人気
戦評・馬身差
前半・上り③F
①②着時計・秒

成績欄の══は2カ月以上、レース間が開いた事を表します

馬場表示

■→不良　●→重馬場　□→稍重　○→良馬場　開催日の馬場状態

●2024年9月1日・中京11R小倉2歳S(GⅢ、芝1200m)

1着⑧エイシンワンド
(1番人気)
2着①クラスペディア
(8番人気)
3着⑩アーリントンロウ
(2番人気)

単⑧ 410 円
複⑧ 170 円
① 480 円
⑩ 180 円
馬連①－⑧ 4240 円
馬単⑧→① 5720 円
3連複①⑧⑩ 7520 円
3連単⑧→①→⑩ 38530 円

	13 桃8	12 桃8	11 橙7	10 橙7	9 緑6	8 緑6
父	アルアイン㊥	アレスバローズ㋮	フロステッド	タワーオブロンドン㋮	デクラレーションオブウォー㊥	ディスクリートキャット㋮
馬名	エンドレスサマー	エイヨーアメジスト	(外)ジャスパーディビネ	アーリントンロウ	タマモティーカップ	エイシンワンド
母	コケレール愛㊥	カシノアンバー未勝	ロケットリロード米	ユメノトキメキ3勝㊥	チャームポット5勝㋮	エイシンフェアリー2勝
毛色・斤量・性齢	鹿 55 牡2	鹿 55 牡2	鹿 55 牡2	鹿 55 牡2	鹿 55 牡2	鹿 55 牡2
騎手	岩田望	酒井	岩田康	西村淳	長岡	幸
調教師	(美)上原佑	牧田	森秀	松下	高橋亮	大久保龍
賞金	400	400	400	400	400	400
馬主	フィールドR	柳田英子	加藤和夫	シルクR	タマモ	栄進堂
生産者	ノーザンF	柏木務	アメリカ	登別上水牧場	フジワラF	高野牧場
予想1	△	…	◎	○	△	注
予想2	△	△	注	○	…	◎
予想3	注	…	△	▲	△	○
予想4	△	…	○	注	△	◎
予想5	…	△	…	○	…	注
予想6	注 東	…	△	○	△	◎
持ち時計	函1094①	小1098①	新1219①	新[illegible]①	小1092①	中京1092①
上がり	芝34.6① 初騎乗	芝35.7① 初騎乗	芝35.2① 初騎乗	芝[illegible]② 0[illegible]0	芝34.6① 1000	芝3[illegible]5① 1[illegible]0
	○0000	○0000	○0000	○0[illegible]0	○0000	○[illegible]0
母父	ザミンダー	タートルボウル	リロード	マーベラスサンデー	フジキセキ	タイキシャトル
距離別 千六 千四 千二 千	0 0 1 0 / 0 0 0 0 / 0 0 1 0 / 0 0 0 0	0 0 1 0 / 0 0 1 0 / 0 0 0 0 / 0 0 0 0	0 1 0 0 / 0 0 0 0 / 0 0 0 0 / 0 0 0 0	0 1 0 0 / 0 1 0 0 / 0 0 0 0 / 0 0 0 0	0 0 1 0 / 0 0 0 0 / 0 0 0 0 / 0 0 0 0	0 0 1 0 / 0 0 0 0 / 0 0 0 0 / 0 0 0 0
生年月日	ザミンダー 22・4・11生 クラコヴィー	タートルボウル 22・3・30生 フェアリーバニヤン	リロード 22・3・14生 シーズイントゥミスチーフ	マーベラスサンデー 22・3・10生 バトルカグヤ	フジキセキ 22・5・3生 ホットプレイ	タイキシャトル 22・3・5生 タイキトゥインクル
兄弟	兄弟 ラヴィエベール(3勝) スティルディマーレ(現)	初仔 近親ロンドンタウン	初仔 近親トゥルアート	兄弟 アシャカデッシュ(1勝) ヴラディア(現)	兄弟 タマモダイジョッキ(現) タマモティータイム(3勝)	兄弟 エイシンセラフィム(現) エイシンボリシー(現)
前々走	1函 6月29日 ⑦芝1 新馬 5ト9頭 芝1094 55横山武 S①①① 492 人気2 逃楽勝 5身 348内346 モズナナスター 1102 0.8	3小 6月29日 ①芝1 九州新馬 8ト14頭 芝1098 54田口 M①①① 442 人気1 逃楽勝 9身 341内357 ナンショウト 1112 1.4	レース診断 上昇度◎ 発馬を決めて先手。マイペースで押し切った	4京 6月22日 ⑦芝2 新馬 1ト12頭 芝内1235 55西村淳 S⑱⑦⑤ 504 人気9 中位伸 クビ 379外337 ラブラーニュ 1235 0.0	レース診断 上昇度○ 着差は僅かだが、余力十分に捕えての勝利。	レース診断 上昇度◎ 追い出しを待つ余裕があり、着差以上の強さ
前走	1函 7月13日 ⑪函館2才3 GⅢ 1ト14頭 芝1094 55横山和 M③②② 500 人気2 先行伸 1¼ 343内351 サトノカルナバ 1092 0.2	3小 7月28日 7ひまわり2 九州オープン 12ト18頭 芝1109 55田口 H①②② 438 人気1 先行粘る ¾身 336中373 ケイテンアイジ 1107 0.2	2新 7月27日 ①芝1 新馬 1ト15頭 芝内1219 55松若 S①①① 510 人気3 逃切る 1身 345内362 カロローザ 1220 0.1	2新 7月28日 ②芝1 未勝 8ト11頭 芝内1206 55坂井 M①①① 506 人気2 逃切る 1¾ 339内352 ネーヴェブレス 1209 0.3	3小 7月6日 ③芝1 新馬 4ト6頭 芝1092 55長岡 M③③③ 444 人気2 中位差切 クビ 346中346 セルヴァンス 1093 0.1	2中京 8月10日 ①芝1 新馬 12ト14頭 芝1092 55幸 S④②② 466 人気1 先行抜出 1¼ 357中335 クラスペディア 1094 0.2
成績	1 0 0 0	1 1 0 0	1 0 0 0	1 0 1 0	0 0 1 0	0 1 0 0

JRA

CHANGES!

2025年9月 September

●6日（土）　京成杯オータムH（4回中山GⅢ　3歳上H/芝1600m）
　　　　　　札幌2歳S（2回札幌GⅢ　2歳/芝1800m）
●7日（日）　紫苑S（4回中山GⅡ　3歳牝/芝2000m）
　　　　　　セントウルS（4回阪神GⅡ　3歳上/芝1200m）
●13日（土）　チャレンジC（4回阪神GⅢ　3歳上H/芝2000m）
●14日（日）　ローズS（4回阪神GⅡ　3歳牝/芝1800m）
●15日（祝）　セントライト記念（4回中山GⅡ　3歳/芝2200m）
●21日（日）　オールカマー（4回中山GⅡ　3歳上/芝2200m）
　　　　　　神戸新聞杯（4回阪神GⅡ　3歳/芝2400m）
●27日（土）　シリウスS（4回阪神GⅢ　3歳上H/ダ2000m）
●28日（日）　スプリンターズS（4回中山GⅠ　3歳上/芝1200m）

9月の変更点は、次のようなものである。

・中山の京成杯オータムHと紫苑Sが土日の開催曜日を入れ替え
・2024年まで暮れに開催されていたチャレンジCが9月第2週の阪神で開催

「GⅢは土曜、GⅡは日曜」が正しい配置

秋の中山開幕週のおなじみ重賞、秋華賞トライアルの紫苑S（GⅡ）とサマーマイルシリーズ最終戦の京成杯オータムH（GⅢ）。24年までは紫苑Sが土曜日開催で京成杯オータムHが日曜日開催であったが、25年からは開催曜日が逆転。土曜日に京成杯オータムH、日曜日に紫苑Sが行なわれる。

24年まではGⅡが土曜日、日曜日にGⅢが組まれていたのだが、これは歴史的経緯によるもの。京成杯オータムHが1956年に創設され秋の中山開幕週のメインレースとして定着していたのに対し、紫苑Sは2000年にオープン特別として創設。16年からGⅢの重賞となり、23年からGⅡに昇格したばかりなのだ。

秋華賞のトライアルといえば、長らく阪神で開催のローズSが優勢で、紫苑S組が秋華賞に勝ったのは14年のショウナンパンドラが初めて。だが、紫苑Sが重賞に格上げされると16年ヴィブロス、17年ディアドラ、22年スタニングローズと、3頭が本番を制覇している。

近5年ではオークスからの直行組が秋華賞で4勝・2着2着・1回3着3回と好成績だが、前走トライアル組では紫苑Sが1勝・2着3回に対し、ローズSは2着1回・3着1回。紫苑SがGⅡに格付けされるのも当

然といえよう。

一方、土曜日開催となる京成杯オータムH。サマーマイルシリーズの最終戦であるとともに、秋のマイル路線の始動戦となるレースでもある。

近5年の前走レース別成績ではサマーマイルシリーズ対象レース組がやや優勢も、春のマイルGI組も優秀（下の表1）。これに別路線組が交わっての三つ巴といった感がある。

25年から中京記念が中2週、関屋記念が中5週の間隔となって変化があるか注視したい。

14年ぶり秋施行のチャレンジCは原点回帰!?

2024年まで暮れの阪神（24年は京都）開催開幕週に組まれていたチャレンジCが、25年から9月第2週の土曜日に開催されることになった。

もともとチャレンジCは、秋の阪神の重賞競走として1950年に創設された伝統重賞。69年からは9月の阪神芝2000mで施行されていたが、12年からは12月の阪神へ実施時期が移設され距離も1800mに短縮。17年に距離が再度2000mとなり、25年から14年ぶりに9月の開催に戻ることになった。

そんなチャレンジC。そもそも「何にチャレンジする」レースなのか。


表1●京成杯オータムHの前走レース別成績

（近5年）

前走レース名	間隔	着別度数
中京記念	中6・7週	2- 1- 0- 7/10
関屋記念	中3週	1- 1- 1-14/17
NHKマイルC	中17週	1- 0- 1- 1/ 3
安田記念	中13週	1- 0- 0- 0/ 1
米子S	中11週	0- 1- 0- 3/ 4
朱鷺S	中1週	0- 1- 0- 2/ 3
函館スプリントS	中11・12週	0- 1- 0- 1/ 2
ヴィクトリアマイル	中16週	0- 0- 1- 3/ 4
パラダイスS	中10週	0- 0- 1- 2/ 3
クイーンS	中5週	0- 0- 1- 2/ 3

	白1 1	黒2 2	3	赤3 4	5	青4 6	7	5 8
京都 11R WIN5④ 発馬 15.35 第75回 チャレンジカップ GⅢ ㊕三才上オープン・別定								
父	ディープインパクト	エピファネイア	ナカヤマフェスタ	エピファネイア	モーリス	ゴールドシップ	ゴールドシップ	ハットトリック(マ)
馬名	ディープモンスター	エピファニー	バビット	マキシ	アルビージャ	コガネノソラ	マイネルモーント	(外)エアファンディタ
母・実績	シスタリーラヴ 米(マ)	ルールブリタニア 1勝(中)	アートリョウコ (公)	ラキシス 5勝(中)	アロマティコ 6勝(中)	マイネヒメル 4勝(中)	ゲッカコウ 4勝(中)	ノカゼ 米(中)
毛色・斤量	青鹿 57 牡6	青鹿 57 牡5	栗 57 牡7	鹿 57 牡4	黒鹿 57 牡6	芦 53 牝3	芦 57 牡4	黒鹿 57 牡7
騎手	浜中	杉原	団野	Cデムーロ	ルメール	丹内	田口	武豊
厩舎	池江寿	宮田	浜田	辻野	手塚	菊沢	高木	池添学
賞金	4700	6550	5500	2400	2400	4000	2400	5200
総賞金	16,050	14,990	13,800	7140	6930	7613	8040	14,712
馬主名	DMMドリームC	シルクR	宮田直也	大島昌也	サンデーR	ビッグレッドF	ラフィアン	ラッキーF
牧場名	矢野牧場	ノーザンF	大北牧場	ノーザンF	ノーザンF	ビッグレッドF	ビッグレッドF	アメリカ
持木	◎	▲	…	○	△	△	…	B
広田	△	▲	…	◎	注	…	…	△
加茂	…	△	△	▲	○	◎	…	…
市場	▲	△	△	注	…	…	…	…
田崎	…	…	…	▲	…	◎	○	…
本紙須藤	○	△ 東	△	△	◎ 東	△ 東	東	…
1600	[illegible]⑥	中1334④	2234⑧	2259①	2184①	新[illegible]②		阪[illegible]①
芝1800	[illegible]② **2**	新1451⑧	東1463⑩	阪1470⑦	新1443④	東[illegible] **8**	東1455①	東[illegible] **3**
2000	[illegible]③	阪1572①	京1579⑦	東1585②	東1594①	京[illegible]	東1587⑧	阪[illegible]
2200	阪[illegible]①	中2154①	京2125③	東2136①	中2122⑤	[illegible]		
上り最高	33.9③	33.3①	33.8①	33.3①	33.5②	34.0③	33.1②	32.8⑤
騎乗成績	2023	1101	1012	初騎乗	1100	1000	初騎乗	1000
クラス実績	3228	2116	20113	0101	0002	2002	0001	21110
当該条件	2002	初コース	0001	0010	初コース	0001	初コース	初コース
650 430 コスモス 57上村	2小 2月18日 ④ 小倉大賞 GⅢ 1ト15頭 芝 取消 585浜中 右前肢跛行のため エピファニー 1451	2小 2月18日 ④ 小倉大賞 1 GⅢ 12ト15頭 芝1451 57杉原 H⑦⑥④ 504 人気3 中団抜出 1身 371中346 ロングラン 1453 0.2	1福 4月14日 ④ 福島民報 16 L 12ト16頭 芝2011 57永島 S③④⑥ 464 人気7 先行バテ 12身 358中374 リフレーミング 1589 2.2	2京 2月4日 ④ [illegible] 3 2勝 3ト7頭 芝内2015 57松山 S⑤⑥⑥ 512 人気2 中位伸 4½ 373外356 セブンマジシャン 2007 0.8	2中 22年3月 ④ [illegible] 4 3勝 8ト16頭 芝外2125 56戸崎圭 H⑭③③ 512 人気4 向正進出 ½身 386中358 キングオブドラ 2124 0.1	2東 4月28日 ④ スイートピー 1 牝L 5ト13頭 芝1456 55石川 H⑥⑧⑧ 448 人気6 中位一気 クビ 360外341 ニシノティアモ 1456 0.0	2中 3月17日 ⑧ スピカS 2 3勝 14ト16頭 芝内1478 58横山武 S⑫⑬⑩ 462 人気3 中位伸 1½ 374外340 グランディア 1476 0.2	4阪 23年10月 ⑨ ポートアイランド 3 L 4ト9頭 芝外1337 60岩田望 S⑧⑧⑧ 456 B 人気6 後方伸 1身 371外331 ドーブネ 1335 0.2
	4京 6月1日 ① 鳴尾記念 5 GⅢ 2ト13頭 芝内1575 57浜中 M③③③ 468 人気4 好位一息 2¾ 352内344 ヨーホーレイク 1572 0.3	2阪 3月31日 ④ 大阪杯 10 GⅠ 14ト16頭 芝内1589 58杉原 S⑮⑪⑫ 498 人気13 S競負る 4½ 376中346 ベラジオオペラ 1582 0.7	4京 6月1日 ① 鳴尾記念 7 GⅢ 3ト13頭 芝内1579 57和田竜 M①①① 458 人気7 逃一杯 4¼ 349内351 ヨーホーレイク 1572 0.7	2阪 4月6日 ⑤ [illegible] 1 2勝 1ト10頭 芝外2264 58川田 S④③③ 512 人気1 好位抜出 2身 388中336 ダノンターキッ 2267 0.3	2東 22年5月 ⑦ [illegible] 1 3勝 6ト12頭 芝2243 57横山武 S⑩⑨⑨ 516 人気3 直線一気 ¾身 380中338 カレンルシェル 2244 0.1	2東 5月19日 ⑩ オークス 12 牝GⅠ 5ト18頭 芝2252 55石川 H⑬⑬⑫ 448 人気7 後方まま 7½ 370中350 チェルヴィニア 2240 1.2	2東 4月27日 ③ [illegible] 8 3勝 9ト13頭 芝1587 58横山武 M⑪⑪⑪ 460 人気3 直線不発 5½ 378外339 マイネルケレリ 1578 0.9	2東 23年10月 ⑨ カシオペア 5 L 15ト16頭 芝外1449 60池添 M⑩⑪⑩ 460 B 人気5 中位差詰 1¾ 358外342 アルナシーム 1447 0.2
	2中京 8月11日 ② 小倉記念 3 GⅢ 11ト12頭 芝1567 585浜中 H⑥⑥⑥ 464 人気2 中位伸 1身 362外345 リフレーミング 1565 Ⓡ 0.2	3小 7月21日 ⑧ 中京記念 2 GⅢ 6ト14頭 芝1472 58杉原 H⑨⑩⑨ 502 人気2 内つき伸 クビ 366内362 アルナシーム 1472 0.0	2福 7月7日 ④ 七夕賞 11 GⅢ 9ト15頭 芝1591 57内田博 H①①① 460 人気10 逃一杯 6½ 336内378 レッドラディエ 1579 1.2	2東 5月11日 ⑦ [illegible] 1 3勝 9ト10頭 芝2259 58川田 S④③③ 500 人気3 好位抜出 クビ 386中333 ワイドエンペラ 2259 0.0	2新 7月27日 ① [illegible] 4 オープン 1ト15頭 芝外1443 57嶋田 M⑦⑦⑤ 526 人気9 中位伸も 1¾ 356内340 クルゼイロドス 1440 Ⓡ 0.3	1札 7月28日 ④ クイーンS 1 牝GⅢ 12ト14頭 芝1474 51丹内 S⑧⑥⑤ 454 人気5 中位差切 アタマ 368中348 ボンドガール 1474 0.0	3東 6月22日 ⑦ 江の島S 1 3勝 12ト13頭 芝1461 58石川 S①①① 458 人気5 逃切る 1¼ 370内338 ダノンザタイガ 1463 0.2	4中 9月8日 ② 京成杯AH 14 GⅢ 9ト16頭 芝外1324 58三浦 S⑯⑮⑯ 470 B 人気13 出遅る 9¾ 366中333 アスコリピチェ 1308 1.6
	6京 11月16日 ⑤ アンドロ 4 L 4ト15頭 芝内1598 585浜中 S⑤④④ 472 人気3 伸一息 7身 367中356 アシエルト 1586 1.2	4ヵ月余 脚部不安放牧 乗込み3週間 仕上り○ 連対体重 500～520 3ヵ月以上休 ①②③外 2200	5京 10月6日 ② 京都大賞 8 GⅡ 10ト11頭 芝外2234 57団野 M②②① 470 人気10 先行一杯 2¾ 348中355 シュヴァリエロ 2229 0.5	3中京 9月14日 ③ ケフェウ 2 オープン 7ト11頭 芝1585 56川田 S⑤③⑤ 518 人気1 好位伸 1½ 374外339 フライライクバ 1582 0.3	4中 9月22日 ⑦ オールカ 5 GⅡ 6ト15頭 芝外2122 57嶋田 S⑩⑧⑧ 522 人気9 中位伸も 2¾ 377外343 レーベンスティ 2118 0.4	5京 10月13日 ④ 秋華賞 9 牝GⅠ 8ト15頭 芝内1580 55坂井 H⑤④④ 444 人気9 中位まま 5¼ 361中352 チェルヴィニア 1571 0.9	5ヵ月余 放牧 乗込み4週間 仕上り○ 連対体重 436～462 3ヵ月以上休 ①②③外 1100	4東 10月6日 ② 毎日王冠 14 GⅡ 5ト14頭 芝1459 57佐々木 S⑫⑫⑫ 454 B 人気14 後方まま 4½ 367中334 シックスペンス 1451 0.8
逃先差追 連対数	0152	1340	4200	1220	0213	1130	1341	0064

京都11R 枠番連勝

1-1	—
1-2	41.6
1-3	14.6
1-4	31.6
1-5	32.3
1-6	55.6
1-7	78.4
1-8	33.0
2-2	☆
2-3	11.8
2-4	25.6
2-5	26.3
2-6	45.2
2-7	63.7
2-8	26.8
3-3	11.0
3-4	9.0
3-5	9.2
3-6	15.8
3-7	22.4
3-8	9.4
4-4	74.3
4-5	19.9
4-6	34.3
4-7	48.5
4-8	20.4
5-5	☆
5-6	35.1
5-7	49.6
5-8	20.9
6-6	☆
6-7	85.1
6-8	35.9
7-7	☆
7-8	50.7
8-8	98.5
軸馬	5
単穴	9
連	11 1 14

JRAホームページのレース名解説のところには記載されていないものの、このチャレンジは、**3歳馬が秋を迎え、古馬にチャレンジするからチャレンジCと名付けられた**と記憶している。

実際創設当初は3歳馬も活躍していたようだが、世代限定のレースが整備されていくと、そちらに流れる馬

●2024年11月30日・京都11RチャレンジC(GⅢ、芝2000m)

1着⑨ラヴェル
（3番人気）
2着①ディープモンスター
（6番人気）
3着⑧エアファンディタ
（13 番人気）

……………………………

以下3歳馬
7着⑭ダノンエアズロック
（1番人気）
8着⑥コガネノソラ
（8番人気）

単⑨ 650 円
複⑨ 250 円
① 280 円
⑧ 1620 円
馬連①－⑨ 3100 円
馬単⑨→① 5290 円
3連複①⑧⑨ 75810 円
3連単⑨→①→⑧ 290420 円

15 桃8	14	13 橙7	12	11 緑6	10	9 黄
モーリス ラーグルフ アバンドーネ 未勝	モーリス ダノンエアズロック モシーン 豪	ノヴェリスト アウスヴァール カネツスペシャル 未勝	スクリーンヒーロー ボルドグフーシュ ボルドグザグ 仏	シルバーステート セイウンハーデス ハイノリッジ 未勝	モーリス ルペルカーリア シーザリオ 5勝	キタサンブラック ラヴェル サンブルエミューズ 3勝
黒鹿 57 牡5	鹿 55 牡3	黒鹿 57 騸6	栗 57 牡5	黒鹿 57 牡5	鹿 57 牡6	鹿 55 牝4
Mデムーロ	ムーア	古川吉	松山	幸	岩田望	川田
宗像	堀	昆	宮本	橋口慎	友道	矢作
6000	2400	3750	13,850	5500	2400	4600
14,800	4420	12,490	30,740	12,461	5970	12,100
村木隆	ダノックス	ノルマンディーTR	社台RH	西山茂行	キャロットF	キャロットF
スマイルF	ノーザンF	宝寄山拓樹	社台F	鮫川啓一	ノーザンF	ノーザンF
△ … … … △ 東	△ … △ ○ 注 ▲東	… … … … … …	… △ △ △ △ …	B … … ◎ △ △	… △ … … … …	注 ○ 注 △ … 注
2309① 中1472② 東1580① 中2123⑦	7 1…⑥ 東1…6① …56⑭	2278⑪ 阪1461① 阪1592④ 中2119②	2271① 2328② 2002③ 2098③	1356⑤ 阪1479④ 阪1589① 中2127④	東1328③ 阪1444④ 小1570① 2113②	1 阪1…① 阪…⑭ 京1…⑥ 京…②
33.5⑨ 初騎乗	32.7① 初騎乗	33.9③ 3 1 5 13	33.3① 1 0 0 0	33.6② 4 1 0 5	33.8③ 0 0 0 1	33.0① 0 1 0 0
2 1 1 9 初コース	2 0 0 3 初コース	0 1 1 7 0 0 0 1	0 3 2 1 初コース	2 1 0 4 初コース	0 1 0 3 初コース	1 1 0 9 0 0 0 2
1中 1月21日 7 AJCC 8 GⅡ 10ト12頭 三外2170 57三浦 M⑦⑧⑩ 500 人気8 後直だけ 2¼ 382外373 チャックネイト 2166 0.4	2中 3月3日 ④ 弥生 7 GⅡ 9ト11頭 二内2007 57キング S③④③ 504 人気2 中位一杯 5½ 357中357 コスモキュランダ 1598 0.9	1函 7月14日 ⑫ 函館記念 3 GⅢ 9ト16頭 1599 54古川吉 M①①① 494 人気14 逃粘る 4¼ 354内364 ホウオウビスケッツ 1592 0.7	5中 22年12月 ⑧ 有馬 2 GⅠ 3ト16頭 二内2328 55福永 S⑭⑬⑥ 498 人気6 鋭進伸 2½ 378外352 イクイノックス 2324 0.4	2阪 23年4月 ⑥ [illegible] 1 3勝 12ト16頭 二内1589 57幸 S③⑤⑥ 480B 人気2 好位抜出 1身 374中346 ハートオブアシティ 1591 0.2	4中京 22年6月 ③ [illegible] 11 3勝 13ト15頭 1346 57福永 S⑨②③ 508 人気2 追上一杯 6¾ 367外354 エンデュミオン 1335 1.1	2中 3月9日 5 中山牝馬 11 牝GⅢ 16ト16頭 大内1496 54横山武 S⑧⑨⑧ 458 人気7 中位一杯 3½ 384中362 コンクシェル 1490 0.6
2中 2月25日 2 中山記念 9 GⅡ 10ト16頭 大内1493 57三浦 H⑫⑪⑨ 502 人気12 後方追結 6¾ 371外374 マテンロウスカイ 1481 1.2	2東 5月4日 ⑤ プリンシパル 1 L 13ト13頭 1596 57モレイラ S④④⑤ 492 人気1 好位差切 1¼ 376中334 メリオーレム 1598 0.2	2札 8月18日 ④ 札幌記念 7 GⅡ 8ト11頭 2004 58古川吉 S①①① 494 人気9 逃一息 5身 363内363 ノースブリッジ 1596 0.8	1阪 23年3月 ⑫ 阪神大賞 2 GⅡ 1ト14頭 三内3064 56川田 S⑥⑥② 500 人気1 鋭進伸 1¾ 392外344 ジャスティンパレス 3061 0.3	1新 23年5月 4 新潟大賞 2 GⅢ 6ト16頭 二外2039 56津村 M①①① 478B 人気2 逃惜敗 ¾身 359内366 カラテ 2038 0.1	3小 22年7月 ⑥ [illegible] 1 3勝 10ト12頭 1570 57福永 M②①① 510 人気5 3角先頭 ¾身 347内350 ムジカ 1572 0.2	4京 6月16日 ⑥ マーメイ 5 牝GⅢ 5ト16頭 二内1578 54坂井 M⑥⑨⑦ 458 人気11 中位差詰 3½ 366中345 アリスヴェリテ 1572 0.6
4中 9月22日 ⑦ オールカマー 7 GⅡ 2ト15頭 三外2123 57三浦 S⑥⑧⑧ 500 人気6 中位まま 3身 373中344 レーベンスティール 2118 0.5	2東 5月26日 ⑫ ダービー 14 GⅠ 9ト17頭 2256 57モレイラ S⑨⑫⑨ 492 人気5 中位一杯 7¾ 373中341 ダノンデサイル 2243 1.3	4中 9月22日 ⑦ オールカマー 2 GⅡ 3ト15頭 三外2119 57田辺 S①①① 482 人気10 逃粘る ½身 366内348 レーベンスティール 2118 0.1	1京 23年4月 4 天皇賞 6 GⅠ 13ト17頭 三外3173 58川田 H⑩⑨⑥ 500 人気3 中位一杯 7身 378外359 ジャスティンパレス 3161 1.2	2福 23年7月 ④ 七夕 1 GⅢ 15ト16頭 1598 57幸 S④②② 476B 人気2 先行抜出 1¼ 361中349 ククナ 2000 0.2	1京 23年5月 ⑦ [illegible] 5 L 2ト10頭 大外1465 57岩田望 S④④③ 516 人気5 好位一息 3¾ 363外339 エアファンディタ 1459 0.6	4東 10月13日 ③ オクトーバー 6 L 14ト16頭 1579 55横山和 M⑪⑪⑨ 474 人気5 後方追上 3身 376外340 ボーンディスウェイ 1574 0.5
5東 11月3日 ② アルゼンチン 11 GⅢ 8ト16頭 2309 58丸田 M⑤⑤④ 500 人気11 好位一杯 11¼ 365中376 ハヤヤッコ 2290 1.9	4東 10月6日 ② 毎日王冠 6 GⅡ 7ト14頭 1454 55鮫島駿 S⑤⑤⑥ 498 人気6 中位差詰 1½ 360中333 シックスペンス 1451 0.3	5京 10月27日 ⑧ カシオペア 15 L 15ト18頭 大外1473 58古川吉 M①②2 482 人気9 先行一杯 14½ 346中376 アルジーヌ 1448 2.5	19ヵ月休 屈腱周囲炎 乗込み6週間 仕上り○ 連対体重 488～500 3ヵ月以上休 ①②③外 0 0 1 1	16ヵ月半 屈腱炎放牧 乗込み6週間 仕上り○ 連対体重 462～480 3ヵ月以上休 ①②③外 2 0 0 1	18ヵ月半 屈腱炎放牧 乗込み5週間 仕上り○ 連対体重 500～510 3ヵ月以上休 ①②③外 1 0 0 4	6京 11月10日 ④ エリザベス 2 牝GⅠ 16ト17頭 三外2115 56川田 S⑥⑧⑨ 468 人気12 中位伸 2身 367外341 スタニングローズ 2111 0.4
0 1 5 0	0 2 1 0	6 1 0 0	0 0 2 4	2 4 0 0	1 1 1 0	0 0 2 1

も増え、84年のグレード制導入以降で勝利したのは94年ツルマルガール、04年スズカマンボの2頭のみ。

12月に移設されてからトーセンスターダム、マイネルハニー、サトノクロニクル、ロードマイウェイ、レイパパレ、ソーヴァリアント、ベラジオオペラと7頭が古馬相手に勝利しているものの、チャレンジCが古馬初対戦だったのはトーセンスターダム、サトノクロニクル、ベラジオオペラの3頭のみで、ロードマイウェイは5度目の古馬との対戦だった。

24年出走の3歳馬2頭では、1番人気で7着敗退のダノンエアズロックは毎日王冠6着以来、8着のコガネノソラはクイーンCで既に古馬相手に重賞制覇を果たしていた（P142~143に馬柱）。

やはり、3歳馬が古馬にチャレンジするチャレンジCとしてはもう少し早めのほうがいい、との思いがJRAにあったのではないだろうか。

実際には、小倉記念が24年までの8月第2週から7月第3週に移動したことで、関西エリアでの芝1800m以上の古馬重賞が10月の京都大賞典まで空いてしまうことを避けるための移設とも考えられる。

前出の新潟記念とは逆に別定戦からハンデ戦に変更されたことで、3歳馬にとっては斤量で優位になりやすいことは覚えておきたい。

CHANGES!

2025年 10月 October

●5日（日）　毎日王冠（4回東京GⅡ　3歳上/芝1800m）
京都大賞典（3回京都GⅡ　3歳上/芝2400m）
●11日（土）　サウジアラビアロイヤルC（4回東京GⅢ　2歳/芝1600m）
●12日（日）　アイルランドトロフィー（4回東京GⅡ　3歳上牝/芝1800m）
※旧・府中牝馬S
●13日（祝）　スワンS（3回京都GⅡ　3歳上/芝1400m）
●18日（土）　富士S（4回東京GⅡ　3歳上/芝1600m）
●19日（日）　秋華賞（3回京都GⅠ　3歳牝/芝2000m）
●25日（土）　アルテミスS（4回東京GⅢ　2歳牝/芝1600m）
●26日（日）　菊花賞（3回京都GⅠ　3歳/芝3000m）

次に挙げるのが、10月の変更点である。

・東京、京都の秋の東西主場開催（前半）が4週から5週へ延長
・サウジアラビアロイヤルC、スワンS、富士S、アルテミスSの開催週の変更
・2024年までの府中牝馬Sが「アイルランドT（トロフィー）」にレース名変更

25年の大改革、秋の目玉は「東西主場開催が1週延長」

6月の東西主場開催が4週から3週へ1週短縮されたぶん延長されるのが、10月の主場開催。4回東京と3回京都が、これまでの4週から5週へ1週延長されての開催となる。

わかりやすくレース名で説明すると、次のようなもの。

●24年まで
1週目　毎日王冠・京都大賞典
2週目　秋華賞
3週目　菊花賞
4週目　天皇賞秋
●25年から

1週目　毎日王冠・京都大賞典
2週目　アイルランドT、スワンS
3週目　秋華賞
4週目　菊花賞
5週目　天皇賞秋　※25年は11月第1週

毎日王冠・京都大賞典週と秋華賞週の間に短縮された6月の1週分が挿入され、そこにGI前哨戦が組まれての5週間開催に変更されるのだ。

これにより毎日王冠・京都大賞典と天皇賞秋との間隔は、24年までの中2週から中3週へ延びた。また、紫苑Sから秋華賞、神戸新聞杯から菊花賞といった、9月のGIトライアルと本番との間隔も自動的に1週延びることになった。

つまり、春秋に比べると盛り上がりに欠く夏競馬の開催日数を減らして、秋競馬に振り替えるという売上促進策と、前哨戦とGIとの間隔を広げるために重賞の実施時期等を変更するという、25年の番組改革のテーマを同時に達成したのである。

しかも新たに挿入された10月開催の2週目に、11月以降のGIの前哨戦を組み込めば、以降の開催前倒し等の編成がしやすくなる。宝塚記念の開催前倒しと主場開催短縮があった6月とともに、25年の番組改革を象徴する10月開催といえる。

開催日数を調整するだけで、ＪＲＡが抱えていた問題が解決の方向へ向かう。ならばもっと早く取り組めばよかったように思えるのだが、宝塚記念のところでふれたようにお役所であるＪＲＡでは、なかなか簡単なことではなかったのだろう。

競馬法施行規則では「ＪＲＡで年間に開催できる日数の合計は２８８日を超えることができない」と定めており、同じように年間の開催回数は36回、１回の開催日数は12日、１日の競走回数は12回までとしている。ただ06年の改定までは、１回の開催回数８日×年間の開催回数36回＝２８８日が上限とされていた。24年までの10月の主場開催をはじめ、今でも４週８日間開催が多いのは、この名残である。

最終日の天皇賞秋がメインの10月東京開催では、１週目に前哨戦の毎日王冠を組んで同一競馬場での前哨戦開催にこだわっているものの、中２週のローテーションが影響してか近年はあまり重視されなくなっていた。かといって、開催日を前倒しして中山での毎日王冠となれば、本番との同一場での開催ではなくなる。

このジレンマ解消の答えが、「宝塚記念の開催前倒しによって可能になった６月主場開催短縮とのバーター」にあったとは……当事者であるＪＲＡの番組編成関係者も驚いたのではないだろうか。

本番のマイルCSとの間隔は広がるが……前倒しスワンSの問題点

続いては、４週から５週へ開催が延長になったことで開催週が変更となった、10月の４重賞に関しての解説。

まず２０２４年までの第１週の土曜日から第２週の土曜日へ移動した、２歳マイル重賞の**サウジアラビアロ**

イヤルC。15年の創設から10月東京開催初日に組まれていたのだが、25年からは開催が１週繰り下げとなる。

とはいえ、これは見かけ上の移動。６月の東京開催短縮によって以後の主場開催は１週繰り上がっており、24年までの10月東京開幕週と25年の２週目は同一なのである。特に気にする必要はないだろう。

お次は、24年までの天皇賞前日から前倒しされ10月第２週、25年は10月13日の月曜日開催となる１４００ｍのＧⅡスワンＳ。１着馬に優先出走権が与えられるマイルＣＳとの間隔は、24年までの中２週から中５週へ拡大される（下の表１）。

この拡大は、前哨戦とＧＩとの間隔を広げるために重賞の実施時期等を変更するという方針に沿ったものだが、一方で弊害もある。それはＧＩスプリンターズＳからの間隔が24年までの中３週から中１週に短縮されてしまうのだ。

純粋なスプリンターだと、スプリンターＳ→スワンＳというローテーションを取ることはないが、距離適性に幅がある馬なら珍しくはない。

17年には、桜花賞馬のレッツゴードンキがスプリンターズＳ２着から続戦のスワンＳで１番人気３着。１２００ｍと１４００ｍの双方で重賞勝ち経験のあるダイアトニックが、22年スプリターズＳ４着からスワンＳを制していた。

表1●秋のスプリント・マイル路線重賞

週	2024年	2025年
9月第1週	京成杯オータムH・セントウルS	
：	（中2週）	
9月第4週	スプリンターズS	
：	（中1週）	
10月第2週		スワンS
10月第3週	富士S	
10月第4週	スワンS	
：	（中2週）	（中4週）
11月第3週	マイルCS	
11月第4週	京阪杯	マイルCS
11月第5週	ー	京阪杯

もちろんスワンSの存在意義は、マイルCSの前哨戦であってスプリンターズSの残念会ではない。だが、スワンSの前倒しでスプリンターズS出走馬の次走選択肢が減ってしまうのは気になるところである。

残る2重賞、**富士Sとアルテミス**Sはそれぞれ10月3週目と4週目の土曜日開催で、日程としては24年と変わらない。

ただ、10月主場開催が5週に延長されるにより、富士Sは24年までの菊花賞前日から今年は秋華賞当日へ、アルテミスSは24年までの天皇賞秋前日から菊花賞前日の開催となる。

これにより、富士SはマイルCSとの間隔が中3週から中4週へ、アルテミスSは阪神JFとの間隔が中5週から中6週へ広がる点は触れておかないといけないだろう。

名称分割のアイルランドTは、エリザベス女王杯の前哨戦として甦る？

2024年までの府中牝馬Sが、25年からレース名をアイルランドTに変更して施行される。

6月のところで解説したように、府中牝馬Sの名は24年までのマーメイドSを引き継ぐ形で使用され、10月東京での牝馬限定芝1800mGⅡ戦としておなじみだった府中牝馬Sが、やはり24年まで副題だったアイルランドTへ名称変更となる。

24年までの府中牝馬SことアイルランドTは1953年の創設で、オールドファンには牝馬東京タイムズ杯（通称・牝馬東タイ杯）の名が懐かしいのかもしれない。同紙が休刊となった92年からレース名が府中牝馬S

となり、11年からGⅡに格上げされている。

一方、アイルランドTは93年から秋の東京芝1600mのオープン特別として施行され、95年の勝ち馬トロットサンダーは次走のマイルCSを制している。その後は3勝クラスのレース名となっていた時期もあったものの、08年から芝2000mのオープン特別のレース名となった。

10年1着のトーセンジョーダンは、翌年の天皇賞秋を制覇、14年に3歳でアイルランドTに勝利したエイシンヒカリはのちに海外GⅠを2勝した。

だが、17年から10月東京の芝2000mオープン特別はオクトーバーSに名を変え、アイルランドTは府中牝馬Sの副題となり、24年までアイルランドT府中牝馬Sとして行なわれてきた。

そして25年から、アイルランドTと府中牝馬にレース名を再分割。24年までのマーメイドSに30年以上使われた府中牝馬Sの名を譲り、アイルランドTが副題から正式なレース名称となっている。

25年からのアイルランドTは、エリザベス女王杯との間隔が24年までの中3週から中4週へ拡大。クイーンズリング、リスグラシュー、ラッキーライラック、アカイイトと、この10年のエリザベス女王杯前走レース別では最多となる4頭の勝ち馬を輩出も、近3年は不調気味なだけに、間隔が広がることでどのような変化が発生するのかを注視したい。

第72回

CHANGES!

2025年 11月 November

●1日（土）　ファンタジーS（3回京都GⅢ　2歳牝/芝1400m）
●2日（日）　天皇賞秋（4回東京GⅠ　3歳上/芝2000m）
●8日（土）　京王杯2歳S（5回東京GⅡ　2歳/芝1400m）
●9日（日）　アルゼンチン共和国杯（5回東京GⅡ　3歳上H/芝2500m）
　　　　　　みやこS（4回京都GⅢ　3歳上/ダ1800m）
●15日（土）　武蔵野S（5回東京GⅢ　3歳上/ダ1600m）
　　　　　　デイリー杯2歳S（4回京都GⅡ　2歳/芝1600m）
●16日（日）　エリザベス女王杯（4回京都GⅠ　3歳上牝/芝2200m）
●22日（土）　福島記念（3回福島GⅢ　3歳上H/芝2000m）
●23日（祝）　マイルチャンピオンシップ（4回京都GⅠ　3歳上/芝1600m）
●24日（休）　東京スポーツ杯2歳S（5回東京GⅡ　2歳/芝1800m）
●29日（土）　京都2歳S（4回京都GⅢ　2歳/芝2000m）
●30日（日）　ジャパンC（5回東京GⅠ　3歳上/芝2400m）
　　　　　　京阪杯（4回京都GⅢ　3歳上/芝1200m）

11月の変更点は、次のようなものである。

・ファンタジーSが1週前倒しされ、天皇賞秋前日に。福島記念が2024年までのエリザベス女王杯の裏開催からマイルCS前日に開催日が変更。この他、武蔵野Sから「東京中日スポーツ杯」の冠がなくなる。

ファンタジーS前倒しで本番・阪神JFとのリンクは？

ファンタジーSの開催が1週前倒しとなり、天皇賞秋前日の施行となる。

これにより阪神JFとの間隔は、2024年までの中4週から中5週に延びた。18年ダノンファンタジー、19年レシステンシアと2年連続で本番の勝ち馬を輩出も、近年は前哨戦としては微妙な存在。変化を待ちたい。

福島記念の1週繰り下げは、重賞レース配置の都合によるものと思われるが、繰り下げで間隔が中2週となる天皇賞秋からの転戦馬が出てくるか否かに注目したい。

また武蔵野Sでは、夕刊フジと同様に東京中日スポーツが休刊となるため冠名が取れた。もっとも「東京」がつかない中京スポーツ賞のファルコンSは3月の中京で継続される。

大きな変更点がない11月だが、こういう月もある。

CHANGES!

2025年 12月 December

●6日（土）　ステイヤーズS（5回中山GⅡ　3歳上/芝3600m）
　　　　　　鳴尾記念（5回阪神GⅢ　3歳上/芝1800m）
●7日（日）　チャンピオンズC（5回中京GⅠ　3歳上/ダ1800m）
●13日（土）　中日新聞杯（5回中京GⅢ　3歳上H/芝2000m）
●14日（日）　カペラS（5回中山GⅢ　3歳上/ダ1200m）
　　　　　　阪神ジュベナイルF（5回阪神GⅠ　2歳牝/芝1600m）
●20日（土）　ターコイズS（5回中山GⅢ　3歳上牝H/芝1600m）
●21日（日）　朝日杯フューチュリティS（5回阪神GⅠ　2歳/芝1600m）
●27日（土）　ホープフルS（5回中山GⅠ　2歳/芝2000m）
　　　　　　阪神C（5回阪神GⅡ　3歳上/芝1400m）
●28日（日）　有馬記念（5回中山GⅠ　3歳上/芝2500m）

12月の変更点は、次のようなものである。

・鳴尾記念が12月第1週に実施時期が変更
・近年は12月28日開催だったホープフルSが27日土曜日の開催となり、有馬記念が年間の最終開催日となる28日の日曜日に開催される。

変更を繰り返す〝都合のいい重賞〟鳴尾記念

2024年まで6月第1週に組まれ、宝塚記念の前哨戦のひとつであった鳴尾記念が、25年から暮れの阪神開催12月第1週に実施時期を変更し1800m戦として行なわれる。

もっとも、11年までは12月の阪神で開催されていた鳴尾記念。その開催時期、条件を幾度となく変更されており、1986年までは3月にGⅡの芝2500m戦として開催されていた。

翌87年からそれまで暮れに開催されていた3000mの阪神大賞典と時期が入れ替わり、97年からは6月の芝2000mの開催となった。

2000年からは12月に開催時期が戻りGⅢに格下げされ、06年からは芝1800mに短縮。そして12年以降は、再び6月の芝2000m戦として施行されてきた。

24年まで12月第1週には、25年から9月に時期変更されたチャレンジCが組まれていた。そのチャレンジCと鳴尾記念の変更を整理すると、次のようになる。

●24年まで
6月　鳴尾記念（GⅢ別定・阪神芝２０００ｍ）
（9月　類似条件の重賞なし）
12月　チャレンジＣ（GⅢ別定・阪神芝２０００ｍ）
●25年から
（6月　類似条件の重賞なし）
9月　チャレンジＣ（GⅢハンデ・阪神芝２０００ｍ）
12月　鳴尾記念（GⅢ別定・阪神芝１８００ｍ）

類似条件の重賞がない24年9月及び25年6月を含めての三角トレードが行なわれた、とイメージしていただければよいだろうか。いずれにしても年末開催に鳴尾記念が復活したことになる。

馬券的には、24年までこの時期の阪神（24年は京都）で開催されていたチャレンジＣのデータを参考にしたいが、１８００ｍへの距離短縮がどう影響するか。ちなみに近5年のチャレンジＣでは前走エリザベス女王杯、オールカマー、セントライト記念の芝２２００ｍ組が3勝・2着1回・3着1回・着外3回と高確率で好走していたことをお知らせしておく。

土曜・ホープフルＳ→日曜・有馬記念の流れは26年も続きそう

前売 5回中山8日 11R

発馬 15.40

第69回 有馬記念（グランプリ）GI

㊕ 三才上オープン・定量

	1 白1	2 白1	3 黒2	4 黒2	5 赤3	6 赤3	7 青4	8 青4	9 黄5
父	エピファネイア	ハーツクライ	スワーヴリチャード	エピファネイア	ロードカナロア	ハービンジャー	ドゥラメンテ	スワーヴリチャード	キズナ
馬名	ダノンデサイル	ドウデュース	アーバンシック	ブローザホーン	ベラジオオペラ	ローシャムパーク	スターズオンアース	レガレイラ	ディープボンド
母・母の実績	トップデサイル 米	ダストアンドダイヤモンズ 米	エッジースタイル 3勝	オートクレール 4勝	エアルーティーン 1勝	レネットグルーヴ 3勝	サザンスターズ 英	ロカ 1勝	ゼフィランサス 3勝
毛色・斤量	栗 56 牡3	鹿 58 牡5	栗 56 牡3	鹿 58 牡5	鹿 58 牡4	鹿 58 牡5	黒鹿 56 牝5	鹿 54 牝3	青鹿 58 牡7
騎手	横山典	武豊	ルメール	菅原明	横山和	マーカンド	川田	戸崎圭	幸
厩舎	安田翔	友道	武井	吉岡	上村	田中博	高橋瑞	木村	大久保龍
賞金	17,450	79,900	14,400	22,050	17,000	17,900	29,400	3900	28,950
総賞金	35,260	173,221	31,790	47,945	43,970	39,813	78,140	12,970	75,996
馬主名	ダノックス	キーファーズ	シルクR	岡田牧雄	林田祥来	サンデーR	社台RH	サンデーR	前田晋二
牧場名	社台F	ノーザンF	ノーザンF	岡田S	社台F	ノーザンF	社台F	ノーザンF	村田牧場
佐藤直	◎	○	▲	…	△	△	△	注	…
小野智	◎	○	▲	…	注	△	…	△	…
久光	▲	○	◎	…	△	△	…	…	注
西田	注	○	◎	△	…	…	…	▲	…
中田	◎	○	▲	…	…	△	△	△	…
本紙武井	▲ 西	◎ 西	○	… 西	… 西	△	…	注	… 西
距離実績（芝 2000/2200/2400/2500）	京[illegible]④ [illegible]① [illegible]① [illegible]⑤	[illegible]	中1575④ 中2116① 東2254① 3041①	函2015③ 京2120❶ 京2237① 中2315①	東1577⑥ 京2122② 東2252④ 大1480[1]	阪1582② 中2120① 大1451①	阪1574② 大1473① 東2226③ 中2310②	中1[illegible]6⑥ 京[illegible]6⑤ 東2[illegible]0⑤ 大[illegible]③	京2011① 阪2103④ 京2229② 中2321②
上り最高	33.5①	32.5①	33.2①	33.8⑫	33.0④	33.3①	32.6②	32.7⑨	34.6①
騎乗成績	3 0 0 3	8 1 1 4	2 0 0 0	3 1 1 3	2 1 1 2	初騎乗	1 0 0 1	初騎乗	0 1 1 1
クラス実績	2 0 0 2	7 1 1 6	2 1 0 2	3 1 2 3	3 1 1 3	2 2 1 3	2 4 3 2	1 0 1 4	4 5 2 15
当該条件	初コース	1 0 0 0	初コース	2 0 0 0	初コース	初コース	0 1 0 0	初コース	0 1 0 2
前走4	1中 1月14日 ⑤京成杯 1 GIII 14ト14頭 内2005 57 横山典 S ⑤⑤⑤ 506 人気5 好位差切 3/4身 364外341 アーバンシック 2006 0.1	3月30日 ドバイターフ 5 GI 良16頭 左1462 57 武豊 ⑫⑫⑬ メイダン アラブ首長国 前詰る 2 1/4 ファクトゥール 1459 0.3	3中 4月14日 ⑧皐月 4 GI 9ト17頭 内1575 57 横山武 H ⑬⑬⑩ 510 人気6 後方追上 2 1/4 364外341 ジャスティンミ 1571R 0.4	3京 4月28日 ④天皇賞 2 GI 5ト17頭 外3145 58 菅原明 M ⑬⑫⑫ 424 人気5 後方伸 2身 382外346 テーオーロイヤ 3142 0.3	2京 2月11日 ⑥京都記念 2 GII 5ト12頭 外2122 57 横山和 M ⑥⑦⑧ 506 人気1 中位伸 3/4身 365中346 プラダリア 2121 0.1	2阪 3月31日 ④大阪杯 2 GI 2ト16頭 内1582 58 戸崎圭 S ⑫②② 504 人気3 3角好位 クビ 373中349 ベラジオオペラ 1582 0.0	5東 23年11月 ⑧ジャパン 3 GI 17ト18頭 2226 56 ビュイック H ④④④ 496 人気5 好位伸 5身 377中340 イクイノックス 2218 0.8	3中 4月14日 ⑧皐月 6 GI 10ト17頭 内1576 55 北村宏 H ⑮⑭⑬ 456 人気1 後方差詰 2 3/4 366中339 ジャスティンミ 1571R 0.5	1阪 3月17日 [8]阪神大賞 7 GII 12ト15頭 内3081 57 岩田望 S ③③③ 510 人気5 好位一杯 8 1/4 386中361 テーオーロイヤ 3068 1.3
前走3	3中 4月14日 ⑧皐月 GI 16ト17頭 内 除外 57 横山典 504 右前肢跛行のため ジャスティンミ 1571R	4京 6月23日 ⑧宝塚 6 GI 4ト13頭 外2129 58 武豊 S ⑪⑬⑪ 508 人気1 後方差詰 5 3/4 371中346 ブローザホーン 2120 0.9	2東 5月26日 ⑫ダービー 11 GI 8ト17頭 2254 57 横山武 S ⑬⑭⑮ 512 人気4 後方差詰 6 3/4 380外335 ダノンデサイル 2243 1.1	4京 6月23日 ⑧宝塚 1 GI 12ト13頭 外2120 58 菅原明 S ⑪⑩⑦ 428 人気3 後方一気 2身 372外340 ソールオリエン 2123 0.3	2阪 3月31日 ④大阪杯 1 GI 11ト16頭 内1582 58 横山和 S ②②② 506 人気2 先行抜出 クビ 360中349 ローシャムパー 1582 0.0	4京 6月23日 ⑧宝塚 5 GI 10ト13頭 外2129 58 戸崎圭 S ⑨③④ 506 人気4 追上一杯 5 1/2 369外353 ブローザホーン 2120 0.9	5中 12月24日 ⑧有馬 2 GI 16ト16頭 内2310 56 ルメール M ②②② 494 人気7 先行粘る 1/2身 364内348 ドウデュース 2309 0.1	2東 5月26日 ⑫ダービー 5 GI 2ト17頭 2250 55 ルメール S ⑪⑭⑬ 458 人気2 後方追上 4 1/2 375内332 ダノンデサイル 2243 0.7	3京 4月28日 ④天皇賞 3 GI 6ト17頭 外3146 58 幸 M ②②① 508 人気6 先行粘る 2 1/2 371中356 テーオーロイヤ 3142 0.4
前走2	2東 5月26日 ⑫ダービー 1 GI 5ト17頭 2243 57 横山典 S ③⑥④ 504 人気9 内鋭く 2身 368内335 ジャスティンミ 2247 0.4	4東 10月27日 ⑧天皇賞 1 GI 7ト15頭 1573 58 武豊 S ⑭⑭⑬ 504 人気2 後方追込 1 1/4 373中325 タスティエーラ 1575 0.2	4中 9月16日 ⑤セントライト 1 GII 1ト14頭 外2116 57 ルメール S ⑥⑤⑦ 510 人気2 中位差出 1 3/4 372内340 コスモキュラン 2119 0.3	5京 10月6日 ②京都大賞 11 GII 11ト11頭 外2253 59 菅原明 M ⑩⑩⑪ 426 人気1 後方まま 14 3/4 378内358 シュヴァリエロ 2229 2.4	4京 6月23日 ⑧宝塚 3 GI 3ト13頭 外2124 58 横山和 S ④③② 518 人気5 好位粘る 2 1/4 361外348 ブローザホーン 2120 0.4	4東 10月6日 ②毎日王冠 10 GII 9ト14頭 大1456 57 戸崎圭 S ⑨⑧⑨ 502 人気2 中位まま 2 3/4 363中333 シックスペンス 1451 0.5	3月30日 シーマクラシック 8 GI 良12頭 左2284 55 デットーリ ⑤⑤⑥ メイダン アラブ首長国 中位一杯 11身 レベルスロマン 2267 1.7	3中京 9月15日 ④ローズS 5 GII 15ト15頭 2003 55 ルメール S ⑮⑮⑮ 468 人気1 後方追上 2 1/4 386外331 クイーンズウォ 1599 0.4	4京 6月23日 ⑧宝塚 7 GI 5ト13頭 外2129 58 幸 S ⑤⑧⑤ 508 人気8 中位一杯 6身 364中352 ブローザホーン 2120 0.9
前走	5京 10月20日 ⑥菊花 6 GI 4ト18頭 外3048 57 横山典 S ⑨⑭⑮ 522 人気1 包まれる 4 1/2 374中355 アーバンシック 3041 0.7	5東 11月24日 ⑧ジャパン 1 GI 3ト14頭 2255 58 武豊 S ⑫⑫⑦ 510 人気1 後方一気 クビ 384外327 シンエ・ドゥレ 2255 0.0	5京 10月20日 ⑥菊花 1 GI 13ト18頭 外3041 57 ルメール S ⑧⑤③ 510 人気2 楽抜出 2 1/2 384中356 ヘデントール 3045 0.4	5東 11月24日 ⑧ジャパン 12 GI 2ト14頭 2266 58 菅原明 S ⑩⑨⑦ 430 人気10 後方まま 6 1/2 380内338 ドウデュース 2255 1.1	4東 10月27日 ⑧天皇賞 6 GI 1ト15頭 1577 58 横山和 S ③③③ 514 人気4 好位一息 2 3/4 362内337 ドウデュース 1573 0.4	11月2日 BCターフ 2 GI 良13頭 左2261 57 ルメール ⑬⑬⑨ デルマー アメリカ 後方追込 クビ レベルスロマン 2260 0.1	5東 11月24日 ⑧ジャパン 7 GI 14ト14頭 2261 56 川田 S ③②② 500 人気5 先行一杯 3 1/2 374中338 ドウデュース 2255 0.6	6京 11月10日 ④エリザベス 5 GI 7ト17頭 外2116 54 ルメール S ⑧⑩⑨ 472 人気1 直線不利 3身 367中341 スタニングロー 2111 0.5	5京 10月6日 ②京都大賞 2 GII 7ト11頭 外2229 57 幸 M ④③② 516 人気4 好位伸 アタマ 357中348 シュヴァリエロ 2229 0.0
連対数	0 2 1 0	0 1 3 5	0 0 3 2	0 4 3 3	0 3 3 0	2 1 5 2	0 1 5 2	0 0 1 1	1 5 5 0

7,500 ロフブロイ
5,000 57ペリエ

記号の説明

厩舎左側の㊫㊙は
㊫＝関東・美浦所属
㊙＝関西・栗東所属
賞金左の記号は重の巧拙を表します
◎…得意△…苦手

馬場表示

❶❶①① → 不良・重馬場・稍重・良馬場（開催日の馬場状態）

乗替り記号

㊖…ベスト10外の騎手からベスト10への乗替り
替…それ以外

開催場所・月日
開催日・着順
条件・枠・頭数
距離・タイム
斤量・騎手名
ペース・通過順
馬体重・人気
戦評・馬身差
前半・上り③F
①②着時計・秒

（㊤㊥㊦㊧）連対数

●2024年12月24日・中山11R有馬記念（ＧⅠ、芝2500m）

1着⑧レガレイラ
（5番人気）
2着⑯シャフリヤール
（10番人気）
3着①ダノンデサイル
（2番人気）
※②ドウデュースは
右前肢ハ行のため出走取消

単⑧ 1090円
複⑧ 320円
⑯ 540円
① 210円
馬連⑧－⑯ 20470円
馬単⑧→⑯ 33100円
3連複①⑧⑯ 20850円
3連単⑧→①→⑯ 196520円

16 桃8	15	14 橙7	13	12 緑6	11	10 黄
ディープインパクト シャフリヤール ドバイマジェスティ米	キングカメハメハ ハヤヤッコ マシュマロ2勝	ハーツクライ ダノンベルーガ コーステッド米	キングカメハメハ スタニングローズ ローザブランカ3勝	キングカメハメハ シュトルーヴェ アンチュラス2勝	ディープインパクト ジャスティンパレス パレスルーマー米	ディープインパクト プログノーシス ヴェルダ英
青鹿 58 牡6	白 58 牡8	鹿 58 牡5	鹿 56 牝5	黒鹿 58 騸5	青鹿 58 牡5	鹿 58 牡6
Cデムーロ	吉田豊	松山	ムーア	鮫島駿	坂井	三浦
藤原英	国枝	堀	高野	堀	杉山晴	中内田
48,790	11,350	8990	19,400	8600	23,750	26,170
128,823	30,280	43,656	41,010	19,002	76,752	52,848
サンデーR	金子真人HD	ダノックス	サンデーR	村木克子	三木正浩	社台RH
ノーザンF	ノーザンF	ノーザンF	ノーザンF	追分F	ノーザンF	社台F
…… …… …… …… …… …△ 西	……B …… …… …… …… ……	…△… …… …… …… …… ……	…△… …… …△… …△… …… …△ 西	……B …… …… …… …… ……	…… …△… …△… …△… …注… …△ 西	…… …… …… …… …△… …△ 西
東 [illegible]⑤ 東 [illegible] 東 [illegible]① 中 [illegible]⑤ 2	東 1587④ 中 2129⑩ 京 2423③ 東 2290①	東 1558④ 天 1479① 東 2223④	阪 1586① 京 2111① 東 2241② 天 1473⑤	新 2006⑤ 新 2123⑦ 東 2233② 中 2314①	東 1556② 京 2111① 東 2232⑨ 中 2312④	東 1558③ 天 1329① 天 1442③
天 33.4③ 1 2 2 3	天 33.1⑧ 1 0 0 0	天 32.8③ 1 0 0 1	天 32.9⑤ 初騎乗	天 32.9① 1 0 0 1	天 33.0④ 0 0 0 1	天 32.8① 初騎乗
3 2 4 7 0 0 0 1	5 3 3 25 0 0 0 1	1 1 2 8 初コース	4 1 1 8 初コース	2 0 0 2 1 0 0 0	3 2 2 8 0 0 0 2	3 4 2 3 初コース
5中 12月24日 ⑧ 有馬 5 GI 2 16頭 芝内2312 58 松山 M④⑤⑤ 454 人気8 好位伸も 1¾ 367内348 ドウデュース 2309 0.3	2阪 3月31日 ④ 大阪 12 GI 4 16頭 芝内1590 58 幸 S⑯⑭⑭ 482B 人15 後方まま 4¾ 378外346 ベラジオオペラ 1582 0.8	5東 23年11月 ⑧ ジャパン 6 GI 10 18頭 芝2232 58 モレイラ H⑪⑪⑪ 498 人気6 中位伸も 8¾ 384外338 イクイノックス 2218 1.4	2阪 3月31日 ④ 大阪 8 GI 5 16頭 芝内1587 56 西村淳 S①①① 490 人気6 逃一杯 3身 358内355 ベラジオオペラ 1582 0.5	3中 3月23日 ① 日経 1 GII 6 10頭 芝内2314 57 鮫島駿 M⑧⑧⑥ 480B 人4 中位差切 ½身 383中353 クロミナンス 2315 0.1	3月30日 シーマクラシック 4 GI 良 12頭 芝2272 57 モレイラ ④④④ メイダン アラブ首長国 中位差詰 3¼ レベルスロマン 2267 0.5	1中京 3月10日 ② 金鯱 1 GII 4 13頭 芝1576 58 川田 M⑩⑧⑤ 480 人気2 楽抜出 5身 364内343 ドゥレッツァ 1584 0.8
3月30日 シーマクラシック 2 GI 良 12頭 芝2270 57 Cデムーロ ③③③ メイダン アラブ首長国 好位伸 2身 レベルスロマン 2267 0.3	1函 7月14日 ⑫ 函館記念 12 GIII 14 16頭 芝2006 585 浜中 M⑬⑮⑫ 484B 人12 発馬遅く 8身 370外355 ホウオウビスケ 1592 1.4	3月30日 ドバイターフ 3 GI 良 16頭 芝左1460 57 モレイラ ⑩⑩⑩ メイダン アラブ首長国 内つき伸 ¾身 ファクトゥール 1459 0.1	2東 5月12日 ⑧ ヴィクト 9 牝GI 3 15頭 芝1326 56 西村淳 M①③③ 490 人気5 好位一杯 4½ 344内355 テンハッピーロ 1318 0.8	2東 5月26日 ⑫ 目黒 1 GII 9 13頭 芝2323 585 モレイラ S⑩⑪⑪ 478B 人1 直線一気 クビ 388中329 シュヴァリエロ 2323 0.0	4京 6月23日 ⑧ 宝塚 10 GI 2 13頭 芝外2136 58 ルメール S⑦⑤⑤ 472 人気2 中位一杯 9¾ 367中359 ブローザホーン 2120 1.6	4月28日 QエリザベスII世 2 GI 稍 11頭 芝右2011 57 川田 S⑧④③ シャティン 484 香港 直線競負 クビ ロマンチックウ 2010 0.1
2札 8月18日 ④ 札幌記念 5 GII 4 11頭 芝2002 58 武豊 S③⑥⑥ 464 人気2 中位差詰 4身 371中351 ノースブリッジ 1596 0.6	2札 9月1日 ⑧ タイラン 3 オープン 11 14頭 芝2423 585 北村友 M⑥⑪⑤ 482B 人5 漸進伸 5身 393外379 ショウナンバシ 2415 0.8	4東 10月27日 ⑧ 天皇 14 GI 10 15頭 芝1583 58 Cデムーロ S⑤⑥⑤ 498B 人5 2角躓く 6½ 367中341 ドウデュース 1573 1.0	1札 7月28日 ④ クイーンS 6 牝GIII 9 14頭 芝1476 57 北村友 S③②② 492 人気9 出遅る 1身 363中353 コガネノソラ 1474 0.2	4京 6月23日 ⑧ 宝塚 11 GI 1 13頭 芝外2145 58 レーン S⑨⑤⑦ 470B 人9 中位一杯 14¾ 368中367 ブローザホーン 2120 2.5	4東 10月27日 ⑧ 天皇 4 GI 11 15頭 芝1576 58 坂井 S⑫⑪⑪ 470 人気6 中位差詰 2身 371中330 ドウデュース 1573 0.3	2札 8月18日 ④ 札幌記念 4 GII 11 11頭 芝2001 58 川田 S⑩⑩⑨ 478 人気1 出遅る 3身 380外344 ノースブリッジ 1596 0.5
11月2日 BCターフ 3 GI 良 13頭 芝左2263 57 Cデムーロ ⑧⑦⑨ デルマー アメリカ 屈寄る 1¾ レベルスロマン 2260 0.3	5東 11月3日 ② アルゼン 1 GII 3 16頭 芝2290 585 吉田豊 M⑮⑮⑮ 480B 人10 後方追込 クビ 380外346 クロミナンス 2291 0.1	5東 11月24日 ⑧ ジャパン 9 GI 6 14頭 芝2262 58 松山 S⑦⑨⑦ 492 人気13 中位まま 4身 374中334 ドウデュース 2255 0.7	6京 11月10日 ④ エリザベ 1 牝GI 11 17頭 芝外2111 56 Cデムーロ S④④② 498 人気3 好位抜出 2身 361外340 ラヴェル 2115 0.4	5東 11月24日 ⑧ ジャパン 10 GI 5 14頭 芝2263 58 鮫島駿 S⑫⑫⑫ 478B 人11 出遅る 4½ 385中334 ドウデュース 2255 0.8	5東 11月24日 ⑧ ジャパン 5 GI 4 14頭 芝2260 58 Cデムーロ S⑦⑦⑦ 468 人気3 中位伸も 2¾ 376中333 ドウデュース 2255 0.5	10月26日 コックスプレート 2 GI 良 9頭 芝2023 59 レーン ③②② ムーニーバレー オーストラリア 先行粘る 8身 ヴィアシスティ 2010 1.3
0 3 2 1	0 4 3 5	0 0 2 1	0 6 2 0	0 0 6 3	0 4 2 1	0 1 5 5

ＪＲＡのオーラスとしておなじみだった有馬記念。

だが、２０１７年にホープフルＳがＧⅠに昇格すると同レースが12月28日に組まれるようになり、26日土曜日ホープフルＳ、27日有馬記念だった20年を除き、直前の日曜日に有馬記念、28日にホープフルＳという開催日程が組まれていた。

ところが25年は12月28日が日曜日。そこで、次のようなスケジュールとなった。

●12月27日・土曜日

ホープフルＳ（中山・ＧⅠ）、阪神Ｃ（阪神・ＧⅡ）、中山大障害（中山・Ｊ・ＧⅠ）

●12月28日・日曜日

有馬記念（中山・ＧⅠ）

20年以来、5年ぶりとなる有馬記念での一年の締め。ちなみに26年も12月が20年と同じ曜日配置であり、またカレンダー配置的に25年と同じ1月、9月、10月、11月に3日間開催が組めそうなだけに、2年連続で有馬記念がオーラスになる可能性が高い。

さて、12月28日に行なわれた有馬記念は過去に3回。

03年はシンボリクリスエス、08年はダイワスカーレット、14年はジェンティルドンナと、有馬記念が引退レースとなる馬が勝利していた。

しかもシンボリクリスエスは前走ジャパンCで3着、ダイワスカーレットは前走天皇賞秋で2着、ジェンティルドンナも前走ジャパンCで2着と、前走敗退という共通点があった。25年も、このような該当馬がいれば狙ってみたい。

ちなみに、12月22日の施行だった24年の有馬記念では、引退レースとなるはずだった大本命のドウデュースが、右前肢ハ行により出走取消。馬連2万馬券の大波乱となったのは記憶に新しいところだろう（P158～159に馬柱）。

巻末クローズアップ①

夏競馬の改革と、暑熱対策から生まれる波乱

冒頭でも述べたように、２０２５年の番組変更の大きなテーマは「春秋に比べて盛り上がりの薄い夏競馬のテコ入れ」と「世界的な問題となってきている暑熱対策」。

テコ入れとしては、宝塚記念の２週前倒し、６月東西主場開催の４週から３週への短縮、さらに新設重賞のしらさぎＳの創設といった変更が行なわれる。一方の暑熱対策では、24年から導入された「競走時間帯の拡大」の適用が２週から４週へ拡大される。

テコ入れと暑熱対策。どちらも夏競馬に関するものである。受験産業の業界では〝夏を制する者は受験を制する〟というフレーズがあるが、重賞改革元年の25年は〝夏競馬を制す者は馬券を制する〟といっても過言ではない。

そこで、25年夏競馬を番組面から掘り下げていきたい。

●夏のローカルにコストカット断行

春秋競馬に比べて盛り上がりに欠くのが夏競馬だ。

春競馬はダービー、秋競馬は有馬記念という最高点へ向けてＧＩシリーズのボルテージが上がっていくのに対し、６月スタートの夏競馬はＧＩが２レース（安田記念、宝塚記念）組まれるものの、頂点のダービーから下がっていくのみ。２つ目のＧＩ宝塚記念が終われば、秋競馬を迎えるまでローカル競馬が延々続くという流れであった。

大レースがないことに加え気候的な問題もあり、有力馬は秋へ向けて休養に入り、二線級の馬たちによる戦い。興行的に厳しいシーズンであるのは至極当然である。

しかも、ＪＲＡにとってローカルは売上が見込めないだけではない。東京、中山、京都、阪神の中央場所４場と中京はトレセンからの当日輸送なのに対し、他のローカルは競馬場での宿泊滞在が必要な直前輸送。さらに、北海道の2場と小倉競馬を使う一部の馬は競馬場滞在となるため、経費がかかる開催なのだ。興行的に厳しくコストもかかる夏競馬。厳しい言い方をすれば、ＪＲＡにとってお荷物な存在なのである。

もちろん、ＪＲＡもこの状況に手をこまねいていたわけではない。Ｐ１４８でふれたように以前は1開催８日間が基本であったため、夏の北海道は札幌と函館で各2開催16日、計16週32日間の開催が組まれていた。だが、コストのかかる北海道開催は短縮したいとの考えから、２０１２年以降は12週24日間もしくは13週26日間の開催となっている。

一方で、減った北海道開催分を春の東京、京都開催に回して12日間開催にするなど中央４場の開催日数を増やしたが、馬場コンディションやメンテナンスを踏まえると限度がある。そこで今度は北海道の次にコストがかかる小倉開催にメスを入れたのであった。

かつて関西主場の夏の開催が中京1開催、小倉開催が2開催であった名残で、19年まで夏の小倉開催は6週12日間と長目であったのだが、20年から春の第3場開催と日数を調整したうえで「暑熱対策の導入」という名目で4週8日間に短縮。

以後数年は、京都競馬場の改修工事の影響で夏の小倉の開催日数は一時的に増えたものの、24年からは開催順を入れ替えて小倉４週８日、中京４週８日に。そして25年からは新たな暑熱対策により、小倉４週８日、中京6週12日という開催日数となった。

何のことはない。暑熱対策を絡めて、19年までと中京と小倉の開催日数を逆転させることに成功したわけである。

●夏競馬縮小で新馬、2歳戦はどうなる？

6月の東京、阪神開催を4週から3週へ短縮し、浮いた1週分を10月の東京、京都開催に振り替える。盛り上がりに欠く夏競馬を減らして盛り上がっている秋開催の開催日数を増やす――という意味では正解だが、弊害がないわけではない。

例えば6月東京、阪神の開催日数が減るということは、そのまま6月東京、阪神の2歳戦の施行数が減ることを意味する。

ダービーの翌週からスタートする2歳新馬戦。以前は、将来有力な馬は夏の北海道か、秋の東京もしくは京都開催でデビューするのが一般的であった。

秋の京都では、菊花賞当日の京都芝1800m新馬戦が特に有力馬がデビューするレースとして知られ、08年は1着アンライバルド（皐月賞）、3着ブエナビスタ（GⅠ6勝）、4着スリーロールス（菊花賞）がのちにGⅠウイナーとなり、2着のリーチザクラウンもダービーで2着に入り、〝伝説の新馬戦〟と呼ばれたほどである。その後も09年ローズキングダム、12年エピファネイア、18年ワールドプレミア、20年シャフリヤールといった、のちのGⅠ勝ち馬がデビュー勝ちを収めていた。

もっとも近年では、外厩での育成技術の向上や、厩舎陣営の方針の変化もあってデビュー時期が早まっており、新馬戦がスタートしたばかりの6月の東京、阪神でデビューする期待馬も増えている（左ページの表1）。

表1●世代限定GⅠ勝ち馬のデビュー月・開催

年	桜花賞	オークス	皐月賞	ダービー	NHKマイルC	阪神JF	朝日杯FS	ホープフルS
15年	8月札幌	12月阪神	10月東京		7月中京	6月東京	11月京都	−
16年	11月京都	10月京都	9月札幌	10月京都	6月東京	7月札幌	8月札幌	−
17年	8月小倉	7月札幌	10月京都	10月東京	6月東京	8月新潟	6月阪神	8月新潟
18年	8月新潟		10月京都	7月中京	6月阪神	6月東京	6月中京	6月阪神
19年	6月東京	11月京都	6月阪神	8月新潟	6月中京	10月京都	6月東京	9月阪神
20年	11月京都		9月阪神		6月阪神	7月函館	7月新潟	6月阪神
21年	7月函館	6月東京	8月札幌	10月京都	9月札幌	8月新潟	9月小倉	6月阪神
22年	8月新潟		6月東京	9月小倉	6月阪神	7月新潟	8月札幌	6月阪神
23年	7月新潟		11月東京	11月東京	10月東京	6月東京	10月京都	7月函館
24年	7月札幌	6月東京	11月東京	10月東京	10月京都	8月札幌	10月京都	6月東京

24年のGI勝ち馬では、オークス馬チェルヴィニアが6月4日の東京芝1600m新馬戦でデビューし2着だった。3連勝でホープフルSを制したクロワデュノールも、6月9日の東京芝1800m新馬戦を快勝していた。また20年から22年までのホープフルS優勝馬は、すべて宝塚記念当日の阪神芝1800m新馬戦でデビューしていた。

ここ2年の6月の東京および阪神（24年は京都）の新馬戦施行数をカウントしてみると、6月東京の芝1600m戦は5、東京芝1800mは2、阪神（京都）芝1600m戦は3、阪神（京都）芝1800mは1。これが4週から3週へ短縮されると、レース数が減る可能性がある。

また開催が4週あればデビュー戦で敗れても同一開催の未勝利戦へエントリーすることが可能。のちに秋華賞とエリザベス女王杯を制覇するスタニングローズは、変則開催となった21年開幕週の中京芝1400m新馬戦で2着敗退後に中2週の阪神芝1600m未勝利戦で初勝利。

京王杯2歳Sに勝ち阪神JFで3着だったコラソンビートは、23年開幕週の東京芝1600m新馬戦2着も、中2週の未勝利戦を快勝。さらに24年のアルテミスS3着馬で阪神JFでも4着だったショウナンザナドゥは、開幕週の京都芝1600m戦で2着惜敗後に中2週の未勝利戦を勝ち上がっていた。

だが、3週に短縮されると東京や阪神の未勝利戦への出走自体が難しくなる、

表2●暑熱対策の推移（開催関係）

20年	7月25日（土）から8月9日（日）の3週間、関西主場開催休止
21年	7月24日（土）から8月8日（日）の3週間、関西主場開催休止
22年	7月30日（土）から8月7日（日）の2週間、関西主場開催休止
23年	7月29日（土）から8月6日（日）の2週間、関西主場開催休止
24年	7月27日（土）から8月4日（日）の2週間、関西主場開催休止 新潟で「競走時間帯の拡大」を実施
25年	関西主場開催を再開し、7月26日（土）から8月17日（日）の4週間、 新潟と中京で「競走時間帯の拡大」を実施

あるいは未勝利戦そのものが編成されない可能性もあり、２歳馬のローテーションへの影響が出てくるのではないだろうか。

そういったことが心配になる6月の東京、阪神の開催日数減少である。

●夏競馬に導入された「競走時間帯の拡大」

日本の夏は暑い。Ｐ１０１でもふれたが、真夏の日中に競馬をするには緯度が低すぎるのである。ならば、北海道の２場、札幌と函館をうまく利用すべきとの意見もあるものの、現状より多くの人馬を収容するとなればコストがかさむ。結果、暑熱対策を実施したうえで東西主場開催を維持するのがベターのようだ。

10年ほど前からＪＲＡではパドックや馬場内の待避所にミストに設置したり、装鞍所への集合時間を変更したり、パドックの周回時間を短くするなどしてきた。だが根本的な対策にはならず、20年から開催の休止を含めた暑熱対策を開始している（上の表2）。

その20年は暑熱対策に加えて、ＪＲＡが東京オリンピック馬術競技の支援を行なうなどの理由から、関西主場の小倉開催を3週間休止。

この間の新潟開催は、自ブロック制（関東主場なら関東馬が、関西主場では関西馬が優先して出走できる制度。未勝利戦と古馬1勝クラスで適用）なしで実施され、関東馬が23勝に対し関西馬が49勝とダブルスコアで圧勝。

しかも未勝利戦では、関東馬８勝に対し関西馬20勝、１勝クラスも関東馬５勝に対し関西馬10勝という結果であった。

コロナ禍により東京オリンピックが延期となり、翌21年も関西主場の小倉開催が3週間休止。この年も関東馬25勝に対し、関西馬が48勝をマークしていた。

オリンピックの影響がなくなった22年からは小倉の休止期間が2週間となり、22年は関東馬17勝、関西馬31勝、翌23年は関東馬17勝、関西馬31勝と関西馬優勢が継続している。

そして24年から新たな暑熱対策が実施された。それが「競走時間帯の拡大」である。

これは最終競走の発走時間を繰り下げたうえで気温が特に高い時間帯での競馬を休止するもので、タイムスケジュールは次のようになる。

第1R　9時35分
第5R　11時35分
（休止時間　第5R終了～15時10分）
第6R　15時10分
第7R　15時45分
第12R　18時25分

なおメインレースは第7Rに組まれ、準メインは第6R。これは暑さ云々よ

2024年 第2回 新潟競馬番組

種別	競走条件	競走番号	③ 7月27日(土)	競走番号	④ 7月28日(日)	競走番号	⑤ 8月3日(土)	競走番号	⑥ 8月4日(日)
平地競走 2歳	新馬(8)	2	1,400(芝) 混合	3	1,800(芝・外) 混合	3	1,800(ダ) 混合	2	1,600(芝・外) (牝)
		3	1,200(ダ) 混合	4	1,600(芝・外)	4	1,600(芝・外) 混合	3	1,800(芝・外)
	未勝利(6)	1	1,800(芝・外)	1	1,400(芝) 混合	1	1,200(芝)	1	2,000(芝) 混合
				2	1,200(ダ) 混合	2	1,600(芝・外) 混合		
	オープン(1)							11	1,400(芝) ダリア賞 特指 別定
平地競走 3歳以上	3歳未勝利(12)	4	1,800(芝・外)	5	1,200(ダ) 混合	5	2,000(芝) 混合	4	1,800(ダ)
		5	1,400(芝) 混合	9	1,800(ダ)	9	1,800(ダ) 混合	5	1,600(芝・外) 混合
		10	1,800(ダ) 混合	10	2,200(芝) 混合	10	1,200(芝) 混合	9	1,200(ダ) 混合
	1勝クラス(8)	8	1,800(ダ) 混合 定量	8	1,200(ダ) 混合 定量	8	1,200(ダ) 混合 定量	8	2,200(芝) 混合 特指 定量
		11	1,000(芝・直) 混合 定量	11	1,800(芝・外) 混合 特指 定量	12	1,800(ダ) 混合 定量	10	1,600(芝・外) 混合 定量
	2勝クラス(6)	6	1,600(芝・外) 豊栄特別 混合 定量	12	1,800(ダ) 麒麟山特別 混合 定量	11	2,000(芝・外) 月岡温泉特別 混合 特指 定量	6	1,000(芝・直) 驀進特別 混合 定量
		12	1,200(ダ) 出雲崎特別 混合 定量					12	1,800(ダ) 苗場特別 混合 定量
	3勝クラス(3)			6	1,400(芝) 佐渡ステークス 混合 ハンデ	6	1,800(ダ) 柳都ステークス 混合 ハンデ		
						7	1,800(芝・外) 新潟日報賞 混合 特指 定量		
	オープン(3)	7	1,800(芝・外) 関越ステークス 特指 別定A	7	1,000(芝・直) サマースプリントシリーズ 第24回 アイビスサマーダッシュ (GⅢ) 特指 別定			7	1,800(ダ) 第16回 レパードステークス (GⅢ) 3歳 指定
障害競走 3歳以上	オープン(1)	9	3,250(芝) (外→内回り) 第26回 新潟ジャンプステークス (J・GⅢ) 混合 別定						

アミ部分が9、10Rに組まれた3歳未勝利戦。

りもテレビやラジオの競馬中継の放送枠に配慮したものと思われる。

番組的には2歳新馬、2歳未勝利戦が午前中に組まれ、メインと準メイン以外の特別戦は9、11、12のいずれかに編成された。また3歳未勝利戦は4、5Rと9、10Rでの施行であった（前ページの番組表画像）。

なお休止時間中は札幌競馬のみの開催となり、第5Rから10Rまで特別戦2レースを含む6レースが単独で開催されていた。

●夕暮れ時の3歳未勝利戦が荒れる！その理由は……

この時期の2歳新馬戦は通常第5Rや第6R、すなわち午後イチに編成される。だが「競走時間帯の拡大」期間は、午前中に実施された。

例えば、エリザベス女王杯を勝ったジェラルディーナの従姉妹で重賞2勝のドナウブルーの仔ディアナザールが勝利した7月28日の第3R芝1800m戦は10時35分発走。新潟2歳Sで3着に入るプロクレイアが1着となった第4R芝1600m戦は11時5分の発走であった。

近年の夏の新潟ではイクイノックス、リバティアイランドといった、のちの活躍馬がデビューしており、ファンの注目度も高い。だが「競走時間帯の拡大」期間は午前中の発走とあって、見逃さないように注意したい。

さて、ここからは馬券的なヒントを。

24年から導入された「競走時間帯の拡大」では3歳未勝利戦、特に第9Rと第10Rに組まれたレースが波乱傾向であった（左ページの表3）。

該当6レースで1番人気馬は未勝利で、単勝オッズ1倍台の2頭も着外。3連単配当は4レースで6ケタ配当となっており、残る2レースのうち1レースは9万9000円台。もともとこの時期の3歳未勝利戦は荒れ

表3●荒れる「競走時間帯の拡大」3歳未勝利戦

着順	番	馬名	騎手	厩舎	人気
2024年7月27日　新潟10R3歳未勝利(ダート1800m)　15頭					
1着	3	ハイグッドワールド	柴田裕一	栗・谷潔	2
2着	6	ユウトザキンパツ	小崎綾也	栗・小崎憲	12
3着	12	インターシア	M・デムーロ	美・牧光二	8
7着	15	ドゥータップ	松山弘平	栗・藤原英昭	1
3連単　766,320円　2着馬複勝1,430円　1番人気単勝1.6倍					
2024年7月28日　新潟9R3歳未勝利(ダート1800m)　15頭					
1着	11	ゲインサポート	団野大成	栗・斉藤崇史	4
2着	3	ブルズアイ	原田和真	美・松山将樹	12
3着	7	リベルテ	永島まなみ	美・高木登	5
5着	13	ミツカネトーラス	坂井瑠星	美・鈴木伸尋	1
馬連　16,360円　3連単　265,940円　2着馬複勝970円					
2024年7月28日　新潟10R3歳未勝利(芝2200m)　15頭					
1着	3	コンフェルマ	松山弘平	栗・寺島良	2
2着	12	パフュームセント	川田将雅	栗・斉藤崇史	1
3着	11	スターズウィーク	小沢大仁	栗・武英智	13
3連単　18,730円　3着馬複勝1,020円					
2024年8月3日　新潟9R3歳未勝利(ダート1800m)　15頭					
1着	5	タガノディガー	河原田菜々	栗・岡田稲男	5
2着	2	イデアイゴッソウ	木幡育也	美・松永康利	7
3着	8	ケンジョー	川田将雅	栗・中内田充正	2
4着	3	モズユイユイ	ルメール	栗・清水久詞	1
馬連　24,150円　3連単　310,440円　1番人気単勝1.9倍					
2024年8月3日　新潟10R3歳未勝利(芝1200m)　18頭					
1着	6	ハッピーデービー	大江原比呂	美・鈴木伸尋	11
2着	7	レッドエヴァンス	団野大成	栗・音無秀孝	2
3着	18	サーナーティオン	ルメール	栗・藤岡健一	1
単勝　5,500円　3連単　99,360円　1着馬複勝800円					
2024年8月4日　新潟9R3歳未勝利(ダート1200m)　15頭					
1着	5	ライトニングゼウス	菊沢一樹	美・勢司和浩	7
2着	1	アメリカンランナー	M・デムーロ	美・戸田博文	1
3着	3	シューンカイゼリン	小林脩斗	美・伊藤圭三	12
単勝　2,420円　3連単　255,200円　3着馬複勝1,180円					

やすく、しかも24年の「競走時間帯の拡大」期間は東西混合開催とあって、なおさらである。

もっとも、この波乱は次のような仮説から説明がつく。

というのも、3歳未勝利戦は通常午前中、もしくは13時台あたりまでの施行である。つまり滞在にしろ、当日輸送にしろ、ある程度の時間帯までにレースを消化する経験しかしていない。そういう馬たちが競馬場で夕方まで待たされればどうなるか。

経験がないため、「今日はもう走らなくていい」「レースは明日以降」と緊張が途切れてしまったのではないだろうか。

そんな状態でレースをすれば力を出し切れず、荒れてしまうのだ。

25年の「競走時間帯の拡大」でどういった番組順になるかは現時点ではわからないが、24年同様に3歳未勝利戦が第9Rや第10Rに組まれれば波乱になるものと考えておきたい。

●「競走時間帯の拡大」がさらに拡大される25年の夏競馬

では、25年の暑熱対策、新潟と中京での「競走時間帯の拡大」はどうなるか。

まずは興行面から。24年に新潟で2週間実施された、最終競走の時間を繰り下げたうえで気温が特に高い時間帯での競馬を休止する「競走時間帯の拡大」。25年夏は期間を4週間に延長し、新潟に加えて中京でも実施される。

期間、対象場ともに増えているが、おそらくこれは当初の計画通りなのだろう。24年はあくまでも試験導入で、大きな問題が発生しなかったので2年目から対象を拡大したと考えれば自然である。

暑熱対策は世界的な動物愛護の観点からも避けて通れないものであり、早急に実施しなければならない。

とはいえ、開催をまるまる休止するのは現実的ではないし、競馬施行規程の改定により可能となったナイター競馬も設備投資や関係各所との調整に時間を要する。そこで、気温の高い昼前から15時頃まで競馬を休止するという現在の案が採用されたと思われる。

導入に際しＪＲＡが最も心配したのは、やはり売上への影響に違いない。……が、その結果は対象期間の新潟競馬の売上は前年比12・２％増、さらに休止時間中の札幌競馬の売上も増加。時間帯の拡大で増加したコストを吸収できる増収だったようだ。

もし10年前にこの暑熱対策を実施していれば、短期的には増収にならなかったかもしれない。コロナ禍の無観客競馬を経て、競馬場・ウインズ等の現場からネット投票へのシフトが進んだことが、初年度成功の理由だと推測される。

つまり、競馬の時間帯が長くなれば、そのぶん馬券が売れるのである。

25年は期間が４週間に延長され、新潟に加えて開催を再開した関西主場・中京でも「競走時間帯の拡大」が実施される。ＪＲＡ全体としては２場開催から３場開催となるため、当然トータルの売上は増加するものの、24年のような伸びは発生しないと予想される。

もっとも、あくまでも暑熱対策がメインで売上云々はオマケ。ＪＲＡ、現場スタッフ、そして馬券を購入するファンが三方良しとなることを期待したい。

●関西から新潟へ遠征の2歳馬をマークせよ！

馬券を買う我々ファンからすれば、重要なのは「競走時間帯の拡大」が実施された夏競馬を楽しめるか、そして馬券で勝てるか否かである。

7月26日から8月17日までの新潟と中京開催が対象となるだけに、3歳未勝利戦はほぼフルゲートに近い出走馬が集まると思われるが、2歳戦と古馬の芝戦は10頭前後となるレースも少なくないだろう。

この時期の3歳未勝利馬は暑いからといって休むわけにはいかず、とにかくレースに出走することが第一。25年は秋の中山と阪神前半戦で数レースだけ3歳未勝利戦が復活するようだが、基本的には夏競馬をもって3歳未勝利戦が組まれなくなるからだ。

未勝利戦はわかりやすく、いい馬、仕上がった馬から勝利して卒業していく。また順調さを欠いた素質馬の多くは、無理に夏競馬を使わず休養して再転入を目指して地方競馬へ移籍していく。つまり、この時期まで残っているのは、アテにならない馬たちである。

もともと荒れやすいのだから、「競走時間帯の拡大」での3歳未勝利戦が波乱傾向となるのも当然。難解だが、逆から見ればチャンスも十分なだけにうまく狙っていきたい。

これに対し、2歳戦は頭数が揃いにくい。これは暑い時期に無理をしたくないという関係者の思いもあるだろうが、3歳未勝利が残っている関係で馬房に空きがないのも理由である。

一方で、左回りで直線も長くコースも豊富な新潟は、2歳馬を試すには絶好の舞台でもある。

前開催の福島は芝だと1200m、1800m、2000mでしか新馬戦が組まれない。また9月には中山開催があるものの、同じ中央場所でも東京、京都、阪神とは異なりトリッキーなコース形態であるからだ。

この時期の新潟に照準を合わせてきた素質馬の走りには当然注目すべきで、なおかつ馬券も獲りたい。特に主場開催が復活した関西から、あえて新潟へエントリーしてきた馬には要注意である。

●中京は「競走時間帯の拡大」による波乱度は低い？

25年夏からは新潟に加え、中京でも「競走時間帯の拡大」が実施される。

ＪＲＡが前もって24年から夏の中京と小倉の開催順を入れ替えていたのは、小倉での主場開催の日数を減らしたいことに加え、25年からの中京での「競走時間帯の拡大」導入を踏まえてのものだろう。

中京と小倉、どちらも関西エリアのローカル開催だが、栗東トレセンから離れた小倉は直前輸送、比較的近い中京は当日輸送という差がある。

現時点で夏の競馬番組は発表されていないが、おそらく最終レースは18時過ぎの発走となるはず。その場合、中京ならその日のうちに栗東トレセンへ帰ることができるため、ＪＲＡとしては小倉ではなく中京で「競走時間帯の拡大」を実施したかったはずだ。

馬を使う栗東の厩舎関係者にしても、中京は京都や阪神と大して変わらない距離で、新潟よりも輸送時間がかかる小倉は同じ関西エリアでも〝遠征〟という感覚が強いという。そんな中での中京での「競走時間帯の拡大」はあまり特別なものではないのかもしれない。

そうなると中京での「競走時間帯の拡大」を意識するのは、ファンやマスコミのみ。あとは少し遅い時間帯に走る馬にどれだけ影響があるかがポイントとなる。

先ほど新潟の3歳未勝利戦が荒れやすいと紹介したが、新潟は東西トレセンから直前輸送で前日からレースを待たされる。一方で、中京は栗東トレセンからは当日輸送であり、24年夏の新潟のように待たされるという感覚は少ないのではないだろうか。

もちろん、他の要素で波乱となるかもしれないが、中京での「競走時間帯の拡大」は新潟ほど荒れないのではないかと予想しておく。

巻末クローズアップ② GⅠは「予行レース」を活用せよ

1番人気のアーバンシックが6着に敗れ、5番人気の3歳牝馬レガレイラと10番人気のダービー馬シャフリヤールで決着した24年有馬記念（P158〜159に馬柱）。

「8枠だからシャフリヤールを消したのに……」

と、レース後に悔やんだファンも少なくなかっただろう。

だが、午後からこの日の中山競馬を見ていた方なら、シャフリヤールを消すことなく買えていたと思われる。

というのも、有馬記念の「予行レース」である9RグッドラックH（芝2500m）で8枠⑯のスティンガーグラスが1着となっていたからだ。

この「予行レース」は、正式な競馬用語ではなく

GⅠ当日（場合によっては前日）に、GⅠと同コースで施行されているレース

のことを、私が勝手に呼んでいるものである。

	定量
9	2,500（芝） グッドラックハンデキャップ 混合 ハンデ
11	2,500（芝） 有馬記念 （GⅠ） （第69回グランプリ） 指定 定量

11	2,400（芝） 東京優駿 （GⅠ） （第92回日本ダービー） 牡・牝 指定
8	2,400（芝） 青嵐賞 混合 定量

グッドラックHCは有馬記念の、青嵐賞はダービーの「予行レース」である。

表4●2025年春のGⅠ　予行レース一覧

日付	レース名	コース	予行レース
2月23日	フェブラリーS	東京ダ1600m	当日9RヒヤシンスS
3月30日	高松宮記念	中京芝1200m	当日5R3歳未勝利
4月6日	大阪杯	阪神芝2000m	当日6R1勝クラス
4月13日	桜花賞	阪神芝1600m	当日7R2勝クラス
4月20日	皐月賞	中山芝2000m	当日9R野島崎特別
5月4日	天皇賞春	京都芝3200m	予行レースなし
5月11日	NHKマイルC	東京芝1600m	当日4R3歳未勝利
5月18日	ヴィクトリアM	東京芝1600m	当日9Rテレ玉杯
5月25日	オークス	東京芝2400m	当日7R1勝クラス
6月1日	ダービー	東京芝2400m	当日8R青嵐賞

ＪＲＡは大一番のＧⅠで、コースの設営やゲートの移動等を失敗なくスムーズに施行したいと考えているのだろう。そのための予行演習を行なうべく、３０００ｍ級を除いてＧⅠの前に同コースでのレースを組んでいる。

実はその「予行レース」には、枠順や脚質、血統、騎手、ペース、タイムなどＧⅠ本番のヒントが隠されていることが多いのだ。

中山芝２５００ｍは有馬記念のコースとしておなじみだが、実は年間で施行されるのは10レースほど。そのうちの２レースが同一日に組まれているのは、意図してのものと考えるべきで、本番の参考にしない手はない。

そんな予行レースで中山芝２５００ｍでは不利とされている８枠の馬が勝利したのだから、有馬記念でも外枠の馬に注意する。こういった捉え方をしてほしいし、今後のＧⅠデーでも「予行レース」を活かしてもらいたい。

上に25年春のＧⅠ予行レース一覧（表４）を載せておくので、手がかりにしていただければ幸いだ。

●著者紹介

上西 大介（うえにし　だいすけ）

競馬ライター、JRA番組表研究家。1975 年大阪府出身。大学卒業後、金融系の会社勤務を経てライターに転身。月刊誌「競馬最強の法則」（KKベストセラーズ）を皮切りに、競馬メディアに寄稿。現在は月刊誌「競馬の天才！」（メディアボーイ）で主に活躍。近著に『仕込まれた勝ち馬　JRA番組表の読み方最新版！』（秀和システム）。

激震！重賞改革元年の戦い方

発行日　2025年2月5日　第1版第1刷

著　者　上西　大介

発行者　斉藤　和邦
発行所　株式会社　秀和システム
〒135－0016
東京都江東区東陽2-4-2　新宮ビル2F
Tel 03-6264-3105（販売）　Fax 03-6264-3094

印刷所　三松堂印刷株式会社　Printed in Japan

ISBN978-4-7980-7443-6 C0075